Win The Game

Der neue 4 in 1 Ratgeber für erfolgreiche Kommunikation

Wie Sie Menschen lesen, manipulieren & lenken

Rhetorik | Führung | NLP für Anfänger | Selbstbewusstsein

Dr. Alexander F. Rautenberg

GREEN INDIE PUBLISHING

1. Auflage 2020

Dr. Alexander F. Rautenberg

GREEN INDIE
PUBLISHING
1. Auflage 2020

ISBN: 978-3-96899-022-4

Inhaltsverzeichnis

Vorwort

Ich freue mich, dass Sie sich für mein Buch interessieren. Mit diesem 4in1-Ratgeber wird es Ihnen in kurzer Zeit möglich sein, eine ganze Reihe von kommunikativen Mitteln kennen, verstehen und nutzen zu lernen sowie Menschen zu führen. Außerdem werden Sie in der Lage sein, das Neurolinguistische Programmieren anzuwenden sowie selbstbewusster aufzutreten. Wie die meisten haben Sie sich sicherlich für dieses Buch entschieden, weil Sie Ihre Wirkung auf andere nicht mehr dem Zufall überlassen, sondern ganz bewusst und selbstbestimmt in die Hand nehmen wollen.

„Worte haben Macht" – und diese für sich zu nutzen, lernen Sie mithilfe meines Buches.

In meiner späteren Karrierelaufbahn und natürlich auch jetzt noch, setze ich die Rhetorik sowie Führungsstile bewusst ein, um Gespräche zu leiten und andere zu führen. Bis heute bilde ich mich regelmäßig fort in den Bereichen der Kommunikation und Psychologie, denn man lernt nie aus. Damit auch Sie sich weiterbilden können, habe ich dieses Buch für Sie geschrieben, welches viele effektive Techniken und Tipps für Sie beinhaltet, die ich auch privat an Interessierte weitergebe.

Es beinhaltet 4 Teile, nämlich alle meine 4 Bücher mit den Themen: Rhetorik, Führung, NLP (Neurolinguistisches Programmieren) und Selbstbewusstsein.

Ich wünsche Ihnen nun viel Spaß beim Lesen.

TEIL 1: Rhetorik

Einleitung

Über rhetorisches Können zu verfügen, ist besonders in der heutigen Ellenbogengesellschaft wichtig, sobald Sie etwas erreichen möchten. Zahlreiche Menschen behaupten von sich selbst, dass sie einfach nicht gut vor anderen Menschen sprechen können. Allerdings sollten Sie aber spätestens dann über eine gute Redefähigkeit verfügen, wenn Sie zum Beispiel beruflich viel mit Menschen in Kontakt stehen. Rhetorik wird nicht nur von Personen, die Vorträge vor vielen Menschen halten, benötigt. Die Redekunst kommt bereits bei einem simplen Verkaufsgespräch zwischen dem Verkäufer und dem Kunden zum Einsatz. Der Verkäufer möchte bei diesem Gespräch sein Gegenüber dazu bringen, eine bestimmte Ware zu kaufen. Hierbei hilft eine gute Redefähigkeit, den Kunden zu überzeugen.

Rhetorisches Können ist nicht selten dafür verantwortlich, ob jemand einen Sieg oder eine Niederlage erlebt. Außerdem wirken Sie auf Ihre Mitmenschen völlig anders, sobald Sie über gute Redefähigkeiten verfügen. Zusätzlich erhöht eine gute Redefähigkeit die Chance, in der Diskussion mit anderen Menschen eine „Win-Win"-Situation zu schaffen.
Die klassische Rhetorik hat bereits in der römischen und griechischen Antike eine große Rolle gespielt. So wurde damals ein System entwickelt, welches den Aufbau einer Rede beschreibt, festlegt und davon handelt, wie ein erfolgreicher Redner auftreten soll. Ebenso wurde herausgearbeitet, welche Wirkungsmittel bei der Rede zum Einsatz kommen sollen.

Sofern man eine gute Rhetorik beherrscht, kann man problemlos Reden vor unterschiedlich großen Personengruppen halten. Guten Rhetorikern werden die Zuhörer gerne lauschen und die Inhalte aus den Reden werden eher im Gedächtnis bleiben.
Die Rhetorik ist eine Kunst, bei der der Redner in der Lage ist, wirksam zu sprechen.

Geschichte der Rhetorik

Die Geschichte der Rhetorik findet ihren Ursprung in der Antike in Griechenland. Hier spielte die Rhetorik eine übergeordnete Rolle, da es zur damaligen Zeit Pflicht war, vor Gericht ein Anliegen persönlich vorzutragen. Der Großteil der Bevölkerung war dazu nicht genügend gebildet, sodass sie bei einem Redelehrer Hilfe suchten. Daraus entwickelte sich die Lehre als Kunst im 5. Jahrhundert vor Chr. Die ersten Lehrbücher der Rhetorik sind entstanden. Derartige Lehrbücher waren dabei behilflich, passende Argumente zu finden und anzuordnen und diese wirkungsvoll sprachlich auszugestalten. Das Auswendiglernen der Rede wurde ebenfalls thematisiert. Korax, Platon und Sokrates waren drei der bekanntesten Personen, welche sich mit der Redensart befassten. Auch Aristoteles beschäftigte sich mit dem Thema Rhetorik. Er verstand unter Redekunst die Fähigkeit, bei jeder Sache das überzeugende Argument zu betrachten.
Quintus Horatius Flaccus war ebenfalls ein bedeutender, römischer Dichter. Er lebte von 65 bis acht vor Christus und seine philosophischen Ansichten waren bis in die Neuzeit äußerst bekannt. Am Ende des 1. Jahrhunderts nach Christus wurde dann Marcus Fabius Quintilian als erster Professor für Rhetorik bestellt. Er war ein römischer Lehrer der Rhetorik. Die Grundlagen der Rhetorik musste man im Rahmen des Triviums, welches aus Grammatik, Dialektik und Rhetorik bestand, absolvieren. Das Trivium bildete an den europäischen Universitäten die Grundlagen jeder gelehrten Tätigkeit.
Auch in der frühen Neuzeit (16. – 19. Jahrhundert) hat die Rhetorik an Brisanz nicht verloren. Somit bildete sie eine unbestrittene Grundlage der Poetik und Literatur.
Die Aufklärung um das 17. Jahrhundert herum wertet die Rhetorik stark ab. Gegen Ende des 18. Jahrhunderts wurde die Rhetorik auch als eine strategisch-manipulative „Verstellungskunst" bezeichnet.
Folglich verschwand das Lehrfach der Rhetorik im Laufe des 19. Jahrhunderts. Obwohl Goethe selbst ein Schüler der Rhetorik war, empfand er sie als eine Lehre des Verstellens. Immanuel Kant beschäftigte sich ebenfalls mit der Rhetorik. So wertete er diese Methode dahingehend ab, dass die Schwächen des Gegners ausgenutzt werden und die Rhetorik deshalb nicht zu achten sei.
Im 19. Jahrhundert untersuchten zahlreiche Theoretiker die Kunst der Rhetorik. Jedoch konnte sich die Rhetorik als Studienfach nicht wieder etablieren. Diejenigen, die weiterhin ein Studium der Rhetorik absolvieren möchten, haben lediglich an der Universität Tübingen hierzu die Möglichkeit. Sie bietet als einzige deutsche Universität diesen Studiengang an.

Grundlagen der Kommunikation

Die etymologische Bedeutung des Wortes Kommunikation ist im Lateinischen zu finden. So entstammt das Wort Kommunikation dem Verb „communicare“. Dies bedeutet mitteilen, teilen, teilnehmen, lassen oder auch Anteil nehmen. Im Englischen bedeutet das Wort „communication“ ebenfalls Mitteilung, Übermittlung einer Nachricht, Verständigung oder Gedankenaustausch. Demnach ist unter Kommunikation die Vermittlung von Informationen zu verstehen.

Kommunikation ist ein sehr weitreichender Begriff, bei dem zahlreiche, verschiedene Bereiche und Aspekte im Vordergrund stehen können. Jedoch kann man die Kommunikation in drei verschiedene Gültigkeitsbereiche unterteilen. Auf technischer Ebene ist sie innerhalb der Informationstheorie sehr relevant. Hier ist interessant, wie viele Informationen über einen gestörten oder ungestörten Kanal übertragen werden können. Die biologische Ebene ist als der zweite Gültigkeitsbereich der Kommunikation zu verstehen. Hierbei wird das Signalverhalten von Informationen, welche Menschen, Tiere und Pflanzen über die Nervenbahnen erhalten, von der Neurobiologie untersucht. Unter der dritten Ebene ist die soziale Ebene zu verstehen. Hierbei wird versucht, die menschliche Kommunikation zu analysieren.

Die Arten der Kommunikation & Kommunikationstypen

Ein Mensch kommuniziert zu jeder Zeit und mit jedem Augenblick. Dies resultiert aus einem existenziellen Bedürfnis, verstanden zu werden. Paul Watzlawicks Aussage „Man kann nicht nicht kommunizieren“ trifft den Nagel auf den Kopf. Für die Sprache ist die zwischenmenschliche Verständigung das differenzierteste Instrument. Allerdings ist diese nicht das einzige Instrument. Denn zahlreiche Verhaltensweisen eines Menschen dienen ebenfalls der Vermittlung von Bedeutungen. So kann man zwischen verbaler und nonverbaler Kommunikation unterscheiden.

Die verbale Kommunikation bezeichnet das gesprochene Wort, die Sprache an sich sowie den Inhalt. Sie wird ebenfalls als digitale Kommunikation bezeichnet und findet auf inhaltlicher Ebene statt. Unter verbale Kommunikation fällt ebenfalls die schriftliche Kommunikation. Die verbale Kommunikation handelt darüber, was vom Sender gesprochen wird und welche Inhalte er seinem Zuhörer objektiv vermittelt. Im Vertrieb fällt hierunter beispielsweise die Nennung eines Preises.

Unter nonverbaler Kommunikation ist der nichtsprachliche Bereich von zwischenmenschlicher Kommunikation zu verstehen. Mithin jegliche Kommunikation, die nicht über gesprochene Wörter stattfindet. Diese findet auf der Beziehungsebene statt. Es handelt darüber, auf welche Weise etwas gesagt wird. Die Körpersprache spielt bei der nonverbalen Kommunikation eine sehr große Rolle. So versteht man darunter Körpersprache wie Mimik, Gestik oder Augenkontakt. Aber auch vegetative Symbole, wie Schwitzen oder Erröten fallen unter den Begriff der nonverbalen Kommunikation. Im weiteren Sinne fallen sogar Symbole wie Kleidung oder Accessoires unter den Begriff der nonverbalen Kommunikation. Diese kann bewusst oder auch unbewusst stattfinden. Den Großteil nonverbaler Signale versendet man unbewusst. Sie unterscheiden sich stark zwischen zwei verschiedenen Kulturen. Der Sender gibt dem Empfänger durch Körpersprache zu verstehen, in welchem Verhältnis er ihm gegenübersteht.
Die paraverbale Kommunikation umfasst die individuellen Eigenschaften der sprechenden Person. Hierbei geht es darum, mit welcher Art und Weise gesprochen wird, wie beispielsweise Sprechverhalten und Stimmeigenschaften. Dies ist in einem hohen Maße kulturspezifisch geprägt. Tonfall, Stimmlage, Resonanzraum sowie das Sprechverhalten, wie beispielsweise Lautstärke, Sprechtempo oder Artikulation, werden hierbei vom Empfänger wahrgenommen. Der paraverbale Teil der Kommunikation kann ausschließlich gehört werden.
Aus den drei verschiedenen Arten der Kommunikation bilden sich sieben verschiedene Kommunikationstypen heraus. Diese kann man in einer größeren Gesprächsrunde beobachten. Besonders in Situationen, in denen Menschen Stress ausgesetzt sind, wie beispielsweise bei einem Konflikt, kristallisieren sich diese einzelnen Typen heraus. Die Art und Weise, wie Menschen kommunizieren, lassen Rückschlüsse auf mögliche Kommunikationstypen zu. Dies bedeutet, dass die jeweiligen Charakterzüge die Kommunikation prägen. Die verschiedenen Kommunikationstypen resultieren in der Regel aus den Charakterzügen eines Menschen. Jedoch können Menschen zwischen den verschiedenen Typen im Laufe ihres Lebens wechseln.

Der Analytiker denkt analytisch und logisch strukturiert. Er ist in der Lage dazu, in Konfliktsituationen sowie in Auseinandersetzungen verbal stark zu argumentieren.
Der Verallgemeinerer betrachtet Probleme hingegen als Ganzes und denkt weniger detailbezogen und analytisch. Er agiert mit einer hohen emotionalen Intelligenz und ist äußerst kreativ. Da der Verallgemeinerer und der Analytiker Probleme auf unterschiedlichen Ebenen betrachten, ist es für beide schwierig, miteinander zu kommunizieren.
Der Kritiker sieht das Schlechte immer zuerst und findet an allem etwas zum Kritisieren. Mit ihm ist es mühsam und anstrengend zu kommunizieren.
Der Besserwisser liebt es, über andere Menschen und Dinge zu kommunizieren. Eine Unterhaltung mit ihm endet meist in Spott und Sarkasmus. Am liebsten doziert er und hält lange Monologe.
Die Kommunikation mit dem Sanften ist zunächst angenehm. Er sucht Harmonie, scheut Konfliktsituationen und kann gut zuhören. Er möchte es allen Menschen recht machen.
Der Alleinunterhalter liebt es, im Mittelpunkt zu stehen und zu reden. Durch pointiertes und spannendes Erzählen zieht er die Aufmerksamkeit stets auf sich.
Dem Abweiser hingegen sind Gespräche zuwider. Er meidet sie auf Grund von Schüchternheit, Unsicherheit sowie fehlendem Selbstvertrauen.
Meist treten die verschiedenen Kommunikationstypen in einer Mischform auf. Jedoch können sich diese mit der Zeit ändern. So kann der Abweiser beispielsweise seine Schüchternheit ablegen und einem anderen Kommunikationstypen angehören.

Dialogische & monologische Rhetorik

Bei der Rhetorik gilt es zunächst zwischen dialogischer und monologischer Rhetorik zu unterscheiden. Unter einem Dialog ist ein Gespräch zu verstehen. Jedoch kann unter einem Dialog auch eine schriftlich geführte Rede, welche zwischen zwei oder mehreren Personen stattfindet, sowie eine Gegenrede verstanden werden. In der Antike diente der Dialog, welcher in Form von Rede und Gegenrede stattfand, zur Abhandlung von Problemen.
Unter dem Monolog hingegen ist ein Selbstgespräch zu verstehen. Vor allem im Drama findet dieser Anwendung. Der Monolog richtet sich nicht direkt an die Zuhörer, sondern vielmehr an eine imaginäre Person. Der Begriff stammt aus dem Griechischen. So wird er aus den beiden Wörtern „monos“ und „logos“ abgeleitet. Folglich bedeuten diese „allein“ und „Rede“.
Die Lehrschriften zur Rhetorik geben überwiegend eindeutige Anleitungen zur freien Rede eines einzelnen Redners. Seit Beginn der Theoriebildung ist der rhetorische Prozess nicht ausschließlich als monologischer Vorgang gedacht. Denn dies würde bedeuten, dass er nur vom Redner gestaltet ist. Dieses grundlegende Rhetorikverständnis ist auf die Ursprungsbedingungen der Rhetorik zurückzuführen. Im Zuge der Demokratisierung in Athen übte nicht mehr nur ein Herrscher zentral die Macht aus. Die Bürger der Polis, welche in der Ratsversammlung zusammenkamen, hatten ebenfalls ein Mitbestimmungsrecht bei politischen Entscheidungen, welche für das Gemeinwesen erforderlich waren. Um von ihrem

Mitbestimmungsrecht Gebrauch zu machen, war es notwendig, vor die Volksversammlung zu treten. Dort musste der eigene Standpunkt zu anstehenden Sachfragen erörtert werden. Den Zuhörern wurde durch die Abfolge der einzelnen Redebeiträge sowie durch den Wechsel von Rede und Gegenrede das Für und Wider der betreffenden Sache deutlich gemacht. Zahlreiche Argumentationsformen weisen nach, dass die klassischen Rhetoriken dialogisch ausgerichtet waren.

Bei den klassischen, dialogischen Rhetoriken mussten mindestens zwei unterschiedliche Meinungen oder Positionen zu einem Sachverhalt vertreten werden. Somit müssen diese Meinungen von zwei Sprechern geäußert werden. Die beiden Sprecher werden auch Proponent und Opponent genannt.

Allerdings kann die Rhetorik auch von der klassischen, dialogischen Rhetorik abweichen. Eine monologische Argumentationssituation ist ebenfalls denkbar. Hierbei argumentiert allerdings lediglich ein Sprecher. Diese Form der Rhetorik ist konstitutiv für Texte oder Reden, welche nur von einem Autor verfasst oder von einem Redner gehalten werden.

Jedoch lässt sich nicht nur auf Grund der Anzahl der Sprecher zwischen monologischer und dialogischer Argumentation voneinander unterscheiden. Der Status der Strittigkeit spielt ebenfalls eine entscheidende Rolle. Während dieser in der dialogischen Argumentation offensichtlich ist, ist dies in der monologischen Argumentation nicht gegeben. Die Strittigkeit tritt hierbei in indirekter Form auf. Dies bedeutet, dass der Redner vielmehr prophylaktisch agiert. Er sichert seine Äußerungen gegen mögliche Einwände, welche jedoch explizit nicht gemacht wurden, ab.

Die Wirkungen von Stimme, Tempo, Betonung & Atemtechnik

Der Stimme wird in einem Gespräch eine sehr große Bedeutung beigemessen. So wird die Wirkung der gesamten Persönlichkeit durch die Stimme beeinflusst. Sie prägt das Auftreten und die persönliche Ausstrahlung maßgeblich. Für zahlreiche Menschen ist sie ein Indikator für bestimmte Charakterzüge sowie die innere Verfassung des Gegenübers. Die Stimme offenbart unbeabsichtigt, unbewusst und nicht selten die innere Einstellung. Der menschliche Körper verfügt über hundert verschiedene Sprechmuskeln. Dieses System unterliegt in hohem Maße dem Einfluss der Emotionen, welche im Ton der Stimme nur sehr schwer zu verbergen sind.

Gerade im Zusammenhang mit Rhetorik ist es entscheidend, dass man über eine gute Sprechkultur verfügt. Diese zeigt sich in einer klaren Artikulation, einem angenehmen Ton, einer klaren Betonung, einer festen Stimme, einer melodischen Stimmführung, einer verständlichen Ausdrucksweise sowie einer abwechslungsreichen und rhythmischen Sprechweise.

Um rhetorisch überzeugen zu können, ist das richtige Tempo entscheidend. Die überwiegende Zahl der Menschen spricht erfahrungsgemäß zu schnell. Dies bedeutet nicht, dass Sie langsam und einschläfernd sprechen sollen. Wer jedoch zu schnell spricht, läuft Gefahr, die

Aufmerksamkeit der Zuhörer zu verlieren, weil diese dem Sprecher einfach nicht mehr folgen können. Tempowechsel eignen sich vielmehr dazu, um bestimmte Aussagen oder Passagen hervorzuheben. Bei Aussagen, welche besonders wichtig sind, sollten Sie langsamer sprechen. Meist liegen Sie mit dem Tempo genau richtig, sobald Sie langsamer sprechen als gewöhnlich. Aber nicht nur das Tempo und die Stimmlage sind ausschlaggebend, ob jemand rhetorisch erfolgreich ist. Das Mittel der Betonung sollte ebenfalls gekonnt eingesetzt werden. Denn je nach Betonung wird die Bedeutung einer Aussage geändert. Zur Veranschaulichung dient der Satz: Ich arbeite heute im Büro.

Der Schwerpunkt der Aussage verschiebt sich je nach Betonung der einzelnen Wörter. Betonen Sie das Wort „ich“, bedeutet dies, dass Sie selbst im Büro arbeiten und nicht etwa jemand anders. Wird das Wort „arbeite“ betont, besagt dies, dass Sie arbeiten und nicht etwas Anderes tun. Liegt die Betonung auf dem Wort „heute“, soll dies verdeutlichen, dass vom heutigen Tag die Rede ist und nicht von gestern oder morgen. Wird das Wort „im“ betont, bekräftigt dies die Aussage, dass Sie im Büro arbeiten und nicht etwa im Außendienst unterwegs sind.

Überdies dient die Betonung der Sprechtondehnung, -verstärkung oder -erhöhung. Zwischenzeitliches Flüstern kann die Aufmerksamkeit erhöhen.

Außerdem ist die richtige Atemtechnik nicht zu unterschätzen. Dass die meisten Menschen zu schnell sprechen, resultiert aus einer zu flachen Atmung. Sie atmen nicht tief genug und sind hektisch. Deshalb lohnt es sich, die Atemkunst richtig zu beherrschen. Somit atmen Sie tiefer und folglich auch langsamer. In der Regel atmen Menschen 14- bis 18-mal pro Minute flach ein und aus. Ideal wären etwa acht Atemzüge pro Minute. Gerade zu Beginn des Vortrags sollten Sie bewusst ausatmen. Viele Menschen machen den Fehler, dass sie bewusst einatmen, um genügend Luft zum Sprechen zu haben. Dies ist jedoch nicht förderlich. Vom vorigen Atemzug befindet sich noch Luft in den Lungen. Mithin ist kein Platz für neue frische Luftzufuhr. Die Stimme wirkt atemlos, hektisch und gepresst. Während des Sprechens empfiehlt es sich, bewusst die Endsilben eines Wortes zu betonen. Dadurch können Sie besser ausatmen

Körpersprache lesen & anwenden

Die Körpersprache ist bei der Kommunikation und Rhetorik nicht zu unterschätzen. In zahlreichen Situationen des Lebens kann es hilfreich sein, wenn Sie die unbewussten Gesten und Signale des Gegenübers richtig deuten können. Bestimmte Verhaltensweisen helfen dabei, die wahren Gefühle und Gedanken anderer zu erkennen. Die Körpersprache deuten zu können, führt zu einer Verbesserung des Miteinanders. Außerdem müssen Gestik, Mimik und Haltung die gleiche Botschaft vermitteln, wie das gesprochene Wort. Um rhetorische Erfolge zu erzielen, ist es also nicht nur zwingend notwendig, vor Publikum sprechen zu können, Sie sollten ebenfalls die Körpersprache perfekt anwenden können.

Nonverbale Signale & Mimik

Vorstände, Manager oder auch Politiker verstehen sich als Experten darin, unangenehme und negative Dinge ihren Zuhörern als neue Chance darzustellen und dabei optimistisch zu sein. Dies funktioniert, indem sie nonverbale Signale gezielt einsetzen. Denn so erreichen sie mit der Rede einen höheren Wirkungsgrad. Für einen Redner ist es zunächst wichtig zu erkennen, ob die Zuhörer noch folgen. Der fehlende Blickkontakt, der gesenkte Kopf sowie die leblose Mimik sind Anzeichen dafür, dass die Zuhörer längst nicht mehr zuhören, sondern gedanklich woanders sind. Außerdem hängt nicht selten der Körper des Zuhörers schwer auf dem Stuhl. Gerne blättert das Publikum bei Langeweile in den Unterlagen oder spricht mit dem Sitznachbarn. Damit derartige Situationen nicht eintreten, ist es für den Redner wichtig, das Publikum in seinen Bann zu ziehen. Die Stimmung des Redners wird sich nämlich auf das Publikum übertragen und umgekehrt. Selbstbewusste, lebendige, strahlende Menschen, welche optimistisch auftreten, erhalten eher eine positive Resonanz des Publikums. Dies stärkt sie wiederum in ihrem Auftritt, was zu einer Begeisterung der Zuschauer führt.

Ob ein Redner sein Publikum begeistern kann, entscheidet sich bereits nach den ersten Sekunden auf der Bühne. Denn aufgrund des Körperausdrucks und der -sprache wird der Auftritt eines Menschen zu 55 % bewertet. Die Nuancen in der Stimme entscheiden zu 38 % darüber, wie ein Mensch bewertet wird und lediglich 7 % werden anhand der Worte beurteilt.

Man sollte in jedem Fall versuchen, sich hinsichtlich Gestik, Mimik sowie Tonfall dem Gegenüber anzupassen. Um Sympathien zu gewinnen, sollte ein Lächeln nicht fehlen. Es gilt als universales Körpersignal. So strahlt man Offenheit und Vertrautheit aus. Jedoch sollte man hier nicht übertreiben. So wirkt ein stereotypes Dauerlächeln irritierend, künstlich und selbstgefällig. Wer ein übertriebenes Lächeln an den Tag legt und die Zähne komplett entblößt, kann als wenig selbstbeherrscht eingestuft werden oder den Eindruck von Oberflächlichkeit und Beliebigkeit vermitteln. Hebt man nur einen Mundwinkel an, signalisiert diese Mimik Arroganz, Zynismus sowie ein Überlegenheitsgefühl.

Lachen sollte man nur, wenn man sich tatsächlich sehr freut oder amüsiert ist. Dies ist die Steigerung des Lächelns. Auch hierbei kann man erkennen, ob jemand ernsthaft lacht oder ob das Lachen aufgesetzt ist. Während sich beim aufgesetzten Lachen hauptsächlich die Mundwinkel künstlich nach oben bewegen, wird das ehrliche und aufrichtige Lachen durch Fältchen um die Augen begleitet.

Bewusste & unbewusste Signale des Körpers

Da der Bereich der Körpersprache ein äußerst komplexer Bereich ist, fällt auf, dass dieser aus bewussten und unbewussten Signalen besteht. Bei bewussten Ausdruckssignalen handelt es sich um zielgerichtete Signale, welche eine Aussagekraft haben. Hebt man beispielsweise die Hand zum Gruß, ist dies ein bewusstes Ausdruckssignal. Allerdings kann der Körper ebenfalls unbewusste Signale senden, auf welche man keinen oder nur schwer Einfluss hat. Dazu zählen zittern, schwitzen oder vergrößerte Pupillen. Beim Flirten reagiert der Körper beispielsweise mit einer Vergrößerung der Pupillen. Zwar sind diese Signale sichtbar, allerdings sollen diese nicht zwangsläufig dem Gegenüber etwas mitteilen. Es gilt zwischen Aktions- und Emotionsbewegungen zu unterscheiden. Während Aktionsbewegungen die bewussten, eher sachbezogenen Körpersignale beinhalten, umfassen die Emotionsbewegungen die relativen, spontanen sowie unwillkürlichen Elemente. Diese beiden Formen wirken auf den Gesprächspartner. Ebenso ist es möglich, Körpersprache bewusst einzusetzen, damit sie vom Gegenüber unbewusst wahrgenommen wird. In Werbespots und der Politik wird diese Strategie der Manipulation häufig eingesetzt, um ein gewisses Ziel zu erreichen. Dies erfordert allerdings viel Energie und Selbstbeherrschung, weil die überwiegende Zahl körpersprachlicher Signale zunächst das Bewusstsein durchlaufen muss. So kann man davon ausgehen, dass eine

Person auf die andere manipulativ einwirkt, sobald sie sich ihrer Körpersprache bewusst ist und diese gekonnt einsetzt, um das Gegenüber dazu zu veranlassen, etwas Bestimmtes zu tun.

Körpersprache richtig lesen und deuten

Sofern man ein Rednerpult oder einen Präsentationstisch nutzt, sollte man auf diesen möglichst zielstrebig zugehen. Dabei sollte man nicht hastig oder panisch wirken. Das Tempo und die Schrittlänge sollten angemessen sein. Hierzu kann man sich im Vorfeld mit den örtlichen Gegebenheiten vertraut machen. Sich hinter dem Rednerpult zu verstecken, ist ein absolutes No-Go. Denn so verliert man an Präsenz und muss dies ausgleichen. Dafür ist es notwendig, doppelt so intensiv mit der Stimme, Gestik und Mimik zu arbeiten. Außerdem ist wichtig, dass man zum Publikum einen guten Blickkontakt hält, sich optimistisch gibt und den Zuhörern genügend Zeit gibt, um sich auf den Vortrag einzustellen. Der Vortrag sollte erst dann begonnen werden, wenn die Aufmerksamkeit aller Anwesenden auf den Redner gerichtet ist.

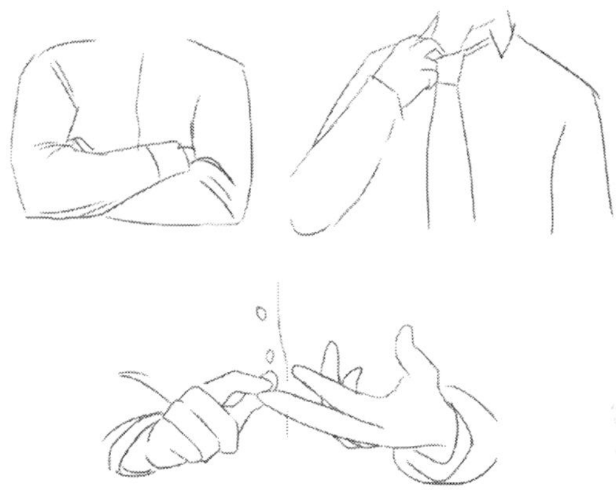

Als Redner sendet man zahlreiche Signale an das Publikum aus, welche interpretiert werden können. Entscheidend ist der richtige Stand. Eine standfeste Haltung strahlt Sicherheit und Souveränität aus. Sie wirkt weder steif noch arrogant. Hierbei stehen die Füße hüftbreit nebeneinander und das Brustbein ist angehoben. Wird das Körpergewicht hingegen auf ein Standbein verlagert, strahlt dies eher Unsicherheit aus. Handlungsbereitschaft hingegen drückt man aus, wenn man das Körpergewicht auf die Fußballen verlagert. In dieser Haltung ist man nach vorne zum Publikum geneigt und strahlt eine offene und aktive Körperhaltung aus. Neben dem Stand senden die Hände ebenfalls eine Vielzahl an Signalen aus. Die Hände können sehr vielseitig zum Gestikulieren eingesetzt werden, wie kein anderer Körperteil. Bei einem Vortrag sollte man unbedingt gezielt sprachbegleitende Gesten verwenden. Denn nur so ist es möglich, das Publikum einzufangen. Man unterstützt das Gesagte mit überwiegend großen Gesten und erzeugt somit mehr Verständnis und Aufmerksamkeit des Zuhörers. Verzichtet man jedoch auf unterstützende Gesten, kann man die Zuhörer nicht so leicht überzeugen. An dieser Stelle fehlt nämlich die unterstützende Veranschaulichung sowie die eigene Begeisterung für das Thema, welches man präsentiert

Beim Präsentieren sollte man darauf achten, dass die Gesten sehr deutlich ausfallen. Für den Redner wird sich dies übertrieben anfühlen, aber für das Publikum sind die Gesten genau richtig. Trägt man die Arme leicht angewinkelt oberhalb der Gürtellinie wertet man eine Situation auf. Hand- und Armbewegungen, welche von unten nach oben verlaufen, wirken ebenfalls äußerst positiv. Sobald die Handinnenflächen nach oben zeigen, suggeriert man Offenheit. Dies signalisiert dem Publikum die Bereitschaft des Redners, etwas zu geben, aber auch anzunehmen. Vermeiden sollte man hingegen, dass man die Hände weit unterhalb des Beckenbereichs hält. Somit strahlt man eher Schwäche aus. Zeigt man etwas an einem Flipchart oder Schaubild, sollte man sich seitlich zu den Zuhörern stellen und die offene Handfläche zum Publikum wenden. Nur mit dem Zeigefinger zu deuten oder mit dem Handrücken zu präsentieren, wirkt sich eher negativ aus.

Bei einer Präsentation sollte man eine erhobene, geballte Faust sowie einen erhobenen Zeigefinger zwingend vermeiden. Diese Haltungen sind mit viel Kraft und Spannung in den Handgelenken und Armen verbunden. Sie wirken daher auch schnell übertrieben. Des Weiteren sollte man es vermeiden, sich an einem Stift oder den eigenen Fingern festzuhalten. Dies gilt eher als ein Signal für etwas, das einen innerlich behindert.

Vor einem Vortrag lohnt es sich, die Körpersprache zu üben. Denn zahlreiche kleine Nuancen und Details ergeben ein wahrheitsgetreues Bild eines Menschen.

Rhetorische Stilmittel

Bei der Metapher handelt es sich um ein Stilmittel. Bei Verwendung dessen wird das ursprünglich gemeinte Wort in eine andere Begriffswelt übertragen. Bei der Metapher wird also ein Bild für eine bestimmte Sache erschaffen, folglich muss die Metapher interpretiert werden. Begründet wurde dieses Stilmittel von dem berühmten altgriechischen Philosophen und Naturwissenschaftler Aristoteles in seinen Werken „Rhetorik“ und „Poetik“. Unter der Wortkombination „gebrochenes Herz“ ist eine Metapher zu verstehen. Von einem gebrochenen Herzen ist die Rede, wenn jemand unter großem Liebeskummer leidet. Der beschädigte Körperteil wird hier als Sinnbild für eine schmerzliche Emotion genutzt.

Als eine Anapher wird das rhetorische Stilmittel der Wiederholung bezeichnet. Hierbei kehrt ein Wort am Anfang mehrerer aufeinanderfolgender Verse, Sätze oder Strophen wieder. Sie soll einzelne Passagen oder ganze Texte strukturieren und rhythmisieren. Als besonders bedeutsam für den Text wird das Wiederholte angesehen. Somit soll die eindringliche Wiederholung eine verstärkende Wirkung entfalten.

Die Kette soll eindringlich oder auch überraschend wirken. Bei diesem rhetorischen Stilmittel wird das Wort des letzten Satzes im nächsten Satz direkt wiederholt.

Eine Doppelung ist auch als Tautologie bekannt. Hierbei wird ein Begriff durch zwei Wörter wiedergegeben, welche die gleiche Bedeutung haben. „Ganz und gar“ oder „Angst und Bange“ sind als Doppelungen bekannt.

Das Stilmittel der Alliteration wird häufig in den Medien und der Werbung verwendet. Hierbei werden mehrere Wörter, welche den gleichen Anfangsbuchstaben haben, in einem Satz kurz hintereinander verwendet. Bei dem Zungenbrecher „Fischers Fritze fischt frische Fische“ handelt es sich um eine Alliteration, genau wie bei der Formulierung „durch dick und dünn“.

Die sprachliche Neubildung ist auch als Neologismus bekannt. Diese Neubildungen entstehen durch die Menschen, welche die jeweilige Sprache sprechen. Der Grund hierfür ist, dass Sprache ein natürliches Gebilde ist, welches sich ständig in Bewegung befindet. Neologismen entstehen in der Jugendsprache, in Fremdsprachen, in der Digitalisierung, in der Gesellschaft, Politik und Wissenschaft und auch in der Werbung.

Bei der Verwendung von Fremdwörtern handelt es sich ebenfalls um rhetorische Stilmittel. Unter Fremdwörtern sind fachsprachliche Ausdrücke und Wendungen zu verstehen. Der Übergang zur deutschen Sprache ist teilweise fließend. So zählen die Wörter „High Tech“ und „Megapixel“ zu Fremdwörtern, welche im allgemeinen Sprachgebrauch allerdings selbstverständlich verwendet werden.

Um das Publikum zu unterhalten, eignet sich der Stilbruch. Bei diesem rhetorischen Mittel werden Ausdrucksweisen aus verschiedenen Sprachebenen gemischt.

Unter einer Emphase ist die nachdrückliche Hervorhebung eines Wortes, welches zur Gefühlsverstärkung dienen soll, zu verstehen. Jedoch ist diese nur schwierig zu erkennen. Erkennbar wird sie lediglich durch den Kontext und die Betonung. Sie soll dem besagten Begriff einen zusätzlichen, engeren Sinn geben.

Bei einer Paraphrase wird ein sprachlicher Ausdruck oder Text sinngemäß wiedergegeben. Die Verwendung von Paraphrasen ist bei einer Mediation üblich, da hier das Gehörte mit eigenen Worten wiedergegeben wird.

Ein Wortspiel soll humorvoll wirken und die Zuschauer amüsieren. Dieses rhetorische Stilmittel beruht auf Verdrehung, Umdrehung und Mehrdeutigkeit. Die Aussage „Zu viele Stoppschilder bringen den Fahrer zum Rasen" ist ein Wortspiel.
Das rhetorische Mittel der Ironie bezeichnet ein uneigentliches Sprechen. Um das Gemeinte zu verstehen, ist es notwendig, das Gesagte in das exakte Gegenteil umzukehren. Oftmals ist die Ironie nur mithilfe verbaler Signale, wie einer verstellten Stimme, einem Unterton oder nonverbaler Signale, zu verstehen. Vor allem in der Umgangssprache wird die Ironie häufig verwendet.
Der Satzbruch ist auch als Anakoluth bekannt. Die Verwendung dieses rhetorischen Stilmittels führt zum Abbrechen eines Satzes oder zur Unterbrechung einer Wortfolge. Hierbei muss der Hörer den Rest des Satzes eigenständig weiterführen.
Ein rhetorisches Mittel stellt ebenfalls die Kreuzstellung dar. Sie ist auch als Chiasmus bekannt. Gleichwertige Wörter, Teilsätze oder auch Sätze werden in direkter Abfolge angeordnet oder kreuzweise entgegengesetzt. In der Regel wiederholen sich bei einem Chiasmus die einzelnen Bestandteile des Satzes nach dem Komma genau spiegelverkehrt.
Das rhetorische Stilmittel Inversion bezeichnet eine Umstellung. Bei der Verwendung dieses Stilmittels wird die übliche und regelmäßige Wortfolge eines Satzes verändert. Im Normalfall sind Subjekt und Prädikat von der Umstellung betroffen. Dies soll das Gesagte verstärken oder ein Wort hervorheben.
Bei dem rhetorischen Stilmittel Vorgriff wird ein möglicher Vorwand vorweggenommen. Dieses Stilmittel dient zur Spannungserzeugung oder aber auch zur Orientierung.
Rückgriffe als rhetorische Stilmittel sorgen dafür, dass der Text als geschlossene und geplante Einheit erscheint. Der Rezipient bekommt ein angenehmes Gefühl vermittelt, dass er die Aussage verstanden hat. Außerdem dienen Rückgriffe zur Orientierung.
Der Zeilensprung ist auch als Enjambement bekannt. Bei Verwendung dieses rhetorischen Stilmittels endet der Satz nicht mit einem Vers. Der Satz ist stattdessen vers- bzw. strophenübergreifend.
Auch ein Exkurs gilt als rhetorisches Stilmittel, wobei vom eigentlichen Thema abgeschweift wird. Meist findet dieses rhetorische Stilmittel bei wissenschaftlichen Themen Anwendung. Der Exkurs gehört nicht zur eigentlichen Argumentation des Vortrags, sodass er zweifelsohne nicht notwendig wäre. Er dient lediglich als zusätzliche Überlegung.
Das Übergehen ist auch als Praeteritio bekannt. Der Redner nutzt dieses rhetorische Stilmittel, um eine Sache besonders hervorzuheben. Hierbei drückt er aus, dass er die Sache übergehen und nicht näher erörtern möchte. Gerade durch diese Aussage wird der Fokus der Zuhörer auf dieses Thema gelenkt.
Rhetorische Stilmittel müssen sich nicht nur allein auf die Sprache beziehen. So kann der Redner während eines Vortrags ein Buch, Artikel oder Schriftstück hochhalten, sodass die Zuhörer dies in Augenschein nehmen können. Diese Veranschaulichung kann das Publikum beeindrucken.

Das Beispiel ist außerdem als rhetorisches Stilmittel bekannt. Es dient dazu, das Gesagte zu veranschaulichen und besser verständlich zu machen.
Die Akkumulation ist auch als Detailierung bekannt. Dieses rhetorische Stilmittel ist verhältnismäßig oft auszumachen. Bei der Detailierung handelt es sich um eine Reihung mehrerer Begriffe. Diese haben den gleichen Oberbegriff, welcher nicht genannt wird.
Das Zugeständnis, auch Concessio genannt, ist ein relativ beliebtes rhetorisches Stilmittel. Es dient dazu, die Zuhörer einzubeziehen. Hierbei räumt der Redner ein, dass ein bestimmtes Argument der Gegenseite für seine Position nachteilig ist. Allerdings setzt er direkt danach noch ein weiteres Argument dagegen. Dies sorgt dafür, dass das vorherige Zugeständnis nichtig wird.
Die Antithese, auch als Gegensatz bekannt, bezeichnet eine Gegenbehauptung zur Ausgangsbehauptung. Somit werden zwei Begriffe, Satzteile oder Sätze gegenübergestellt, welche sich im Sinn jedoch widersprechen. Durch die Verwendung dieses rhetorischen Stilmittels drückt der Redner Zerrissenheit, Zwiespalt und Spannung aus.
Die Litotes, welche als Bescheidenheit oder Zurückhaltung bekannt ist, drückt eine doppelte Verneinung aus. Außerdem kann dieses rhetorische Stilmittel dazu dienen, das Gemeinte durch Untertreibung hervorzuheben.
Das rhetorische Mittel des Aufrüttelns wird überwiegend im argumentatorischen Bereich verwendet. Hierbei soll dem Publikum die Brisanz der verhandelten Sache vermittelt werden.

Der Aufbau einer perfekten Rede & Diskussion

Eine Rede halten ist eine Sache, aber diese Rede vorher zu schreiben und zu formulieren ist die andere Sache. Zahlreiche Menschen fragen sich, wie sie überhaupt eine Rede schreiben sollen. Denn in der Schule hat man dies in der Regel nicht gelernt. Im Berufsleben, auf Familienfeiern oder auch zu anderen Anlässen, haben Sie bestimmt auch schon die Erfahrung gemacht, eine schlechte Rede ertragen zu müssen. In der Regel gelten Grußworte, Ansprachen und Reden eher als Pflichtübung. Jedoch ist eine Rede, gerade im beruflichen Kontext, als große Chance zu sehen. Aus diesem Grund zahlt sich eine professionelle Vorbereitung aus. Eine Rede oder ein Vortrag können sehr bedeutungsvoll sein, da Sie innerhalb kurzer Zeit zahlreiche Menschen erreichen können.
Bevor Sie die Rede schreiben, sollten Sie sich kurz notieren, was Sie mit Ihrer Rede erreichen möchten. Die Rhetorik wird seit der Antike in Redegattungen eingeteilt. Für diese gelten bestimmte Regeln und Normen. Die Hauptziele sollten Sie hierfür kurz aufschreiben und klar definieren. Die heute üblichen Redegattungen können von drei Zielen abgeleitet werden. Bei den Zielen, welche in jeder Rede realisiert werden sollen, handelt es sich um „movere, docere et probare“ sowie „delectare“.

Unter „movere“ versteht man „bewegen“, „mitreißen“ oder „motivieren“. Hier wird der Zuhörer gefühlsmäßig angesprochen. „Docere“ und „probare“ bedeutet „belehren“ und „beweisen“ oder „glaubhaft machen“. „Delectare“ steht für „sich erfreuen“.
Hinsichtlich des Schwerpunktes sind bei den verschiedenen Redegattungen signifikante Unterschiede zu verzeichnen, selbst wenn in der Rede alle drei Ziele umgesetzt werden.
Bei der Meinungs- und Überzeugungsrede handelt es sich um die Redegattung, welche am häufigsten vorkommt. Diese kann nicht nur vor Publikum, sondern auch als Beitrag im Rahmen einer Diskussion vorkommen. Der Schwerpunkt wird auf „movere“ gelegt und soll die Hörer von der eigenen Meinung überzeugen.
Wird allerdings ein Vortrag oder eine Präsentation gehalten, haben die Hörer das Ziel, hinterher mehr zu wissen als zuvor. Die Wissensvermittlung steht im Fokus, also das Beweisen einer These oder die Belehrung der Zuhörer. Folglich stehen „docere“ und „probare“ im Vordergrund.
Die dritte Redegattung ist die Gesellschaftsrede. Hierbei sollen die Zuhörer erfreut werden. Die Zuhörer sollen anschließend glücklich und zufrieden wirken. Gelingt dies, ist das Hauptziel „delectare“ erfüllt.

Besonders bei informativen Reden sollten Sie relevante Fakten miteinbeziehen. Denn nur so machen Sie als Redner einen kompetenten Eindruck und müssen Sich am Ende vom Publikum keine Wissenslücke vorwerfen lassen. Dies könnte sich nämlich negativ auf die Argumentation der Rede auswirken. Die Mindmapping-Methode kann bei der Planung helfen. Hierbei erzeugen Sie Gedankenlandkarten und können Ihre Gedanken sortieren. Außerdem können Sie sich umfassend mit dem Thema beschäftigen und bereits erste Ideen sammeln, wie Sie das Thema am besten aufbereiten können. Um eine Mindmap zu erstellen, schreibt man das Thema der Rede in die Mitte eines großen Blattes. Anschließend wird der Begriff eingekreist.

Nun ziehen Sie Linien von dem Kreis aus und notieren an deren Ende jene Begriffe, welche Ihnen zu dem Thema einfallen. In der Nähe des Ausgangsbegriffs werden besonders relevante Dinge angeordnet. Weniger relevante Dinge ordnen Sie weiter entfernt an. Überflüssige Dinge streichen sie zum Schluss und die wichtigen Dinge können Sie entsprechend durchnummerieren.

Der Aufbau einer Rede hat immer eine logische Struktur. Den Beginn stellt immer die Einleitung dar. Der Hauptteil erörtert das Thema umfassend. Überdies endet die Rede immer mit einem Schluss. Wichtig ist, dass Sie die Zuhörer direkt von Anfang an begeistern. Der Anfang sollte knackig sein. Hierzu können Sie die Rede mit einer Geschichte, einem Scherz, einer emotionalen Anekdote oder irgendetwas Anderem beginnen, was die Zuhörer fesselt. Körpersprache und Stimme müssen geschickt eingesetzt werden. Bei einer Rede gilt das Prinzip: „In der Kürze liegt die Würze". Sie sollten nicht unnötig vom Thema abschweifen und den roten Faden nicht verlieren. Andernfalls sind die Zuhörer gelangweilt und Sie verlieren deren Aufmerksamkeit. Wichtige Fakten sollten Sie zwingend prägnant auf den Punkt bringen. Emotionen dürfen hier ruhig mit eingebracht werden. Es ist besser, pro Rede nicht mehr als drei Argumente zu verwenden. Weitere Argumente können sich die Zuhörer in der Regel selten merken.

Die Aufmerksamkeitsspanne des Publikums dürfen Sie nicht vergessen. Die Sätze müssen kurz und prägnant sein. Während Sie beim Lesen den Satz erneut lesen können, ist dies beim Zuhören einer Rede unmöglich. Folglich sollten Schlangensätze zwingend vermieden werden. Für eine Rede ist die Gegenwart die beste Zeitform. Außerdem sollten Sie mit dem Publikum in Kontakt treten. Mithilfe von rhetorischen Fragen gelingt es Ihnen, die Zuhörer direkt anzusprechen. Indem Sie Blickkontakt aufnehmen, wird dem Gegenüber signalisiert, dass Sie ihn als Zuhörer wahrnehmen. Wenn Sie spüren, dass eine Person aufmerksam zuhört, suchen Sie den Blickkontakt zu ihr.

Der Schluss der Rede dient lediglich dazu, um das Gesagte noch einmal kurz zusammenzufassen. Jedoch sollte der Schluss einen nicht zu großen, zeitlichen Rahmen umfassen.

Sofern Sie ein ungeübter Redner sind, lohnt es sich, die Rede öfter zu referieren, bevor der Ernstfall eintritt. Die Rede können Sie mit Ihrem Smartphone im Vorfeld aufnehmen und anschließend abspielen. Dies hilft Ihnen dabei, Ihre Rede zu optimieren. Zwar sollte die Rede immer in einem gehobenen Sprachniveau verfasst sein, dennoch sollten Sie authentisch wirken und nicht zu viele Fremdwörter verwenden.

Wenn Sie die Zuhörer mit Ihrer Rede überzeugen möchten, ist eine Diskussion nicht mehr wegzudenken. Diese erfolgt in der Regel im Anschluss an die Rede. Während Sie anfangs Fakten präsentieren, dient die Diskussion dazu, die Ergebnisse zu bewerten, einzuordnen und zu reflektieren. Aber auch diese Diskussion will strukturiert sein. Hierbei sollten Sie nichts dem Zufall überlassen.

Bei einer Diskussion hat der Redner die Möglichkeit, einzelne Zusatzfragen zu beantworten oder auch sachliche Probleme zu erörtern. Unter der Erörterung ist die Darlegung eines Standpunktes oder auch die Klärung eines Sachverhalts zu verstehen. Das Ziel der Diskussion liegt darin, der Auffassung oder Meinung des Redners zum Durchbruch zu verhelfen. Dies bedeutet, dass Sie sich nach der Rede nicht entspannt zurücklehnen dürfen. Denn um die Wortmeldung der Zuhörer beantworten zu können, müssen Sie diese vollkommen verstanden haben. Hierbei gilt, dass Sie den Fragesteller unbedingt ausreden lassen müssen. Selbst wenn Sie ihm eine Erwiderung sofort entgegenbringen möchten. Manche Fragesteller haben die Eigenart an sich, viel zu lange zu sprechen. Geben Sie ihm diese Zeit und hören Sie aufmerksam zu. Um eine Diskussion erfolgreich führen zu können, ist es wichtig, dass Sie über fundiertes Fachwissen verfügen. Andernfalls wird es Ihnen nicht möglich sein, das Publikum während der Diskussion von Ihrer Meinung zu überzeugen. Für die Diskussion sollten Sie im Vorfeld einen bestimmten Zeitraum abstecken. Dies ist im Prinzip wie der „zweite Redeschluss" zu verstehen. Dieses Ende macht die Sache rund. Für das Ende der Diskussion ist ein kurzes Fazit des Redners vorgesehen. Zwar darf dieses nicht völlig identisch mit dem Schluss der Rede sein, dennoch dürfen die Elemente der Rede im Fazit der Diskussion enthalten sein.

Typische rhetorische Fehler, die man vermeiden sollte

Das Thema Rhetorik bietet zahlreiche Fehler, welche Sie unbedingt vermeiden sollten. Durch ein wenig Kopfarbeit und etwas Übung können Sie diese allerdings problemlos korrigieren. Um den Zuhörer zu fesseln, müssen Sie lernen, mit dem Kopf des Zuhörers zu denken. Sie müssen mit seinen Augen sehen, mit seinen Ohren hören und seine Gefühle selbst erleben. Die Beherrschung der Rhetorik ist für Sie dahingehend entscheidend, ob Sie den Zuhörer begeistern oder langweilen. Deshalb ist es unerlässlich, dass Sie sich als allererstes „von sich selbst befreien". Dies bedeutet, dass Sie die Situation des Zuhörers einnehmen müssen. Sie müssen seine Denkweise sowie sein Interesse begreifen.

Hierzu müssen Sie wissen, dass der Zuhörer dort abgeholt werden muss, wo er sich geistig zu Beginn des Vortrags befindet. Um aufmerksam zu werden, benötigt er das richtige Stichwort. Gelingt Ihnen dies nicht, haben Sie während des Vortrags keine Chance mehr, ihn zu erreichen. Zahlreiche Redner machen den Fehler, dass sie sich nicht in ihre Zuhörer hineinversetzen. Sie müssen sich bereits direkt ab dem ersten Satz darauf vorbereiten, in die Rolle des Zuhörers zu schlüpfen. Damit sich der Zuhörer geistig nicht sofort wieder von Ihnen entfernt, empfiehlt es sich, durch verschiedene Stichworte eine Gedankenkette im Kopf des Zuhörers auszulösen. Zeigen Sie ihm immer wieder den roten Faden auf, damit er sich geistig nicht von Ihnen entfernt. Überdies darf ein Vortrag keinesfalls einschläfernd wirken. Der Zuhörer möchte unterhalten werden. Deshalb müssen Sie ihn mit Ihren Ausführungen und Inhalten immer wieder wachrütteln. Überdies sollten Sie die Verwendung von Hypothesen ebenfalls vermeiden. Denn der Zuhörer wird Ihnen nicht mehr folgen, sobald er sich Ihrer Denkweise nicht mehr anschließen kann.

Eine monotone Sprechweise ist für einen Vortrag ebenfalls ein absolutes No-Go, denn nichts schläfert den Zuhörer mehr ein. So sollten Sie mit einer mittleren Tonlage sprechen. Mithin sollte es Ihnen möglich sein, mit dem Senken und Heben der Stimme Aufmerksamkeit zu erzeugen. Damit der Zuhörer das Gesagte besser aufnehmen und verarbeiten kann, sollten Sie in kurzen Sätzen sprechen. Lange, verschachtelte Sätze eigenen sich für einen Text, aber nicht für einen Vortrag. Bildliche Darstellungen, verstärkende Begriffe und farbenprächtige Worte sind das A und O, um einen Vortrag interessanter zu gestalten. Dies füllt das Gesagte mit Leben und ist für den Zuhörer besonders einprägsam. Zahlreiche ungeübte Redner beten ihren Vortrag stur hinunter und dies führt dazu, dass die Zuhörer gedanklich auf Wanderschaft gehen. Überraschungseffekte, wie ungewöhnlich lange Pausen, laute Ausrufe, Klatschen oder Klopfen sowie die direkte Ansprache der Zuhörer zieht diese wieder in Ihren Bann. Ein weiterer sprachlicher Trick, welcher dem Zuhörer bewusst macht, dass er gemeint ist, besteht darin, dass Sie alles Gesagte auf den Zuhörer und seine Welt projizieren. Somit sagen Sie einfach „Sie haben oder Sie werden" anstatt „Ich habe oder ich werde".

Fragen können einen Vortrag weiterhin in eine bestimmte Richtung lenken. „Wer fragt, bestimmt die Richtung". Mit Fragen können Sie den Zuhörer wieder gedanklich fesseln. Ein grober Fehler ist es also, Fragen in einem Vortrag zu vermeiden.

Damit die Zuhörer einem Redner angenehm lauschen können, gilt es zwingend unnötige „Begleitgeräusche", wie beispielsweise ständige Floskelwiederholungen zu vermeiden. Zwingende Körpersignale gilt es ebenfalls zu vermeiden. So wirkt rechthaberisches Stechen mit dem ausgestreckten Zeigefinger oder bedrohliches Annähern an das Publikum eher abschreckend. Unnötige Tangostrategien sollten sie außerdem vermeiden. Am besten entwickeln Sie das Gespräch stufenweise weiter, sodass der Zuhörer keine großen Gedankensprünge machen muss.

Schwarze Rhetorik

Die Rhetorik verfügt über zwei Bereiche, nämlich die weiße und die schwarze Rhetorik. Da die Rhetorik als Redekunst bezeichnet wird und der Redner mit seinen Argumenten versucht, den Zuhörer von seiner Meinung zu überzeugen, gibt es hierfür zwei verschiedene Vorgehensweisen. Redner setzen die weiße oder schwarze Rhetorik gekonnt ein, um die Zuhörer auf ihre Seite zu ziehen. Zahlreiche Menschen leben nach dem Motto: „Ich mache mir die Welt, wie sie mir gefällt." Manipulationstechniken, wie Schmeicheln, Schwindeln oder falsche Darstellungen sind hierbei keine Seltenheit. Die eigenen Interessen beim Chef, bei Kollegen oder dem Gesprächspartner durchzusetzen, ist das oberste Ziel. So ist es für das Gegenüber in manchen Fällen nicht erkennbar, ob es sich um ein Täuschungsmanöver handelt. Die Kunst, das Gegenüber mit unfairen Mitteln zu beeinflussen, nennt man schwarze Rhetorik. Selbst wenn man diese Methode nicht anwendet, sollte man sie erkennen und beherrschen.

Was ist das & wo findet sie Anwendung?

Das Prinzip der schwarzen Rhetorik ist die Manipulation. Sie provoziert gezielt Missverständnis. Hierbei greift sie auf jegliche erdenklichen rhetorischen, manipulierenden, rabulistischen und dialektischen Kniffe zurück, um die Zuhörer zum angestrebten Ergebnis zu führen. Ist das Gegenüber absolut nicht umzustimmen, wird solange weitergesprochen, bis man in jedem Fall Recht behält. Diese Art der Rhetorik hilft genau dann weiter, wenn Ihnen die Argumente ausgehen. Eine lösungsorientierte Auseinandersetzung ist keinesfalls angestrebt. Der Grund dafür ist, dass dem Redner dadurch kein Raum für strategische und taktische Spielchen bleibt und der Spaßfaktor verloren geht. Bei Anwendung von schwarzer Rhetorik wird auf den Gesprächspartner keine Rücksicht genommen. Sie ist dominant und demagogisch und das oberste Ziel liegt darin, über den Gesprächspartner zu siegen. Der Redner wertet die Argumente und Ideen des Gegenübers zunächst einmal ab. Er diskreditiert diese als theoretisch, sinnfrei oder irrelevant. Sofern sich das Gegenüber allerdings nicht unterkriegen lässt und das Gespräch komplexere Argumentationsverläufe nimmt, werden diese mit einer schlagfertigen Killerphrase beendet. Nur so kommt der Gesprächspartner nicht in die Zwickmühle, ernsthaft argumentieren zu müssen. Fragen des Gesprächspartners werden außerdem nicht direkt beantwortet. So würde der Eindruck erweckt, dass die Fragen legitim sind. Durch Nachfragen wird stattdessen vom ursprünglichen Inhalt abgelenkt. Eine weitere Möglichkeit ist, die Frage dahingehend zu interpretieren, bis diese wieder zum eigenen Inhalt passt. Durch diese Art wird der Gesprächspartner als inkompetent deklariert. Höflichkeit, Wahrheit und Fairness sind bei Anwendung der schwarzen Rhetorik hinfällig.

Die Tricks der schwarzen Rhetorik lassen sich in drei Kategorien unterteilen – kognitive Verzerrungen, sprachliche Tricks sowie Scheinargumentation. Eine entscheidende Rolle spielen drei Elemente bei jedem Sprechakt. Diese bestehen aus dem Gehirn, der Formulierung und dem Inhalt. Das Gehirn verarbeitet die Informationen. Die sprachliche Formulierung dieser Information ist ebenfalls relevant, genauso wie ihr eigentlicher Inhalt. Diese drei Parameter sind dafür verantwortlich, wie eine Information verstanden wird. Dies bedeutet, dass alle drei Parameter manipuliert werden können.

Mithilfe von kognitiven Verzerrungen lässt sich das Gehirn manipulieren. Fehlerhaftes Wahrnehmen, Denken und Urteilen verursacht derartige Irrtümer. Den größten Bekanntheitsgrad hat hierbei wohl der Halo-Effekt, auf Deutsch „Heiligenschein". Dieser besteht daraus, von allgemeinen Eindrücken Rückschlüsse auf konkrete Eigenschaften zu ziehen. Hierbei werden einzelne Eigenschaften nicht unabhängig voneinander betrachtet. Menschen neigen dazu, von konkreten, aussagekräftigen, objektiven Informationen auf weniger fassbare und konkrete Merkmale zu schließen. Dies bedeutet konkret, dass ein Mensch eine Sache gut kann und deshalb schließt man daraus, dass derjenige ganz viele Dinge besonders gut kann. Somit überstrahlt eine besonders positive Eigenschaft die übrigen Eigenschaften. Um diesen Halo-Effekt zu entgehen, ist eine umfassende Analyse des Gegenübers notwendig.

Ebenfalls als kognitive Verzerrung bekannt, ist der Ankereffekt. Dies bedeutet, dass Sie sich unterbewusst an Zahlenwerten orientieren, welche von anderen Menschen genannt wurden. Diese Zahlen werden als „Anker“ bezeichnet. Gehaltsverhandlungen im Job sind vom Ankereffekt oftmals betroffen.
Der „Place-of-no-Return“ dürfte Ihnen mit Sicherheit bekannt sein. Sie haben in eine erfolglose Sache viel Zeit, Geduld, Anstrengung oder Geld investiert, sodass Sie der Meinung sind, dass Sie diese Sache einfach nicht abbrechen können.
Bei der Verfügbarkeitsheuristik halten Sie Ihr Denken an allgemeinen Faustregeln fest. So haben Sie bereits zuvor im Leben eine Erfahrung gemacht, gehen Sie davon aus, dass dies in Zukunft auch so sein muss.
Nicht selten werden Menschen ebenfalls vom „Forer-Effekt“ beeinflusst. Hierbei messen Sie den Aussagen, Informationen und Einschätzungen Ihrer Umwelt zu viel Bedeutung bei und übertragen dies auf Ihre eigene Person.
Diese kognitiven Verzerrungen setzen manche Menschen ein, um ihre Mitmenschen zu manipulieren. Allerdings treten diese Verzerrungen nicht selten von allein auf.
Die zweite Kategorie der Schwarzen Rhetorik sind die sprachlichen Tricks. Hierbei werden Formulierungen bewusst gewählt, um Menschen zu überzeugen. Einzelne Wörter können entweder zu einer negativen oder positiven Bewertung führen. Besonders großer Beliebtheit erfreut sich hierbei der Framing-Effekt. Dieser besagt, dass unterschiedliche Formulierungen bei gleichem Inhalt das Verhalten des Gesprächspartners beeinflussen. Mithin ist es beispielsweise effektiver auf den Schaden zu verweisen, anstatt auf den Nutzen einer Sache.
Die dritte Kategorie umfasst die Scheinargumente. Diese werden als Argumente getarnt, sind allerdings in Wirklichkeit keine. Sie erkennen diese an falschen Behauptungen sowie Diffamierungen, einer gruppenbezogenen Bezugnahme oder an wiederholten Aussagen, welche irgendwann stimmen sollen. So könnten beispielsweise die Sätze „Ich habe dir das tausendmal erklärt“ oder „Jeder im Dorf möchte, dass der Baum gefällt wird“ Scheinargumente sein.

Was sind Killerphrasen & wie kontert man diese?

Derjenige, der schwarze Rhetorik anwendet, möchte seinen Gesprächspartner aufs Glatteis führen und untergriffig wirken. Im Bereich der schwarzen Rhetorik gibt es die sogenannten Killerphrasen. Diese dienen der Verunsicherung und Einschüchterung. Außerdem sollen sie den Gesprächspartner aus der Reserve locken. Killerphrasen erfolgreich zu kontern, ist extrem schwierig. Deshalb müssen Sie zwingend einen kühlen Kopf bewahren. Wut und Rechtfertigungen sind an dieser Stelle fehl am Platz. Bevor Sie zum Rückschlag ausholen, ist es besser zu schweigen. Denn nicht jede Aktion erfordert eine Reaktion. Wer sich allerdings dazu entschließt zu kontern, sollte zwingend sachlich bleiben. Andernfalls begeben Sie sich auf das gleiche Niveau wie Ihr Gegenüber. Am besten sollten Sie mit einer Gegenfrage kontern. So zwingen Sie den Provokateur zu einer sachlichen Aussage.

Um Killerphrasen direkt von Anfang an zu erkennen, sollten Sie Ihren Gesprächspartner genauer unter die Lupe nehmen.

Kollegen oder Chefs, welche Ihnen ständig ins Wort fallen, sind Ihnen mit Sicherheit nicht fremd. Dies kann einerseits der Auswuchs mangelnder Erziehung sein oder aber eine Methode, um sich die überlegene Position zu sichern. Hier hilft nur die Unterbrechung konsequent zurückzuweisen.

Überdies kennen Sie bestimmt Menschen, welche immer alles besser wissen und mit klugen Zitaten sowie Studien nur so um sich werfen. Die Ideen dieses Gesprächspartners sind nicht umsetzbar und die Argumente der anderen sind ohnehin immer verkehrt. Durch genaues Nachfragen lässt sich Ihr Gesprächspartner allerdings leicht bändigen.

Hinter einer ständigen Ahnungslosigkeit können bereits Killerphrasen lauern. Jemand, der sich dauernd ahnungslos gibt, aber die sachlichen Inhalte versteht, versucht seinen Gesprächspartner aufs Glatteis zu führen. Folglich müssen Sie sich ständig wiederholen und werden irgendwann die Geduld verlieren. Hier sollten Sie mit gezielten Gegenfragen kontern und nachhaken, was Ihr Gegenüber genau nicht verstanden hat.

Nahezu jeder hat gelernt, dass man bei Diskussionen am besten sachlich bleiben sollte. Jedoch werden manche Menschen fies und zielen darauf ab, das Gegenüber von sachlichen Argumenten wegzubringen. Hier sollten Sie versuchen sachlich zu bleiben und den Gesprächspartner in die Schranken zu weisen.

Bestimmt haben Sie auch schon einmal die Erfahrung gemacht, dass Sie während eines Gesprächs blitzschnell vor eine Entscheidung gestellt wurden. Diese Alternativfragen zählen ebenfalls zu den Killerphrasen. Allerdings nehmen diese Ihnen die eigene Entscheidungsfähigkeit und Ihr Gegenüber versucht Ihnen seine eigene gewünschte Entscheidung aufzudrängen. Wird Ihnen bewusst, dass Sie das Opfer einer derartigen Killerphrase geworden sind, sollten Sie um Bedenkzeit bitten.

Gespräche in eine Richtung lenken

Um das Gespräch in eine ganz bestimmte Richtung zu lenken, sollten Sie fiese Fragen verwenden. Hierbei werden dem Redner folgende Fragen gestellt: „Und was soll das bringen?" „Ja, aber warum?" „Ist diese Strategie überhaupt zu Ende gedacht?" Diese und jegliche Fragen dienen dazu, den Redner aus dem Konzept zu bringen und zu verunsichern. Bei derartigen Fragen handelt es sich um einen Klassiker der Manipulation. Denn der Fragesteller fragt nicht, um Antworten zu erhalten, sondern um seinen Gesprächspartner in eine bestimmte Richtung zu drängen. Erkennen Sie die manipulative Intention hierbei nicht, fallen Sie auf diese Fragen herein und beginnen an Ihrem Vortrag oder sogar am eigenen Wissen zu zweifeln. Mithin entgleitet die Diskussion und geht nun in eine völlig andere Richtung.

Weitere Techniken der Schwarzen Rhetorik

Die Schwarze Rhetorik verfügt über eine Vielzahl weiterer Techniken, welche den Gesprächspartner garantiert auf das Glatteis führen. Eine ist beispielsweise die Unterbrechungstaktik. Hierbei versucht das Gegenüber Sie ständig durch Unterbrechungen aus dem Konzept zu bringen. So kann er beispielsweise andauernd nachhaken, woher Sie die Informationen haben, über welche Sie Ihre Präsentation halten.

Bei der Taktik der Großzügigkeit versucht Ihr Gegenüber Fakten und Zahlenmaterial als „kleinkariert" oder „kleinliche Buchhaltermentalität" abzutun. Er gibt Ihnen den Hinweis, dass „die große Linie" gefragt ist.

Eine weitere Taktik um sich aufzuspielen, ist die Wissenschaftstaktik. Hierbei wird Ihr Gegenüber Lehrmeinungen zitieren. Allerdings gibt er hierbei Zitate von prominenten Persönlichkeiten falsch wieder und fragt, ob Sie das Zitat kennen.

Eine weitere Möglichkeit, Sie aus dem Konzept zu bringen, bietet sich, indem sich das Gegenüber naiv stellt und ständig gegen Ihre Argumentation ist. Diese Taktik ist auch als die

Nein-Taktik bekannt. So wiederholt er mehrmals, dass er Sie nicht versteht und fragt, ob Sie den Sachverhalt nicht mal in einfachen Worten verständlich erklären können.
Des Weiteren kann der Gesprächspartner auf verdeckte oder auch direkte Beleidigungen zurückgreifen. Diffamiert zu werden, kann Sie unter Umständen schnell aus dem Konzept bringen. Bei der verdeckten Beleidigung werden Sie nicht direkt beleidigt. Ihnen wird lediglich der Schwarze Peter zugeschoben, indem der Gesprächspartner Äußerungen tätigt wie, dass Sie ihn falsch verstehen. Bei der direkten Beleidigung hingegen, macht Ihr Gegenüber keinen Hehl daraus, was er von Ihnen oder Ihrer Berufsgruppe hält.
Die Kompetenz-Taktik ist ebenfalls äußerst beliebt. Hierbei zweifelt Ihr Gegenüber Ihre Kompetenz an, indem er so tut, als fehle Ihnen Lebenserfahrung oder als seien Sie nicht mehr zeitgemäß.
Bei der Hauptsache-/Nebensache-Taktik spielt Ihr Gegenüber Nebensächlichkeiten hoch. Dies soll verhindern, dass der Zuhörer die Hauptsache erkennt.
Um Sie ins schlechte Licht zu rücken, kann Ihr Gegenüber zum Moralapostel werden. Hierbei rückt er Ihre Meinung und Sichtweise ins negative Licht, um selbst besser dazustehen.
Der Konjunktiv-Trick ist überdies äußerst beliebt. Hierbei stellt das Gegenüber Fragen im Konjunktiv, um hierdurch mehr über den Redner in Erfahrung zu bringen. Denn bei hypothetischen Fragen geben zahlreiche Menschen doch viel mehr von sich Preis, als bei einem Vortrag gut ist.
Eine ganz einfache Methode, um den Gesprächspartner aus dem Konzept zu bringen, liegt darin, kurze Fragen zu stellen. Hierbei stellt Ihr Gegenüber ständig Gegenfragen und versucht Sie somit zu verwirren.
Bei einem derartigen Gesprächspartner kann es äußerst schwer sein, sachlich zu bleiben. Die Killerantwort ist die einzige Möglichkeit, um aus diesem Teufelskreis auszubrechen. So sagen Sie einfach, dass Sie in Ruhe über die Frage nachdenken müssen oder geben Sie die Frage an einen anderen Experten weiter. Wichtig ist, dass eine Killerantwort erkennen lässt, dass Sie keinerlei Lust auf Kooperation mit der jeweiligen Person haben.

Rhetorik anwenden im Alltag

Sie müssen nicht zwangsläufig ein großer Redner sein wollen, um rhetorische Mittel nutzen zu können. Reden von Cicero, Sokrates, John F. Kennedy und Martin Luther King werden als legendär eingestuft und gelten als rhetorische Meisterwerke. Allerdings ist der Ursprung der Rhetorik im normalen Alltag zu finden. Denn sobald Sie sich mit anderen Menschen auseinandersetzen und Ihr Anliegen mittels sprachlicher Kompetenz erfolgreich und überzeugend vermitteln möchten, sollten Sie ein paar simple rhetorische Mittel nutzen. Im heutigen Alltag ist die Rhetorik sehr vielseitig einsetzbar. Von großer Wichtigkeit ist der gekonnte Umgang mit Sprache und Ausdruck bei mündlichen sowie schriftlichen Kommunikationsformen. Dieser dient nämlich dazu, die eigenen Standpunkte effektiv und deutlich zu vertreten und die eigenen Wünsche somit durchzusetzen. Hiervon sind normale Unterhaltungen, Telefongespräche und auch E-Mail und anderer Schriftverkehr betroffen. Rhetorik zu beherrschen bringt nicht nur in Vortragssituationen Vorteile mit sich. Derjenige, der über ein gewisses rhetorisches Verständnis verfügt, kann soziale Interaktionen besser einschätzen. So ist beispielsweise besser erkennbar, wer der Wortführer ist und welcher Umgangston vorherrschend und angemessen ist. Folglich lassen sich Probleme frühzeitiger erkennen und besser vermeiden.

Rhetorik unter Freunden

Nicht nur im Berufsleben, sondern auch im Alltag möchten die meisten Menschen überzeugen. Allerdings funktionieren spontane Gespräche mit Freunden und Bekannten ein wenig anders als eine Rede vor einem Publikum. Der Grund hierfür ist, dass die Dinge im Alltag persönlicher, verständlicher und auch überzeugender formuliert werden als eine vorbereitete Rede.

Gerade bei Freundschaften sollte es nicht darum gehen, das Gegenüber zu manipulieren. Aber manchmal helfen ein paar einfache Tricks, um das Gegenüber einfacher für sich zu gewinnen. So möchten Sie einen Freund dazu überreden, dass er Ihnen am Wochenende ein wenig beim Umzug hilft, obwohl er dazu keine Lust hat. Dies kann Ihnen mit der Foot-in-the-door-Technik oder der Door-in-the-face-Technik gelingen. Bei der ersten Strategie verschweigen Sie Ihrem Gegenüber zunächst, dass er Ihnen beim Umzug helfen soll. Sie bitten ihn hingegen um einen kleinen, harmlosen Gefallen. Dieser sollte jedoch in Verbindung mit dem Umzug stehen. So können Sie Ihren Freund beispielsweise um Tipps bitten, wo man gut Möbel kaufen kann oder bitten Sie ihn um Rat hinsichtlich des Einrichtungsstils. Diese kleine Bitte wird Ihr Freund mit Sicherheit nicht abschlagen. Hat er Ihnen diesen Gefallen getan, können Sie nun die Gunst der Stunde nutzen und ihn um Hilfe bei Ihrem Umzug bitten. Da Ihr Freund bereits in den Einzug mit eingebunden ist, wird er sich für diesen etwas verantwortlich fühlen. In der Regel haben Menschen das Bedürfnis, sich widerspruchsfrei zu verhalten. Genau aus diesem Grund wird Ihnen Ihr Freund beim Umzug helfen.

Weshalb Menschen nun auf die Foot-in-the-door-Technik reinfallen, liegt daran, dass kleine, harmlose Gefälligkeiten die Selbstwahrnehmung beeinflussen. Nahezu jeder möchte gerne den Gutmenschen spielen. Dies führt wiederum dazu, dass man folglich irgendwann einen Ruf zu verlieren hat. Somit muss man sich dementsprechend verhalten.

Wer A sagt, muss auch B sagen. Und die Sorge um den eigenen Ruf ist die Ursache, weshalb die Foot-in-the-door-Technik besonders effektiv ist. Denn niemand möchte bei einem guten Freund, dem Chef oder Bekannten schlecht dastehen.

Im Jahr 1966 haben Fredman und Fraser eine klassische Studie zur Wirksamkeit dieser Technik durchgeführt. Diese hat gezeigt, dass diese Methode selbst bei unterschiedlichen Rahmenbedingungen immer wieder Wirkung gezeigt hat. Zur Food-in-the-door-Technik haben Guéguen und Fischer-Lokou im Jahr 1999 ebenfalls eine Studie durchgeführt. Hierbei wurden 164 Psychologie-Studenten auf 3284 Passanten losgelassen, mit dem Ziel Geld zu erbetteln. Die Hälfte der Studenten verwendete die Foot-in-the-door-Technik, indem sie die Passanten zunächst um die Uhrzeit baten. Nahezu alle Passanten nannten ihnen hilfsbereit die Uhrzeit. Die zweite Bitte nach ein paar Münzen konnten die überwiegende Zahl der Passanten dann nicht mehr abschlagen. Im Vergleich zur zweiten Hälfte der Studenten, welche die Passanten direkt um Kleingeld gebeten haben, haben tatsächlich mehr Passanten Geld gespendet, welche zuerst nach der Uhrzeit gefragt wurden.

Ebenfalls wirksam ist die Door-in-the-face-Technik. Jedoch erzielt diese genau andersherum ihre Wirkung. Mit einer Anfrage wird hierbei Ihr Freund überwältigt. Allerdings ist diese Anfrage tatsächlich viel größer als der Gefallen, um den es tatsächlich geht. Ursprünglich möchten Sie, dass Ihnen Ihr Freund eine Stunde beim Umzug hilft, aber fragen ihn, ob er Ihnen das ganze Wochenende beim Umzug zur Hand gehen kann. Selbstverständlich wird Ihr Freund Ihnen diesen Gefallen nicht tun. Aber dies haben Sie auch nicht erwartet. Folglich akzeptieren Sie seine Absage und bitten ihn darum, Ihnen lediglich eine Stunde beim Umzug zu helfen. Diesen Gefallen wird er Ihnen mit Sicherheit tun, da er ein schlechtes Gewissen hat. Außerdem bemerkt Ihr Freund, dass Sie nachgegeben haben. Dies erweckt den Anschein, als seien Sie ihm bereits entgegengekommen. Er ist dafür dankbar und möchte sich revanchieren.

Die Door-in-the-face-Technik besagt also, dass die Forderung mit einer großen Wahrscheinlichkeit erfüllt wird, wenn zuvor eine deutlich größere Forderung abgelehnt wurde. Die Ursache hierfür liegt darin, dass das Gegenüber sein Entgegenkommen signalisieren möchte, da die Forderung abgeschwächt wurde. Dieses Vorgehen verdeutlicht das Zusammenspiel von Reziprozität und Kontrast.

Allerdings gibt es eine Vielzahl weiterer Tricks, mit welchen Sie Freunde und Bekannte beeinflussen können. Ein Fehler, welchen zahlreiche Menschen machen, liegt darin, dass sie ihre Thesen im Alltag nicht oder nur zu kurz begründen. Eine gute Begründung sollte mindestens drei bis fünf Sätze umfassen.

Außerdem lohnt es sich immer, Beispiele zu verwenden. Ein glaubwürdiges Beispiel kann dabei helfen, die Position zu untermauern. Dies verbessert die Chancen, das Gegenüber zu überzeugen.

Um das Gegenüber zu überzeugen, kann es ebenfalls hilfreich sein, dessen Sichtweise zu widerlegen. Dies bedeutet lediglich, dass man in den Ausführungen des Gesprächspartners einen faktischen oder logischen Fehler findet und ihm diesen aufzeigt.

Rhetorik am Smartphone

Der digitale Wandel vollzieht sich rasant und nahezu jeder ist von ihm betroffen. Die zunehmende Digitalisierung ist einerseits als positive Entwicklung vorzumerken. Doch andererseits sehen manche Menschen gerade dies als Gefahr.

Während die antike Rhetorik von einfachen Gegebenheiten, einer mündlichen Kommunikation, ausgeht, geschieht heute Kommunikation in der Regel mediengestützt. In der Antike waren der Redner und das Publikum präsent. Sie konnten von Angesicht zu Angesicht kommunizieren und sprachen frei und ohne Hilfsmittel.

Im Bereich der Rhetorik schafft die digitale Transformation völlig neue Bedingungen. Die sozialen Medien spielen eine zentrale Rolle, denn durch diese können die Zuhörer direkt angesprochen werden. So können Politiker bei Wahlkämpfen beispielsweise die Wählerinnen und Wähler direkt über die sozialen Medien erreichen. Da zahlreiche Menschen über ein Facebook-Konto verfügen, können über dieses soziale Netzwerk viele Personen erreicht werden und sogar bestimmte Zielgruppen angesprochen werden.

In der Antike hatten die Menschen das Gefühl, die Dinge direkt aus erster Hand zu erfahren. Heutzutage hingegen ist dies in der Medienrealität nicht mehr möglich. Durch den Einsatz von Smartphones verbreiten sich manche Nachrichten wie ein Lauffeuer.

Auf Grund der Verwendung von Smartphones erfährt die Sprache in der digitalen Welt keine Vereinfachung. Audiovisuelle Anreicherungen sorgen dafür, dass sie zu einem sehr komplexen Konstrukt wird. Während Twitter weniger rhetorische Fähigkeiten erfordert, ist bei einem Post auf einem Blog, bei Facebook oder Instagram ein gewisses Maß an rhetorischem Können nicht mehr wegzudenken. Dies bedeutet, dass Sie die Kommunikationsstrukturen dieser Plattform begriffen haben müssen, sofern Sie dort an Einfluss gewinnen möchten.

Problematisch bei der Nutzung von Smartphones ist ebenfalls, dass die Menschen mit ihrem Smartphone mehr schreiben als telefonieren. Während ein herkömmliches Gespräch irgendwann beendet ist, dominiert bei der Kommunikation via Smartphone das Gefühl eines kontinuierlich fortlaufenden Gesprächs. Diese sog. „Endlosdialoge" enthalten keine

expliziten Anfangs- bzw. Beendigungsfloskeln und können nach langen Gesprächspausen problemlos wieder aufgenommen werden.

Da der gemeinsame Wahrnehmungsraum des Senders und Empfängers fehlt, werden Videos, Bilder, Audios und auch Emojis vorwiegend eingesetzt. Nur so kann ein Bezug zu der Situation des Senders hergestellt werden und der fehlende Wahrnehmungsraum kann kompensiert werden. Die elektronische Kurzschrift, welche in ihren Ausdrucksmöglichkeiten begrenzt ist, nimmt gerade bei jungen Menschen immer mehr die Rolle als Hauptakteur der interpersonalen Kommunikation ein. Problematisch ist hierbei die fehlende Übermittlung begleitender Emotionen. Während bei Telefongesprächen die Tonlage ebenfalls in die Unterhaltung mit einfließt oder bei einer persönlichen Kommunikation die Gestik und Mimik, fehlen diese Elemente bei der Kommunikation mit dem Smartphone komplett. Messenger-Dienste versuchen diese fehlenden Elemente durch emotionsvermittelnde Zeichen zu kompensieren. Darunter sind nun nicht mehr einfach nur Smileys zu verstehen. Mittlerweile könnten die Nutzer eine Kommunikation völlig ohne Worte führen. Somit könnte die Gefahr bestehen, dass konventionelle kommunikative Fähigkeiten über kurz oder lang verloren gehen.

Rhetorik in der Beziehung & beim Flirten

Die intensivsten Gefühle und Leidenschaften offenbaren sich beim Zusammenleben in der Ehe und Partnerschaft. Die Gefühle können sich in die positive, aber auch negative Richtung entwickeln. Hier befindet sich das höchste Glück eines Menschen, allerdings auch die Wurzel für die tiefste Verzweiflung. Die Partnerwahl und Ehe beeinflussen noch mehr das Glück eines Menschen als die Berufswahl. Manches Unglück oder Missverständnis in der Partnerschaft oder Ehe könnte vermieden werden, wenn Konflikte entweder direkt vermieden oder bewältigt worden wären. Hierbei spielt die Kommunikation beider Parteien eine ganz entscheidende Rolle. Mit ein wenig rhetorischem Können ist es möglich, gezielt Streitigkeiten

aus dem Weg zu räumen. Oft gewinnt nicht derjenige, mit den besseren Argumenten, sondern derjenige, der besser redet.
Deshalb lohnt es sich, den ersten harmlosen Tipp zu beherzigen, indem Sie die Streitfrage verändern. Stellen Sie hierzu die Aussage Ihres Gegenübers in Frage, beispielsweise durch eine Erweiterung. Hierbei greifen Sie die Behauptung Ihres Gesprächspartners auf, allerdings in etwas erweiterter und übertriebener Form. Durch diese Taktik bringen Sie Ihr Gegenüber in Erklärungsnot, da Sie das, was er in einem besonderen Kontext geäußert hat, so darstellen, als gelte dies für alle und immer.
Das kann einen schnell herausreißen aus dem Konzept. Solange Sie wild durcheinander und nicht nach einer bestimmten Reihenfolge fragen, können Sie den Gesprächspartner verwirren. Dessen Argumentationskette wird auf Grund dieser Fragetechnik brüchig und seine einzelnen Antworten können in ganz unterschiedliche Richtungen ausgelegt werden. Des Weiteren können Sie die Fragen so stellen, dass Ihr Gegenüber glaubt, Sie wollen auf das Gegenteil hinaus.
Je nachdem, wie dreist Sie sind, schieben Sie Ihrem Gegenüber falsche Schlüsse oder Zusammenhänge unter.
Hierzu lassen Sie sich zunächst einige Fragen beantworten, am Ende folgern Sie nun daraus eine komplett falsche oder übertriebene Schlussfolgerung. Ein schüchterner Gesprächspartner wird es nicht wagen zu widersprechen, sofern Sie überzeugend genug sind. Ist der Gesprächspartner nicht sonderlich intelligent, wird er Ihnen ebenfalls nicht widersprechen. Denn dazu müsste er darüber nachdenken, ob Sie tatsächlich Recht haben.
Den Gesprächspartner ein wenig zu provozieren, kann ebenfalls dazu führen, dass Sie bei Diskussionen die Oberhand gewinnen. Kleine Unverschämtheiten, Schikanen und freche Fragen können ihn solange provozieren, bis er wütend wird. Diese Technik wird übrigens gerne bei Polizeivernehmungen angewandt. Sie selbst sollten hingegen betont reflektiert und gelassen reagieren und sich nicht ärgern lassen.
Die persönliche Beleidigung ist eine der letzten Maßnahmen. Sobald man merkt, dass der Gesprächspartner die Diskussion gewinnen wird, bleibt noch ein Thema, auf das man umschwenken kann. Und zwar auf den Gesprächspartner selbst. Direkte persönliche Angriffe lenken rasch vom Gegenstand des Streits ab.
Beim Flirten hingegen sollten Sie sich zwar offensiv, aber dennoch nicht zu aufdringlich verhalten. Selbst wenn Sie abblitzen sollten, lassen Sie sich nicht entmutigen. Nicht jeder Kontakt mit dem anderen Geschlecht endet in einer goldenen Hochzeit. Sobald Sie Ihre Vorzüge selbstbewusst einsetzen, sollten Sie zumindest keine Abfuhr mehr erhalten.
Am besten sollten Sie den ersten Schritt machen und aktiv auf das Gegenüber zugehen. In der Regel erhalten Sie eine positive Reaktion, sofern Sie freundlich und offen auftreten.
Sofern es wirklich von Herzen kommt, bricht ein Lächeln das Eis schnell. Sprechen Sie Ihr Gegenüber mit charmanter Sachlichkeit und Komplimenten an, jedoch sollten Sie hierbei nicht schleimen.

Während des sich anbahnenden Gesprächs lohnt es sich, Zuversicht und Zufriedenheit zu vermitteln. Deshalb sollten Sie mit sich selbst zufrieden sein. Andernfalls wird es schwierig, dies authentisch auszustrahlen.
Achten Sie auf den Gesichtsausdruck und Ihre Augen. Zwar kann man dies nur bedingt steuern, aber ein Blick sagt mehr als tausend Worte. Die nonverbale Kommunikation hat eine starke Wirkung auf Ihren Gesprächspartner, deshalb sollte diese gekonnt eingesetzt werden.
Am besten sollten Sie ganz Sie selbst sein, denn niemand kann sich dauerhaft verstellen. Die Wahrheit über die eigene Persönlichkeit käme ohnehin irgendwann ans Licht. Deshalb gibt es keinen Grund, sich zu Beginn zu verstellen. Besser ist es, authentisch rüberzukommen. Jeder möchte nämlich so geliebt oder zumindest gemocht werden, wie er ist.
Außerdem sollten Sie sich im Gespräch nicht ständig selbst über den Klee loben. Superlative nerven irgendwann. Bei einem lockeren Gespräch ist es völlig überflüssig, ständig zu erwähnen, wie toll Sie sind.
Sobald Sie Signale der Ablehnung erhalten, bringen Sie Ihrem Gegenüber den Respekt entgegen und lassen Sie das Gespräch ruhen. Erkundigen Sie sich sachlich und ehrlich, wo genau das Problem liegt. Möglicherweise sind Sie nicht die Ursache. Nehmen Sie das Erzählte ernst, denn so können Sie das Gesagte zu einem späteren Zeitpunkt für einen weiteren Kontakt nutzen.

Kinder überzeugen

Der Umgang mit Kindern ist nicht immer ganz einfach. Endlose Diskussionen und am Ende ein bockiges, schreiendes Kind kennen viele Eltern gar zu gut. In diesem Fall gilt es, das Kind zu überzeugen, anstatt etwas anzuordnen. Das Problem im Umgang mit Kindern ist nämlich, dass diese völlig anders denken als Erwachsene. Erwachsenenargumente fallen bei Kindern in der Regel auf unfruchtbaren Boden. Der Grund hierfür ist, dass die Argumente zwar faktisch richtig sind, aber Kinder die Konsequenzen nicht verstehen. Kinder entwickeln ihre eigenen Lösungswege, da sie intuitiv an Probleme herangehen. Die Gehirne von Kindern sind noch nicht derartig vorgeformt wie jene von Erwachsenen, sodass Kindern eine Vielzahl von Möglichkeiten durch die große Zahl der Synapsen in ihrem Gehirn ermöglicht wird. Für Erwachsene erscheint diese Art von Lösung teilweise unverständlich. In der kindlichen Gedankenwelt hingegen ist sie durchaus nachvollziehbar.
Wenn Sie nun also mit Ihrem Kind diskutieren, sollten Sie genau den Punkt finden, unter dem sich Ihr Kind etwas vorstellen kann. Weigert sich Ihr Kind die Zähne zu putzen, könnte die Aussicht auf Zahnschmerzen das sein, was sich Ihr Kind vorstellen kann. Jedoch sollten Sie hierbei nicht übertreiben. Andernfalls handelt Ihr Kind nicht aus Überzeugung, sondern aus Angst. Leisten Sie hingegen echte Überzeugungsarbeit, wird Ihr Kind einsehen, dass ihm ein gewisses Verhalten Vorteile bringt. Durch spielerisches Erleben können Sie Ihr Kind überzeugen. Am besten lernen Kinder durch Nachahmung sowie ihre eigene Erfahrung. Sie werden Ihr Kind schlecht dazu überreden können, Obst und Gemüse zu verzehren, wenn Sie

ihm erklären, wie wichtig Vitamine und eine gesunde Ernährung ist. Da es Kindern hauptsächlich um Genuss beim Essen geht, können Sie Überzeugungsarbeit leisten, indem Sie Ihrem Kind einen bunten Obstsalat oder einen Teller mit geschnitzten Gemüsetieren servieren. Da Kindern das Wissen sowie der Weitblick fehlen, sind sie gar nicht dazu in der Lage, den Sinn von vielen Dingen zu verstehen.

Rhetorik anwenden im Beruf

Nicht selten bestimmt die Fähigkeit, überzeugende Vorträge zu halten, den Erfolg im Beruf. Mittlerweile gilt es fast schon als Muss, komplexe Argumente anschaulich vermitteln und kreativ mit Sprache umgehen zu können. Wer die Schlüsselqualifikation bewusst trainiert, hat im Studium sowie im Beruf bessere Chancen, erfolgreich zu sein.

Die Kommunikationsform der Vorträge hat sich im Studium sowie im Beruf etabliert. Bereits in der Mittelstufe bekommen Schüler beigebracht, wie man richtig einen Vortrag hält. Denn von einem guten Vortrag kann einiges abhängen. Gute Noten in der Schule und im Studium, der Einstieg in den gewünschten Beruf, das Ansehen der Kollegen sowie die Überzeugung von Vorgesetzten und Kunden.
Die Redekunst gilt als Grundlage eines jeden Vortrags. Der sichere und kreative Umgang mit Sprache ist somit nicht mehr wegzudenken. Bei einem Vortrag wird das Zielpublikum über die Sprache angesprochen. Hierbei spielen auch Mimik und Gestik eine entscheidende Rolle. In erster Linie soll ein Vortrag informieren und Wissen vermitteln. Eine Präsentation hingegen soll informieren, Wissen vermitteln, aber auch beeindrucken, beeinflussen und überzeugen. Die Grenzen der Präsentation und des Vortrags sind meist fließend. Wer auf lange Sicht im Beruf Erfolg haben möchte, sollte sich mit der Thematik der Rhetorik eingehend beschäftigen.

Networking – leichter neue Kontakte aufbauen

Dass Netzwerken wichtig für die Karriere ist, werden Sie mit Sicherheit schon öfter gehört haben. Der Aufbau eines Netzwerks erleichtert privat sowie beruflich das Leben. Grundsätzlich ist Networking der Überbegriff für den Aufbau sowie die Aufrechterhaltung beruflicher und privater Kontakte. Hierzu zählen jegliche alltägliche Kontakte oder auch Kontakte zu Personen, welche die gleichen Interessen haben wie man selbst. Aus gemeinsamen Interessen können leicht berufliche oder private Kontakte entstehen. Der Kontakt zu Nachbarn, Familie und Kollegen ist unter dem Begriff alltägliche Kontakte einzuordnen. Aus allgemeinem Networking wird rasch ein zielorientiertes Networking.

Berufliches Networking unterscheidet sich wesentlich von privatem Networking. Hier finden die Kontakte überwiegend in einem formelleren Kontext statt. Außerdem gibt es gewisse Grundregeln zu beachten. Gerade bei Kontakten in der Arbeitswelt gilt es, einen Fauxpas zu vermeiden.

Um ein Netzwerk aufzubauen, muss die entscheidende Zielperson zunächst als solche identifiziert werden. Sie sollten sich hierbei klar vor Augen führen, welche Person in Ihrem Unternehmen für die Gehaltserhöhung oder den beruflichen Aufstieg verantwortlich ist. Wer glaubt, dass die Personalabteilung darüber entscheidet, ob man eine Gehaltserhöhung bekommt, irrt sich. In der Regel ist dies der Abteilungs- oder Hauptabteilungsleiter. Sofern Ihr Unternehmen über eine „graue Eminenz“ verfügt, sollten Sie sich darüber bewusst werden. Sie müssen die Machtkonstellationen genau erfassen, andernfalls ist Ihr beruflicher Aufstieg unmöglich.

Um das richtige Netzwerk aufzubauen, lohnt es sich eine Liste zu machen. Auf dieser erfassen Sie die zehn wichtigsten Personen, welche über Ihren beruflichen Aufstieg entscheiden. Die „grauen“ Eminenzen und diejenigen, die tatsächlich über Ihren beruflichen Werdegang entscheiden, dürfen keinesfalls unberücksichtigt bleiben. Anschließend fügen Sie wichtige Eigenschaften, Interessen und Hobbys dieser Personen hinzu. Des Weiteren sollten Sie sich überlegen, an welchen Orten Sie diese Personen „zufällig“ treffen können. Wichtig ist es hierbei, dass die Person Sie in guter Erinnerung behält. Allerdings genügt es nicht, Ihrem Chef einmal durch Zufall über den Weg zu laufen. Sie sollten einen systematischen Plan erstellen, wie Sie diese für Sie wichtigen Personen kontaktieren. In jedem Fall sollten Sie auf alles vorbereitet sein. Legen Sie sich Anlässe und Gesprächsthemen bereit. Versuchen Sie dennoch spontan zu wirken.

Beim Aufbau eines Netzwerks ist ebenfalls entscheidend, dass Sie diese Kontakte pflegen. Denn ein Netzwerk ohne Kontaktpflege nützt Ihnen nichts. Networking ist ein Geben und Nehmen und keine Einbahnstraße. Unter Networking ist ein Kommunikationsprozess zu verstehen. Dieser soll ermöglichen, ein soziales Netz gesellschaftlicher und familiärer Beziehungen aufzubauen. Die sozialen Medien gehen in dieser Hinsicht mit einem guten Beispiel voran. So sind Freunde Ihrer Freunde auch wiederum Ihre Freunde. Allerdings sollten Sie hierbei aufpassen, dass Sie nicht den Überblick verlieren. Denn die Kontakte sollten Sie relativ regelmäßig pflegen, andernfalls können Sie keine Vorteile aus diesen Beziehungen erlangen.

Die Harvard-Methode in Verhandlungen

Die Harvard-Methode ist die wohl bekannteste Methode des sachbezogenen Verhandelns. Sie umfasst eine sehr wirksame Verhandlungstechnik. Im Rahmen des „Harvard Negotiation Projects" wurde diese Methode von den Professoren Roger Fisher und William Ury entwickelt. Im Rahmen dieses Projekts wurden zahlreiche Methoden des Vermittelns und Verhandelns untersucht. Abschließend entwickelten die beiden Professoren daraus sehr wirkungsvolle Techniken zur Verhandlungsführung. Die Harvard-Methode umfasst vier Bedingungen.

Bei der ersten Bedingung werden die Sach- und Beziehungsebene getrennt. Besonders wichtig ist die Trennung von Problem und Mensch, da es in der Natur des Menschen liegt, dass eine Vermischung von sachlichen Problemen mit persönlichen Aspekten stattfindet. Sachliche Aussagen werden von falschen Schlussfolgerungen geleitet und interpretiert. Ein vorurteilsfreier, aber auch wertschätzender Umgang, welcher auf Vertrauen und Verständnis beruht, ist hierzu die Voraussetzung. Die Interessen beider Seiten sollen stets im Fokus stehen.

Die zweite Bedingung besagt, dass sich beide Parteien auf ihre Interessen konzentrieren. Die überwiegende Anzahl der Konflikte oder Verhandlungen umfasst oftmals ein Kräftemessen. Hierbei geht es um Recht oder Unrecht sowie das Verteidigen von eigenen Standpunkten. Bei derartigen Diskussionen wird kein Interessenausgleich erzielt. Sie enden fast immer darin, dass einer siegt und einer verliert. Das Ziel der Harvard-Methode ist es jedoch, vernünftige Ergebnisse zu erzielen. Damit dies erfolgen kann, müssen die Interessen beider Parteien in Einklang gebracht werden und nicht deren Positionen. In der Regel sind die Interessen der Parteien identisch oder zumindest ähnlich. Diese werden allerdings nicht offenbart und konkret benannt. Diese Interessen müssen zwangsläufig in Verhandlungen offengelegt werden. Denn nur so ist es möglich, dass die Interessen beider Parteien in Einklang gebracht werden.

Die dritte Bedingung besteht daraus, Optionen zu suchen. Hierbei sollen Entscheidungsalternativen entwickelt werden. Hierbei ist es notwendig, dass die Beteiligten von ihrer Entweder-oder-Haltung abweichen und eine flexible Sowohl-als-auch-Einstellung einnehmen und offen sind für neue Lösungsansätze. Wichtig ist, dass die Verhandlungen nicht in einer Kraft- oder Machtprobe ausgetragen werden oder bereits im Vorfeld festgelegt sind. Nur so bietet sich die Möglichkeit zur Entwicklung neuer Lösungsalternativen.

Die vierte Bedingung beinhaltet den eigentlichen Entscheidungsprozess. Nun gilt es für die Beteiligten, sich auf objektive Kriterien zu einigen. Diese sind der Maßstab für das Verhandlungsergebnis. Neutrale und objektive Beurteilungskriterien dienen dazu, die verschiedenen Wahlmöglichkeiten zu bewerten. Auf dieser Grundlage soll eine Entscheidung getroffen werden, welche für alle zufriedenstellend ist. Da bei dieser Diskussion niemand siegt oder verliert, erhöht dies die Akzeptanz der Lösung.

Professionelles Auftreten und das Nutzen von Fachsprache

Damit Sie bei einer Präsentation noch professioneller und sicherer auftreten können, lohnt es sich, Fachsprache zu verwenden. Hierbei sollten Sie allerdings unbedingt darauf achten, dass Ihre Zuhörer die Fachbegriffe kennen und folglich die Fachsprache beherrschen. Dies bietet sich an, wenn Sie ausschließlich vor Menschen Ihres Bereichs sprechen. Ist das Publikum gemischt, sollten Sie entweder die Fachbegriffe erklären oder ganz auf die Verwendung von Fachsprache verzichten. Je nachdem, wie viele Fachbegriffe Sie verwenden, benötigt die Erklärung dieser vermutlich erheblich viel Zeit, sodass der Vortrag darunter leiden wird.

Sofern Sie also vor Laien sprechen, gilt es Fachbegriffe größtenteils zu vermeiden. Denn andernfalls schaffen Sie eine Barriere zwischen Ihnen und dem Publikum. Eine Verbindung schafft die Fachsprache hingegen, wenn Sie vor einer bestimmten Gruppe sprechen. Jede Gruppe hat ihre eigene Sprache entwickelt. Darüber definiert sich die Zugehörigkeit. Um nun professionell aufzutreten, müssen Sie nicht zwangsläufig mit einer Vielzahl von Fachwörtern um sich werfen. Es reicht oftmals auch schon, nicht zu umgangssprachlich, sondern in einem gehobeneren Sprachstil zu sprechen.

Rhetorik Training - wie Sie in vier Wochen zum Sprachkünstler werden

Sofern man über gute rhetorische Fähigkeiten verfügen möchte, kommt man nicht umhin, zahlreiche Übungen durchzuführen. Hierbei muss man nicht zwangsläufig vor Publikum üben. Wichtig ist, dass man immer wieder Reden schreibt und diese vorträgt. Die Kunst des guten Redens spiegelt sich darin wider, dass Sie es schaffen, jede Überzeugung und nicht nur Ihre Persönliche, zu vermitteln. Sie müssen nicht nur Ihre innerste eigene Einstellung vertreten können, sondern jede Einstellung. Bedenken Sie allerdings, dass Sie sich für die Übungen ein wenig Zeit geben müssen. Sie sollten etwa vier Wochen einplanen, in denen Sie die Übungen immer wieder variieren und durchführen.

Eine sehr gute Übung besteht darin, eine Pro- und Contra-Rede zu einem bestimmten Thema zu verfassen. Wählen Sie hierzu am besten ein Thema aus, womit Sie sich auskennen. So vertreten Sie eine Seite selbst. Mithin sollte es Ihnen nicht schwerfallen, zu dieser

Argumentation eine Rede zu schreiben. Die andere Rede beleuchtet das exakte Gegenteil des Themas. Das Ziel dieser Übung soll sein, dass Sie verschiedene Sachverhalte aus verschiedenen Blickwinkeln betrachten können. Außerdem wird beim Verfassen von Reden Ihre Wortwahl geschult, sodass sie bereits nach wenigen Wochen über eine bessere Ausdrucksfähigkeit verfügen. In den seltensten Fällen teilen die Zuhörer die Meinung des Redners zu 100 Prozent. Wäre dies der Fall, wäre die Rede überflüssig. Sobald Sie sich nun darüber im Klaren sind, welche Argumente Ihnen entgegengebracht werden können, nehmen Sie Ihrem Gegenüber sofort den Wind aus den Segeln. Deshalb lohnt es sich immer, vor einer Rede beide Seiten zu beleuchten.

In der folgenden Tabelle können Sie Pro- sowie Kontraargumente für ein Thema Ihrer Wahl eintragen. So lernen Sie das Thema Ihrer Rede von beiden Seiten zu beleuchten.

Pro	**Kontra**

Jedoch sind nicht nur Inhalt und Aussage der Rede entscheidend. Die Art des Vortrags sowie nonverbales Verhalten sind ebenfalls dafür ausschlaggebend, ob der Vortrag ein Erfolg wird. Dieses Verhalten kann man ebenfalls lernen. Entweder können Sie vor Freunden, Verwandten oder Publikum sprechen. Alleine vor dem Spiegel einen Vortrag üben, ist selbstverständlich ebenfalls möglich. Im Zeitalter von Smartphones bietet sich eine weitere Möglichkeit: nämlich sich selbst mit der Handy-Kamera zu filmen. Diese Methode ist vermutlich die wirkungsvollste. Zwar kann es anfangs ein wenig befremdlich sein, alleine vor einer Kamera zu sprechen und sich dies anschließend anzusehen. Allerdings ist diese Selbstanalyse am Ende die beste Möglichkeit, um zu sehen, an welchen Stellen Sie mit der Verbesserung ansetzen müssen.
Sobald Sie sich selbst die Rede ansehen, nehmen Sie die Beobachterperspektive ein. Die externe Perspektive sieht unter Umständen ein wenig anders aus als wie man sich selbst bei der Rede wahrgenommen hat. Sobald Sie die Beobachterperspektive eingenommen haben, können Sie selbst gut beurteilen, ob das Publikum von dieser Rede überzeugt werden könnte. Des Weiteren können Sie sich überlegen, ob Stil und Ausdruck verbesserungswürdig sind. Führen Sie diese Übung regelmäßig durch, werden Sie rasch Verbesserungen wahrnehmen.

Indem Sie die Beobachterperspektive eingenommen haben, haben Sie nun die Möglichkeit, Ihren Vortrag zu analysieren.

Hierbei können Ihnen die folgenden Fragen behilflich sein:

1. **Ist mein Verhalten stimmig und authentisch?**
2. **Habe ich den direkten Blickkontakt zum Publikum gesucht?**
3. **Habe ich ein freundliches, verbindliches Lächeln aufgelegt?**
4. **Ist meine Körperhaltung offen und befinden sich meine Arme oberhalb der Taille?**
5. **Sind meine Handbewegungen kontrolliert und unterstreichen sie das Gesagte?**
6. **Ist meine Körperhaltung sicher und aufrecht?**
7. **Spreche ich deutlich und in einem angemessenen Tempo?**
8. **Spreche ich in einer „normalen" Lautstärke?**
9. **Lege ich genügend Sprechpausen ein?**
10. **Habe ich wichtige Kernbegriffe und –aussagen durch meine Stimme und eine unterstreichende Geste betont?**

Hier können Sie schriftlich fixieren, wie Sie Ihre Mimik, Gestik und Ihr Verhalten verbessern können.

____

Bevor Sie eine Rede halten, müssen Sie diese zunächst vernünftig vorbereiten. Während der Vorbereitung sollten Sie sich ein paar grundlegende Fragen stellen. So ist es wichtig zu wissen, welche Punkte für die Rede besonders relevant sind, wie Sie die Rede gliedern könnten und an wen sie gerichtet ist. Besonders wichtig ist die Analyse des Publikums. Sie sollten sich fragen, über welche Informationen das Publikum verfügt. Halten Sie vor Laien einen Vortrag, müssen Sie Fachbegriffe erläutern, damit das Publikum Ihren Vortrag versteht. Des Weiteren sollten Sie sich auf Fragen oder Gegenargumente einstellen, sodass Sie auch in dieser Hinsicht gut vorbereitet sind. Anfangs genügt es, zu diesen Punkten Stichpunkte zu machen. Während Sie die Rede vorbereiten, werden Ihnen noch weitere Fragen in den Sinn kommen.

Das Verfassen einer Rede findet in fünf Schritten statt. Inventio (Argumentfindung), Dispositio (Gliederung), Elocutio (Sprachgestaltung, Wortwahl, Pausen etc.), Memoria (Einprägen der Rede), Pronuntiatio (Vortragen) und Ornatio (Wortschmuck).
Da Sie vermutlich nicht so häufig eine Rede halten müssen, lohnt es sich, zu Übungszwecken vermehrt eine Rede zu schreiben und vorzutragen. Denn eine Verbesserung der Rhetorik tritt nur durch konstantes Üben ein.
In der ersten Phase sollten Sie die Grundaussage sowie den Umfang Ihrer Rede festlegen. Dazu bietet sich eine Art Brainstorming an. Sie sammeln Ideen und überlegen sich, welche Faktoren Sie in Ihrer Rede ansprechen können. Sie tragen somit Argumente, Geschichten und Fakten zusammen. Überdies legen Sie ein Redeziel fest. Bei einer Überzeugungsrede sollten Sie sich die Frage stellen, was das Publikum nach der Rede tun soll, was es vorher nicht getan hat.
Nachdem Sie die erste Phase der Rede abgeschlossen haben, erfolgt nun die Gliederung der Rede. Eine Rede verfügt über einen Aufbau mit einer Struktur. Dieser sollte das Publikum folgen können. Denn nur durch die Struktur ist es möglich, die Aufmerksamkeit des Publikums zu gewinnen. Niemand wird einer Rede zuhören, sobald die Informationen und Argumente über die komplette Rede verteilt sind. Ständig nach Verknüpfungen und Argumenten zu suchen, ist nämlich beim Zuhören äußerst anstrengend. Der erste Satz der Rede entscheidet darüber, ob Sie das Publikum für sich gewinnen. Je nachdem welcher Sachverhalt thematisiert wird, können Sie die Rede mit einer provokanten Aussage oder einer Geschichte beginnen. Eine Hand-Hoch-Abstimmung oder eine rhetorische Frage bieten sich ebenfalls an, um die Rede einzuleiten. Die Rhetorik unterlag in den vergangenen Jahren einer starken Veränderung. Während noch vor einigen Jahren eine Übersicht der Rede sowie eine kurze Vorstellung des Redners zum Standard gehörten, ist dies mittlerweile nicht mehr zeitgemäß. Wichtig ist weiterhin, dass die Rede nicht mit Argumenten überladen wird. Besser ist es, weniger Argumente zu verwenden und diese anschaulich zu erläutern. Denn so können Sie am Ende das Publikum für sich gewinnen. Grundsätzlich müssen Sie den roten Faden einer Rede nicht mehr anhand einer Inhaltsübersicht darstellen. Auch dies gehört der Vergangenheit an. Solange die Rede logisch erscheint, sollte es hinsichtlich der Aufmerksamkeit keine Probleme geben.
Der Hauptteil der Rede vermittelt die Botschaft. Die Hauptaussagen sollen nun herausgearbeitet und mit Erfahrungen, Beispielen oder Vergleichen untermauert werden. Der Schluss der Rede ist unerlässlich. Während das Publikum oftmals den ersten Satz der Rede vergessen hat, bleibt der letzte Satz im Gedächtnis. Neue Ideen sind am Schluss fehl am Platz. Lediglich eine kurze Zusammenfassung der Kernaussage soll den Schluss bilden.
Im dritten Schritt soll die Rede erst ausformuliert werden. Hierbei sollten Sie lediglich überlegen, wie Sie Ihre Botschaft in die passenden Worte hüllen können. Wichtig ist, dass Sie das Publikum kennen und Ihr Ziel klar vor Augen haben. Nur so ist es möglich, die passende Wortwahl zu finden. Lange, verschachtelte Sätze sind bei einer Rede ein absolutes No-Go. Besser sind klare, eindeutige Sätze. Mehrere Gedankengänge oder Argumente in einem Satz

unterzubringen, sind ebenfalls Tabu. Pausen kommen als rhetorisches Mittel ebenfalls gut zur Geltung. Metaphern, rhetorische Fragen sowie Anaphern können die Rede etwas bunter gestalten.

Besonders entscheidend ist bei einer Rede der Vortrag. Sie darf keinesfalls nur vorgelesen werden, da die Rede so keine Wirkung entfaltet. Das Auswendiglernen der Rede ist der vierte Schritt bei der Vorbereitung. Ein mehrmaliges, lautes Vortragen kann dabei helfen, sich den Text einzuprägen. Wichtig ist hierbei, dass Sie die Rede keinesfalls wortwörtlich auswendig lernen. Um sich die Rede einzuprägen, bietet es sich an, diese auf Ihr Smartphone zu sprechen. So können Sie die Rede beim Autofahren, joggen, putzen oder anderen Aktivitäten immer wieder anhören. Eine weitere Möglichkeit, eine Rede auswendig zu lernen, liegt darin, sich für einzelne Stichworte eine bildhafte Geschichte zu entwickeln. Diese kann sich das Hirn mit ein wenig Übung ganz einfach merken. Wenn Sie sich die Rede klassisch einprägen möchten, empfiehlt es sich, diese in einzelne Module zu unterteilen. Ein Modul besteht aus maximal drei bis fünf Zeilen in einem Word-Dokument. Das erste Modul tragen Sie sich dreimal hintereinander aus dem Gedächtnis vor. Anschließend gehen Sie zum nächsten Modul über. Auch dieses tragen Sie sich dreimal hintereinander aus dem Gedächtnis vor. Nachdem Sie die komplette Rede derartig durchgegangen sind, beginnen Sie von vorne, aber dieses Mal mit zwei Modulen. Auch hier tragen Sie sich die beiden Module dreimal hintereinander aus dem Gedächtnis vor. Nachdem Sie sich die komplette Rede derartig vorgetragen haben, nehmen Sie sich drei Module vor. So führen Sie diese Schritte immer weiter durch, bis die komplette Rede lediglich ein Modul ist.

Das Einprägen einer Rede sollte keinesfalls unterschätzt werden. Je älter ein Mensch ist, desto schwerer wird es ihm fallen, lange Texte auswendig zu lernen.

Die letzte Phase ist völlig auf die Praxis bezogen, nämlich auf den Vortrag. Die Rede ist nach Abschluss der ersten vier Phasen komplettiert. Allerdings sollte der Übergang zwischen der vierten und fünften Phase schleichend sein. Bereits beim Auswendiglernen lohnt es sich, Mimik, Gestik sowie den Sprachstil mit einzustudieren. Bereits zu Beginn der Rede muss mit dem Publikum interagiert werden. Die Wahl der Kleidung sollte passend sein, da die Blicke stets auf Sie gerichtet sein werden. Der erste Eindruck ist entscheidend. Vergessen Sie keinesfalls das Publikum zu begrüßen. Um Argumente zu untermauern, können Sie mit dem Sprechtempo und der Lautstärke variieren. Dies trägt zur Überzeugungskraft und Glaubwürdigkeit bei. Überdies ergänzt die Körpersprache die Sprechweise. Sie sollten keinesfalls bewegungslos dastehen während Ihres Vortrags. Der Blickkontakt mit dem Publikum ist unerlässlich.

Die folgenden Checklisten können Ihnen dabei helfen, die verschiedenen Phasen einer Rede zu durchlaufen.

Phase 1: Inventio

Welches Thema hat meine Rede?

Was möchte ich dem Publikum mitgeben?

Erstellen Sie als Hilfe ein Mindmap.

Phase 2: Dispositio

Erstellen Sie ein vorläufiges Inhaltsverzeichnis. Ordnen Sie hierzu den Stoff nach sachlichen Faktoren. Nehmen Sie bereits eine grobe Zeiteinteilung vor.

Phase 3: Elocutio

Verleihen Sie Ihrer Rede nun eine sprachliche Form. Achten Sie hierbei auf Angemessenheit, Klarheit und Kürze. Außerdem sollten Sie die Rede ein wenig ausschmücken. Nutzen Sie hierzu eine persönliche Anekdote, ein Zitat, Humor oder ein persönliches Erlebnis.

Phase 4: Memoria

Beim Einprägen der Rede können Stichwortzettel helfen, um sich den Kern der Aussagen zu merken. Fertigen Sie sich hierzu gegebenenfalls Stichwortzettel an. Das Schreiben zählt bereits zum Prozess des Auswendiglernens. Denn: Wer schreibt, der bleibt.

Phase 5: Pronuntiatio

Tragen Sie Ihre Rede vor. Hierbei sollten Sie an Ihrer Aussprache, Gestik, Mimik und Atemtechnik feilen. Entweder können Sie die Rede vor Freunden, Bekannten oder Familie vortragen. Die beste Technik, um Ihre Rhetorik zu verbessern, ist allerdings die Selbstanalyse. Fertigen Sie auch hierbei eine Liste an, in der Sie aufführen, welche Dinge an Ihrem Vortrag positiv und welche verbesserungswürdig sind.

Bedarf keiner Verbesserung	Verbesserungswürdig

Hier können Sie Ideen sammeln, wie Sie Ihren Vortrag verbessern möchten.

Smalltalk führen

Unter „Smalltalk führen" ist die Kunst, mühelos mit anderen Menschen ein Gespräch zu beginnen und unverfänglich zu plaudern, gemeint. Dies hat zahlreiche, positive Auswirkungen auf das Privatleben und öffnet auch im Beruf einige Türen. Wichtig ist hierbei der erste Eindruck. Denn für diesen gibt es keine zweite Chance. Sofern Sie verklemmt wirken, wird sich dieser Eindruck bei Ihrem Gegenüber verhärten. Um dieses Szenario zu vermeiden, lohnt es sich, Smalltalk zu Hause vor dem Spiegel zu üben. Denn auch dies kann man lernen. Selbst wenn Sie nicht der große Redner sind, können Sie mit Ihrem Lächeln oder Ihren Augen punkten. Ein entspannter Gesichtsausdruck hinterlässt auch einen positiven Eindruck. Da Smalltalk als Aufwärmphase bezeichnet wird, sollten Sie diesen nicht zu ernst nehmen. Deshalb gibt es keinen Grund, bereits zu Beginn zu verkrampfen.

Tipps für die Gesprächsführung - Do's und Dont's im Smalltalk

Den Smalltalk sollten Sie nutzen, um mit Ihrem Gegenüber ein wenig warm zu werden. Gerade in anderen Kulturen kommt es bei Geschäftspartnern nicht allzu gut an, wenn man direkt in die Vollen geht. Deshalb sollten Sie sich mit etwas Smalltalk aufeinander einstellen. Nutzen Sie diese Gelegenheit, um Ihr Gegenüber etwas besser kennenzulernen. Sie sollten den Smalltalk keinesfalls nutzen, um ellenlange Monologe zu führen. In der Regel schreckt ein solches Verhalten das Gegenüber direkt ab. Smalltalk soll dazu dienen, Ihr Interesse an Ihrem Gegenüber zu bekunden. So können Sie Gemeinsamkeiten herausfinden und diese dienen als gute Gesprächsgrundlagen.

Sie sollten hingegen unbedingt vermeiden, über Sport und Politik zu sprechen. Überdies ist bei der Religion oder persönlichen Themen ebenfalls Vorsicht geboten. Erwischen Sie hierbei Ihren Gesprächspartner. Die Anreise zur Firma, Hobbys, Urlaub oder auch der letzte gemeinsame Kontakt eignen sich besser für einen Smalltalk.

Welche Themen eignen sich?

Die Wahl der Themen ist von Ihrem Gegenüber abhängig. Aber grundsätzlich spricht nichts dagegen, sich auf das Umfeld oder den Anlass zu beziehen, indem Sie sich gerade befinden. So könnten Sie fragen, wie Ihr Gegenüber auf die Veranstaltung aufmerksam geworden ist oder über welchen Kontakt er heute hier ist. Möglicherweise finden sich gemeinsame Bekannte oder Freunde, welche Sie zusammengebracht haben. Geben Sie dem Gegenüber die Möglichkeit, sich in das Gespräch einzuklinken. Nur so finden Sie potenzielle Gesprächsthemen für einen Smalltalk. Wichtig ist, dass Sie Ihrem Gegenüber genügend Möglichkeit bieten, sich in das Gespräch einzubringen. Andernfalls wird der Smalltalk schnell zu Ende sein.

Außerdem sollten Sie bedenken, dass ein männlicher Gesprächspartner andere Themen interessant findet als eine Frau. Zahlreiche Menschen beginnen den Smalltalk damit, indem sie über das Wetter plaudern. Dies ist eher altmodisch und empfiehlt sich nur, falls das Wetter tatsächlich besonders ausgefallen ist. Ein authentisches Kompliment oder Anerkennung eignen sich besser. Hauptsache die Themen sind abwechslungsreich und nicht zu Mainstream.

Passende Sätze für Einstieg und Beendigung des Gesprächs

Um einen passenden Einstieg zu finden, sollten Sie nicht unbedingt von sich erzählen, sondern sich nach Ihrem Gegenüber erkundigen. Fragen eignen sich bestens als Einstieg, denn so kann Ihr Gesprächspartner von sich erzählen und Sie können zuhören. Am besten eignet sich die Frage nach dessen Befinden für den Einstieg oder ein ehrliches Kompliment. Nachdem Sie mit ein wenig Smalltalk in das Gespräch eingestiegen sind, gilt es nun, diesen elegant wieder zu beenden. Denn irgendwann müssen Sie schließlich zur Sache kommen. So können Sie beispielsweise Ihr Gegenüber einem anderen Gesprächspartner vorstellen. Rasch werden die Beiden ins Gespräch kommen, sodass Sie sich verabschieden können. Falls Sie selbst einen Vortrag halten und mit ein paar Gästen aus dem Publikum Smalltalk gehalten haben, können Sie Ihr Bedauern ausdrücken und sagen, dass Sie sich gerne weiter unterhalten möchten, aber auch noch mit anderen Gästen plaudern möchten. Das wird Ihr Gesprächspartner mit Sicherheit verstehen und nicht als unhöflich empfinden.

Schlagfertigkeit trainieren

Wer als schlagfertig gilt, wird nicht selten von vielen beneidet. Denn den Wenigsten fällt der passende Spruch zum Kontern spontan ein. Sobald Sie verbal angegriffen werden, lohnt es sich, schlagfertig zu sein. Dies kann unangenehme Situationen auflockern. Der Kontergeber wirkt intelligent sowie selbstbewusst, während der Angreifer als Verlierer dasteht. Über Schlagfertigkeit zu verfügen, kann Ihnen dabei helfen, bei Vorträgen souverän zu wirken. Schlagfertigkeit kann man trainieren. So lassen Sie sich nicht mehr ins Bockshorn jagen oder von Gegenfragen verunsichern.

Zunächst sollten Sie sich eine Basis an lässigen Antworten schaffen. Allgemeine Floskeln lassen sich in zahlreichen Situationen anwenden. Hierzu zählen beispielsweise Klassiker wie:

„Wie kommen Sie darauf?“
„Da wenden Sie sich mit Ihrer Frage doch lieber an meinen Steuerberater.“
„Welchen Teil von Nein haben Sie nicht verstanden?“
„Ich passe mich lediglich meinem Umfeld an.“

Des Weiteren dürfen Sie sich auch an Sprüchen anderer bedienen. Denn diese entschärfen die Situation und wirken lustig.
Außerdem empfiehlt es sich, gerade für diejenigen, denen öfter die Worte fehlen, überraschend zuzustimmen. Sobald Sie jemand mit einem Vorwurf konfrontiert, können Sie diesem ganz gelassen zustimmen. Damit Ihre Antwort noch mehr Wirkung entfaltet, lohnt es sich, maßlos zu übertreiben.
Jedoch bedeutet schlagfertig zu sein nicht zwangsläufig, auch witzig sein zu müssen. Anschuldigungen dürfen ruhig richtiggestellt werden. Indem Sie den Ball zurückschießen, kommt Ihr Gegenüber in die Bredouille. Denn nun ist er an der Reihe, nachzuliefern.
Zwar kann man Schlagfertigkeit trainieren, allerdings passt dies nicht zu jedem Charakter. Sobald Sie vor den Kopf gestoßen werden, können Sie ausweichen, indem Sie einer klaren Linie treu bleiben und dem Gegenüber mitteilen, dass man so nicht mit Ihnen redet.

Manipulation von sich abwehren & selbst anwenden

Um Manipulation abwehren zu können, müssen Sie sich zunächst darüber im Klaren sein, dass Ihr Gegenüber Sie manipuliert. Dies kann bereits bei einer einseitigen Kommunikation gegeben sein. Hier stellt Ihr Gesprächspartner Ihnen Fragen und erwartet Ihre Antworten. Um dies zu umgehen, sollten Sie dafür sorgen, dass die Kommunikation nicht einseitig bleibt und ebenfalls Fragen stellen. Schwammige, oberflächliche Antworten, bei denen Sie um den heißen Brei herumreden, werden die Situation entschärfen.
Eine weitere Möglichkeit der Manipulation sind zweifelhafte Wahrheiten. Hierbei denkt sich das Gegenüber oftmals Geschichten aus, die sich so niemals ereignet haben. Er versucht, Sie mit diesen Informationen zu überzeugen. Die meisten Menschen, welche zu dieser Manipulation neigen, sind im Lügen geschult, sodass sie zunächst überzeugend wirken. Sie können versuchen, den Lügner zu entlarven, indem Sie zahlreiche Rückfragen stellen. Einen Lügner erkennt man nämlich daran, dass er sich lange rechtfertigt. Außerdem können Lügner in diesen Situationen nicht mehr sonderlich charmant und liebenswürdig zu sein.
Eine ebenso große Waffe der Manipulation ist charmantes Verhalten. Zwar bekommt jeder Mensch gerne Komplimente, allerdings sollten Sie hinterfragen, ob sich vielleicht mehr

dahinter verbirgt. Verlangt der Gesprächspartner nach einem liebreizenden Spruch einen Gefallen von Ihnen, dürfen Sie ruhig nein sagen.

Überdies versuchen Menschen ihr Gegenüber zu manipulieren, indem sie Mitgefühl erzeugen. Sie geben sich selbst als gutmütiger und aufopferungsvoller Mensch, dem das Leben so übel mitgespielt hat. Aus Mitgefühl wird anschließend ein Gefallen von Ihnen verlangt. Auch hierbei sollten Sie ruhig ablehnen.

Besonders gerne manipulieren Menschen ihr Gegenüber ebenfalls mit Schuldgefühlen. Ständig gibt er Ihnen das Gefühl, dass Sie ihm etwas schuldig sind. Hier können Sie direkt mit Gegenfragen kontern, indem Sie Ihr Gegenüber fragen, welchen Nutzen er daraus zieht, Sie immer wieder als den Schuldigen und sich selbst als Opfer darzustellen.

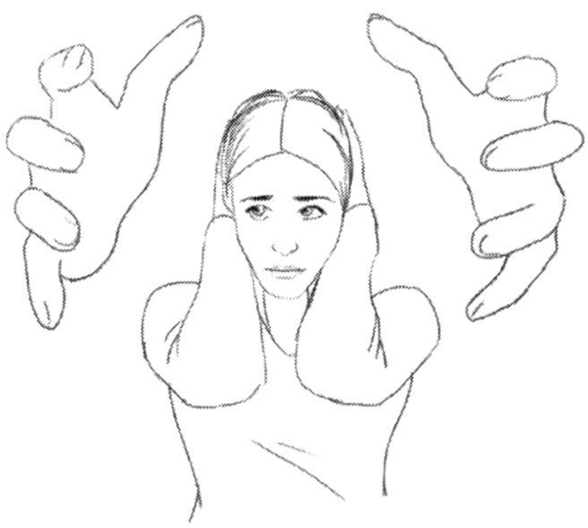

Um selbst Menschen zu manipulieren, müssen Sie derartige Taktiken nicht zwangsläufig anwenden. Wichtig ist, dass Sie auf Ihr Aussehen achten. Denn attraktive Menschen werden grundsätzlich als kompetenter wahrgenommen. Außerdem kann Ihnen der Halo-Effekt hierbei ebenfalls nutzen. Selbstbewusste Menschen betreten nämlich mit erhobenem Haupt die Bühne. Dieses Auftreten überstrahlt andere Merkmale. Selbst mit Smalltalk können Sie Ihr Gegenüber ein wenig manipulieren. Hierbei können Sie nämlich bereits das Gespräch in die Richtung lenken, in der Sie es gerne hätten. Überdies können Sie bei Ihrem Gegenüber punkten, indem Sie sich ihm ein wenig anpassen. Die Körperhaltung, Satzmelodie, Sprechgeschwindigkeit, -lautstärke sowie Wortwahl sind hierbei entscheidend. Mit diesen Mitteln können Sie Ihr Gegenüber dahingehend manipulieren, dass er Ihnen gegenüber positiv eingestellt ist, aber gar nicht wahrnimmt, dass Sie ihn in diese Richtung lenken und seine Sympathie gewinnen möchten.

Vor dem Publikum sprechen

Grundsätzlich ist davon auszugehen, dass niemand ganz locker Vorträge halten und vor Publikum sprechen kann. Es sei denn, derjenige hat bereits Routine darin. Um ausreichend Ruhe und Selbstsicherheit zu gewinnen, ist viel Übung nötig. Wichtig ist, dass Sie sich hierbei nicht unter Druck setzen und genügend Zeit einplanen. Denn ein guter Redner ist noch nie vom Himmel gefallen.

Vorgehensweise und Techniken

Um sicher vor Publikum sprechen zu können, sollten Sie zunächst vor Menschen üben, welche nicht Ihre nächsten Kunden oder Zuhörer Ihres Vortrags werden sollen. Am besten ist es, wenn Sie entweder Ihre Rede aufzeichnen oder aber vor Freunden und Familie üben. Fehler sind hierbei nicht schlimm. Denn dieser Personenkreis zählt ohnehin nicht zu jenen, mit denen Sie Geschäfte abschließen möchten. Besonders wenn Sie sich selbst mit einer Kamera aufgezeichnet haben, nehmen Sie sich so wahr, wie es Ihre Zuhörer ebenfalls tun. Keine Methode ist so effektiv wie diese, denn hierbei können Sie sich bewusst wahrnehmen und verbessern. So hören Sie sich nicht nur sprechen, sondern sehen auch Ihre Mimik und Gestik.

Überzeugend auftreten

Um überzeugend aufzutreten, benötigen Sie viel Selbstsicherheit. Diese können Sie nur erlangen, wenn Sie überzeugt sind von dem, was Sie tun. Außerdem sollten Sie den Vortrag einstudiert haben, denn so geht Ihre Unsicherheit verloren. Wer zögerlich und unsicher auftritt, kann das Publikum wohl kaum überzeugen. Außerdem sollten Sie bedenken, dass die ersten Minuten bereits darüber entscheiden, ob Ihr Vortrag gut beim Publikum ankommt. Deshalb sollten sie unbedingt mit erhobenem Haupt die Bühne betreten und den Vortrag so spannend wie möglich beginnen. Besonders wichtig ist, dass Sie locker sind. Nichts langweilt mehr als ein Redner, welcher unsicher ist und welchem die Worte fehlen.

Das Publikum in den Bann ziehen

Das Ziel eines Vortrags ist es nicht nur, einen Sachverhalt darzustellen. Sie wollen außerdem das Publikum in Ihren Bann ziehen. Dies kann nur gelingen, wenn Sie selbst von der Thematik des Vortrags begeistert sind. Die Art, wie Sie referieren, ist entscheidend. Bei einer soliden Vorbereitung, stimmiger Kleidung sowie bewusstem Einsatz der Stimme, sollte es Ihnen gelingen, das Publikum zu begeistern. Um das Publikum für sich zu gewinnen, sollten Sie Ihren Vortrag mit einer Flipchart, einem Handout oder einer Power-Point-Präsentation untermauern. Diese Medien können Ihren Vortrag auflockern. Wichtig ist besonders der Einstieg in Ihren Vortrag. Haben Sie einen positiven Einstieg gewählt und das Publikum zeigt sich interessiert, möchten die Zuhörer mehr über das Thema erfahren und werden automatisch zuhören. Deshalb ist es äußerst wichtig, einen spannenden Anfang zu wählen.

Lampenfieber & Blockaden überwinden

Lampenfieber zählt zu den weitest verbreiteten Ängsten des Menschen. Die Redeangst können Sie am besten überwinden, indem Sie reden. Je häufiger Sie vor Gruppen sprechen und Vorträge halten, desto weniger schlimm empfinden Sie diese Situation. Zahlreiche Rhetorikbücher zu lesen, ist nutzlos. Die Übung allein schafft es, Sie vom Lampenfieber zu befreien und Blockaden zu überwinden. Durch die tatsächliche Redesituation vermittelt Ihnen Ihr Unterbewusstsein, dass Sie auch diese Situation meistern können. Um zu sehen, wie Sie rhetorisch auf andere Menschen wirken, sollten Sie tatsächlich den Vortrag zu Hause üben und sich dabei filmen. Sie werden erstaunt feststellen, dass Sie rhetorisch besser sind, als Sie beim Sprechen dachten. Überdies können Sie Lampenfieber vermeiden, indem Sie sich gezielt vorbereiten. So haben Sie zumindest die Sicherheit, dass Sie sich auf Ihr Stichwortmanuskript verlassen können.

Die Zeit unmittelbar vor Ihrem Vortrag sollten Sie sinnvoll nutzen. Unmittelbar nach dem Eintreffen sollten Sie die Rahmenbedingungen überprüfen und sich mit der Technik vertraut machen. Dies kann Sicherheit verschaffen. Außerdem sollten Sie unbedingt positiv denken. Denn wer positiv denkt, dem wird auch Positives widerfahren.

Selbstbewusstsein

Wichtig ist, dass Sie auf der Bühne über ein selbstbewusstes Mindset verfügen. Ein negatives Mindset resultiert oftmals aus der Kindheit. So kennen Sie mit Sicherheit Aussagen wie, dass Sie etwas nicht schaffen oder andere Menschen etwas besser können als Sie. Diese Sätze können aus Ihnen keine starke Persönlichkeit machen. Deshalb sollten Sie sich bewusst sein, dass diese Sätze aus Ihrer Kindheit stammen, aber nicht mehr mit der Realität übereinstimmen. Um mehr Selbstbewusstsein zu erlangen, sollten Sie üben, Ihr Mindset zu verbessern.

Ausstrahlung - eine Darstellung der Persönlichkeit

Um das Publikum begeistern zu können, benötigen Sie eine positive Ausstrahlung. Wichtig ist, dass Ihre Ausstrahlung echt und nicht antrainiert ist. Andernfalls wird das Publikum dies rasch durchschauen. Die Ausstrahlung bestimmt die Energie, die auf Ihr Umfeld wirkt. Die äußere Haltung, wie Gestik, Mimik und Auftreten, passt sich der inneren Haltung an. Sofern Sie Ihre Ausstrahlung verbessern möchten, sind das Auftreten sowie Ihre Erscheinung zweitrangig. Dies wird sich automatisch Ihrer Ausstrahlung anpassen. Maßgeblich für Ihre Ausstrahlung ist Ihre innere Haltung. Sie sollten sich selbst gegenüber positiv eingestellt sein und eine gewisse Selbstliebe entwickelt haben. Sie strahlen nämlich das aus, was Sie über sich denken. Sie müssen Ihre Gedanken dahingehend ändern.

Außerdem müssen Sie gegenüber Ihrem Vortrag sowie dem Thema positiv eingestellt sein. Die Zuschauer spüren nämlich, ob Sie aufrichtiges Interesse an dem Thema Ihres Vortrags haben und ob Sie offen sind und ehrliche Sympathie gegenüber Ihren Mitmenschen hegen.

Tipps für mehr Selbstbewusstsein und Charisma

Charismatische Menschen verfügen über eine außergewöhnliche Ausstrahlung. So wirken sie auf ihre Mitmenschen anziehend, strahlen Selbstvertrauen sowie eine tiefe Zufriedenheit aus. Charismatische Menschen wirken auf ihre Mitmenschen besonders attraktiv, obwohl sie möglicherweise nicht dem gängigen Schönheitsideal entsprechen. Sie lieben es, außergewöhnlich zu handeln, wandeln nicht auf ausgetrampelten Pfaden und lassen sich nicht von der Meinung anderer Menschen beeinflussen. Menschen, die über besonders viel Selbstbewusstsein und Charisma verfügen, hört man gerne zu. Eine Mischung aus diesen beiden Eigenschaften ist die beste Voraussetzung, um die Zuhörer in Ihren Bann zu ziehen.

Fazit

Abschließend ist zu sagen, dass gute rhetorische Fähigkeiten im Beruf über Erfolg oder Niederlage entscheiden. Wer etwas erreichen möchte, sollte zwingend vor anderen Menschen reden können. Hierzu ist nicht zwangsläufig ein Vortrag vor zahlreichen Menschen notwendig. Es genügt bereits ein simples Verkaufsgespräch. Charismatische Menschen wirken auf andere besonders attraktiv, nutzen Sie also Ihr Charisma, um andere zu verzaubern. Sobald Sie zudem über eine gute Redefähigkeit verfügen, erhöht dies die Chance darauf, in einer Diskussion eine „Win-Win"-Situation zu schaffen. Bereits in der römischen und griechischen Antike spielte die Rhetorik eine bedeutende Rolle. Im 5. Jahrhundert vor Chr. liegt der praktische Ursprung der Rhetorik. Die ersten Lehrbücher der Rhetorik enthielten Anleitungen zur Konzeption einer Rede, zum Finden und Anordnen passender Argumente sowie deren wirkungsvoller sprachlicher Ausgestaltung. Platon und Sokrates waren in dieser Zeit die wohl bekanntesten Rhetoriker. Mittlerweile umfasst der Begriff der Rhetorik noch zahlreiche weitere Merkmale. Die Körpersprache spielt bei einer guten Rede ebenfalls eine wichtige Rolle. Denn aufgrund des Körperausdrucks und der -sprache wird der Auftritt eines Menschen zu 55 % bewertet. Die Nuancen in der Stimme entscheiden zu 38 % darüber, wie ein Mensch bewertet wird und lediglich 7 % werden anhand der Worte beurteilt. Gerade deshalb ist es wichtig, über eine selbstsichere, positive Ausstrahlung zu verfügen. Die Rhetorik umfasst allerdings nicht nur Reden oder Vorträge vor einem Publikum, sondern auch alltägliche Situationen. Wer über gute rhetorische Kenntnisse verfügt, wird bei Freundschaften, in Beziehungen und beim Flirten für sich selbst vorteilhafter handeln können. Außerdem dient die Rhetorik ebenfalls der Kindererziehung. Mit den richtig gewählten Worten lassen sich Kinder wunderbar überzeugen. Unter den Begriff der Rhetorik zählt ebenfalls die Manipulation. Mit einer bestimmten Wortwahl lassen sich unterschwellig andere Menschen ganz leicht manipulieren. Sind Sie sich der Strategien bewusst, werden Sie nie wieder ein Opfer von Manipulationen. Des Weiteren ist es wichtig, dass Sie Ihre Reden nach einem bestimmten System aufbauen und vorbereiten. Sobald Sie dieses System verinnerlicht haben, wird es Ihnen leichter fallen, vor anderen Menschen zu sprechen. Und selbstverständlich macht Übung den Meister. Bisher ist noch kein Meister vom Himmel gefallen. Deshalb sollten Sie Ihre Vorträge immer wieder üben. Am besten filmen Sie sich hierbei selbst, denn diese Selbstanalyse im Anschluss ist Gold wert. Bereits nach wenigen Malen werden Sie Ihre rhetorischen Fähigkeiten annährend perfektioniert haben.

TEIL 2: Führung

Einleitung

Die Unternehmensziele immer im Blick?

Damit Sie den roten Faden als Führungskraft im stressigen Alltag nicht aus den Augen verlieren, erhalten Sie in diesem Buch wichtige Tipps und Tricks.

Als Führungskraft ist es von Bedeutung, zwischen den vielen Zielen und Routineaufgaben den Überblick zu halten und stets ein gutes Miteinander zu pflegen. Damit Ihnen das gelingt, gilt es die Mitarbeiter mit Klarheit, Sensibilität und Einfühlungsvermögen zu führen.

Die unzähligen Führungsstrategien und -techniken gestalten einem den Überblick auf diesem Gebiet oft schwer. Jeden Tag werden neue Methoden vorgestellt. Die Trends versprechen ein effizienteres Arbeiten und mehr Erfolg und Ansehen als Führungsperson.
Doch welche Qualitäten sind unerlässlich als guter „Leader"?
Welche Werkzeuge und Arbeitsmethoden setzen sich durch?
Was ist im Arbeitsalltag wirklich leicht umzusetzen?
Sie erhalten in diesem Buch genaue Antworten auf Ihre Fragen, die Ihnen einen Überblick ermöglichen. Mein Ratgeber richtet sich sowohl an erfahrene Führungskräfte als auch an solche, die sich, bevor sie eine gehobene Position annehmen, erst darauf vorbereiten möchten.
Nutzen Sie die Möglichkeit, Ihr Können zu überprüfen und Ihr Kontingent zu erweitern.
Ich wünsche Ihnen viel Erfolg!

Grundvoraussetzungen als Führungskraft

Es gibt kein eindeutiges Muster, welches eine gute Führungskraft zu erfüllen hat, doch es gibt bestimmte Merkmale, die eine solche Person auf jeden Fall mit sich bringen sollte. Die so genannten Grundvoraussetzungen. Wir können diese grob unterteilen in Soft Skills (betreffen vor allem das soziale Miteinander) und Hard Skills (betreffen Fachkompetenzen, zum Beispiel das Bedienen einer bestimmten Technik).

Soziale Interaktionen sind ein zentrales Gebiet, damit diese problemlos vonstattengehen, sollte die soziale Kompetenz ausgeprägt sein. Unter einer sozialen Kompetenz verstehen sich Fertigkeiten, die für das Zwischenmenschliche wichtig sind. Diese Eigenschaften sind im alltäglichen Geschäftsleben jede Sekunde gefragt.

Die sogenannte soziale Intelligenz ist eine grundlegende Fähigkeit, tragfähige Beziehungen zu Mitarbeitern und Kunden aufzubauen und zu erhalten. Auf diesem Gebiet ist eine stetige Weiterentwicklung unerlässlich.

Hard Skills sind beispielsweise Fertigkeiten, eine bestimmte Technik oder Elektronik zu bedienen. Auch Expertise aus anderen Bereichen, zum Beispiel Fachwissen aus der Buchhaltung, dem IT, dem Verkauf, der Gesundheitslehre oder dem Sport, wird dazu gezählt.

„Moderne" Tugenden

Glaubwürdigkeit und Zuverlässigkeit sind sehr gefragt, als Führungskraft sollten Sie diese Anforderungen erfüllen. Natürlich sollte ein Mensch, der andere führt, jemand sein, auf dem man sich verlassen kann.

Außerdem sollten Sie ein mitfühlender Mensch sein, der sich gut in andere hineinversetzen kann. Hierbei kommt es auf die richtige Mischung an Empathie an, ein goldenes Mittelmaß ist ideal. Sind Sie zu wenig empathisch als Führungskraft, wird es Ihnen schwer fallen, andere Menschen zu verstehen und mit ihnen mitzufühlen, ist Ihre Empathie jedoch extrem ausgeprägt, kann auch das Nachteile haben, zum Beispiel, dass Sie zu sehr mit anderen „mit leiden", was Sie von Ihrer Arbeit abbringen und ablenken könnte.

Transparenz ist eine weitere Grundvoraussetzung, die Sie erfüllen sollten. Ihr Team sollte stets wissen, welche Absichten Sie verfolgen und welche Gründe Ihr Vorgehen hat. Sonst kann es sich schnell über den Tisch gezogen fühlen, was dem Vertrauen Ihnen gegenüber schaden würde.

Es ist wichtig, dass Sie gut im Zuhören sind. Dabei sollten Sie Ihrem Gegenüber signalisieren, dass Sie es verstanden haben. Oder wenn nicht, einfach nachfragen, so machen Sie deutlich, dass Sie Interesse an ihm haben. Nur wer zuhört, weiß, was in anderen vor sich geht und kann sie so gezielt fördern, motivieren und führen.

Ein beliebter Leader ist witzig und charmant, „hart und autoritär“ war gestern. Als Führungskraft sollten Sie mit Witz sowie Charme Ihr Team begeistern können. Sie würdigen Ihre Mitarbeiter als Mensch und natürlich für deren Leistung und zeigen dies auch.

Gute Führungskräfte freuen sich für ihre Mitarbeiter. Als Führungskraft besitzen Sie ein Gefühl für die richtigen Ziele und Werte. Zeigen Sie sich natürlich, legen Sie Wert auf Qualität und Fairness, so klappt es auch in stressigen Zeiten.

Als kompetenter Teamleiter wissen Sie genau, was Sie von Ihrem Team fordern können. Sie sind in der Lage, offen, gut und klar zu kommunizieren als „modern Leader“. Kommunikation ist der Schlüssel zu einem guten Arbeitsklima.

Verschiedene Kompetenzen

Es gibt wichtige Kompetenzen, über die Sie als Leader verfügen sollten.

Eine davon ist die Fachkompetenz, die das Wissen und Knowhow umfasst. Es ist notwendig, damit Sie Ihren Beruf ausüben können. Ihre Fachkompetenz wird durch Ausbildung sowie berufliche Weiterentwicklung und Lebensweisheit sichergestellt. Des Weiteren sollten Sie über strategische Kompetenz verfügen. Gerade als Führungskraft liegt es in Ihrer Hand, Ist-Zustände zu analysieren und Pläne aufzustellen, mit welchen Sie die Unternehmensziele erreichen. Diese Kompetenz meint also, dass Sie im Stande sein sollten, funktionierende „Strategien“ zu entwickeln. Auch die operative Kompetenz ist von Bedeutung, gerade bei der Arbeit einer Führungskraft. Als solche haben Sie viele operative Aufgaben zu übernehmen und müssen ständig organisieren. Ob es sich um das Organisieren von Arbeitsabläufen handelt oder um die Erstellung des Einsatzplanes – Führungskräfte sollten Organisationstalente sein.

Effektivität bei der Arbeit

Ob Sie als Führungskraft Ihre Ziele erreichen, wird gleichbemessen mit Ihrem Können als „Leader“. Die Fähigkeit, Menschen positiv anzuleiten und somit die gesteckten Ziele entspannt zu erreichen, ist die große Kunst einer Führungskraft. Jedes Unternehmen verfolgt andere Ziele, doch die eigenen sollten stets mit denen des Unternehmens kompatibel sein. Ist diese Voraussetzung erfüllt, sollte Ihnen nichts mehr im Wege stehen, Ihre Arbeit höchst effektiv zu verrichten. Gerade Sie als angehende oder erfahrene Führungsperson sollten das effektive Arbeiten beherrschen, da Sie als Vorbild dienen und zum anderen eine große Verantwortung übernehmen, wenn es um das Erreichen der Unternehmensziele geht. Sie werden also auch zur Verantwortung gezogen, wenn es darum geht, ob Ihr Team seine Ziele erreicht und im wirtschaftlichen Sinne gearbeitet hat.

Was sind eigentlich Störfaktoren in der Arbeitswelt, die das effektive Arbeiten erschweren?

- Lärm, zum Beispiel, wenn sich Kollegen sehr laut unterhalten
- eingehende Telefonate, die Sie ständig in Ihrer Arbeit unterbrechen
- Unruhe durch andere Menschen, die in Ihrem direkten Umfeld agieren
- sonstige Ablenkungen
- zu lange Arbeitszeiten, manchmal auch mit zu kurzen oder gar keinen Pausen

Damit Sie diese Herausforderungen leichter bewältigen können, gebe ich Ihnen nun ein paar nützliche Ratschläge. Es handelt sich dabei zwar um ganz simple Ratschläge, doch diese haben eine starke Wirkung und werden Ihre Leistung ungemein verbessern und glänzen lassen, wenn Sie sie durchgehend befolgen und permanent umsetzen.

Pausen

Machen Sie zwischendurch eine Pause, wenn möglich. Das menschliche Gehirn hat nur eine bestimmte Kapazität übrig und kann nicht 8 Stunden am Stück volle Leistung bringen. Genauso verhält es sich mit Ihrer Konzentration, also mit Ihrem Fokus bei der Arbeit. Räumen Sie sich deshalb so viele kleine Pausen ein wie möglich. Natürlich unter Absprache mit Ihren Vorgesetzten.

Prioritäten

Damit der oft stressige Arbeitsalltag gelingt und sich keiner überfordert fühlt im Anblick des Berges an Arbeit, ist es wichtig, Prioritäten zu setzen. Es kann nicht immer alles auf einmal erledigt werden. Halten Sie die Ziele jeden Tag im Blick und überlegen Sie, welche Aufgaben warten können und welche sofort erledigt werden sollten. Wichtig ist, dass am Ende des Tages die Ziele erreicht wurden und keine wichtigen Arbeiten liegen geblieben sind, die eventuell die Wirtschaftlichkeit des Unternehmens gefährden. Widmen Sie sich den Arbeiten zuerst, die entscheidend für den Erfolg Ihres Teams sind. Fragen Sie sich, was die Konsequenzen wären, wenn eine Aufgabe nicht erledigt wird. Sie sollten zwischen dringenden und wichtigen Arbeiten unterscheiden. Oft neigt man dazu, dringende Aufgaben zuerst zu erledigen, da man sich von ihrer Dringlichkeit unter Druck setzen lässt. Doch die wichtigen Aufgaben, auch wenn Sie im Alltag weniger dringend erscheinen, haben immer Priorität. Denn wichtige Aufgaben lassen sich nicht aufschieben und es hätte negative Auswirkungen, wenn Sie diese nicht zuerst erledigen würden. Solche sind zum Beispiel das Erreichen des geplanten Umsatzes, welches das Unternehmen in einem bestimmten Zeitraum erwirtschaften sollte.

Gewohnheiten

Achten Sie auf Ihre Gewohnheiten und die Ihres Teams während der Arbeit. Oft schleichen sich diese aus dem Privatleben in den Arbeitsalltag ein. Wenn Sie in Ihrer Freizeit zum

Beispiel ständig an Ihrem Mobiltelefon hängen, könnte es leicht passieren, dass Sie das auch während der Arbeit tun. Das ist natürlich hinderlich für die effektive Verrichtung der Arbeiten und stört die Konzentration. Legen Sie deshalb solche Gewohnheiten ab und sorgen Sie dafür, dass ihnen kein Raum gegeben werden kann – weder bei sich selbst noch bei anderen.

Planung

Widmen Sie sich täglich der Planung für den nächsten oder bevorstehenden Arbeitstag. Wenn Sie eher eine Eule sind, so planen Sie den nächsten Tag vor dem Zubettgehen. Zählen Sie sich eher zu den Frühaufstehern, können Sie dies auch gerne am Morgen machen. Eine Planung gibt Ihnen einen guten Überblick über alle wichtigen Dinge, die anstehen und lässt Sie mit Klarheit in den nächsten Arbeitstag starten. Im Rahmen dieser Planung ist es sinnvoll, eine Liste zu schreiben mit allen Punkten, die anstehen und erledigt werden müssen oder zu beachten sind.

Das richtige Durchsetzen Ihrer Meinung

Die Durchsetzung der eigenen Meinung, sprich Durchsetzungsvermögen, kann als Kunst betrachtet werden. Vielleicht fragen Sie sich grundsätzlich, wie Sie sich besser durchsetzen können. Sollten Sie vielleicht aggressiver auftreten? Ihre Ziele noch klarer vertreten?

Ein aggressives Verhalten sollten Sie keinesfalls an den Tag legen. Stattdessen empfiehlt es sich selbstbestimmt, aber freundlich aufzutreten. Wenn Sie Ihre Ziele klar vertreten, ist das schon mal gut. Doch Sie sollten darauf achten, dass Sie stets offen bleiben für Vorschläge anderer. Schließlich haben auch andere gute Ideen, wie ein Ziel zum Beispiel noch schneller erreicht werden könnte. Wenn Sie Ihrem Umfeld dieses gute Gefühl und eine Portion an Offenheit schenken, wird es auch Ihre Ziele und Ansichten eher akzeptieren.

Es gibt einen wichtigen Unterschied zwischen Durchsetzungsvermögen und Rücksichtslosigkeit beziehungsweise Aggressivität. Während die Fähigkeit, sich durchsetzen zu können, erwünscht ist und Sie weiterbringt, lassen Aggressivität und Rücksichtslosigkeit Sie durchaus in der Rolle als Führungskraft ausscheiden.

Die Fähigkeit, seine Meinung oder Wünsche genau zu deklarieren und auszudrücken, vermeidet Missverständnisse. Um die gewünschten Resultate zu erhalten, ist das Durchsetzungsvermögen für Führungskräfte von großem Belangen. Dabei sollten Sie aber immer die Belange und Empfindungen anderer berücksichtigen. Sie werden sich dauerhaft nicht durchsetzen können, wenn sich Ihr Team nicht von Ihnen respektiert fühlt. Personen, die

es weit bringen und ein hohes Ansehen erlangen, schaffen diesen schwierigen Grad, sie stehen einerseits klar zu ihren Zielen und stoßen andererseits beim Durchsetzen dieser niemanden vor den Kopf. Am besten ist also, man setzt sich durch, ohne dass das von anderen als solches empfunden wird. Damit das gelingt, ist es wichtig, dass Sie Ihr Team beziehungsweise Ihre Kollegen menschlich und fachlich überzeugen.
Neben den klaren Ansagen, die unverzichtbar für die Durchführung der Ziele sind, sollten Sie Ihren Mitarbeiten immer ein gesundes Maß an Respekt entgegenbringen.

Vertrauen, der Schlüssel zum Erfolg!

Vertrauen ist eine essenzielle Grundlage bei der Führung. Sie können niemanden führen, der Ihnen nicht vertraut. Unterschätzen Sie deshalb nicht, wie wichtig diese menschliche Komponente ist. Sie gewinnen dieses Vertrauen, indem Sie ehrlich sind und Ihren Mitarbeitern beweisen, dass Sie wissen, was Sie tun. Auch kleinere Fehler dürfen bei einer Führungskraft vorhanden sein, vor allem jene, die menschlich sind. Es macht Sie nicht angreifbar, sondern bringt Sie und Ihr Team näher zueinander. Bereden Sie bestimmte Problemfälle offen mit Ihrem Team, geben Sie auch eigene Schwächen zu und bleiben Sie anderen auf Augenhöhe! So gewinnen Sie das Vertrauen anderer im Betrieb. Auch bei einer großen Mitarbeiterzahl sollte weiterhin für jeden einzelnen Verantwortung getragen werden. Das Verantwortungsgefühl sollte jedoch auch Ihnen selber gelten.

Selbstdisziplin

Zu Ihrer Vorbildfunktion gehört immer ein gewisses Maß an Selbstdisziplin dazu. Sie können nur erwarten, was Sie selber bereit sind zu geben! Wenn Sie Disziplin und Motivation erwarten, so müssen Sie diese beiden Eigenschaften selber in Ihrem Alltag leben. Wenn Sie Ihre eigenen Vorstellungen selbst nicht erfüllen können, wie sollen es dann Ihre Mitarbeiter vollbringen?
Aus diesem Grund gebe ich Ihnen nun ein paar Tipps, woran Sie erkennen, ob Sie diszipliniert sind und wie Sie Ihre Selbstdisziplin trainieren können. Sie wissen garantiert selbst am besten,

vorausgesetzt: Sie sind ehrlich zu sich, ob Sie ausreichend Disziplin an den Tag legen oder Ihr innerer Schweinehund regelmäßig siegt.
Einen Mangel an Disziplin bemerken Sie daran, dass Sie permanent Dinge aufschieben, ganz nach dem Motto „was du heute kannst besorgen, das verschiebe lieber auf morgen". Dabei kann es sich um Kleinigkeiten handeln, die sowohl Ihr Berufs- als auch Privatleben betreffen. Sie bringen beispielsweise den Müll lieber morgen raus, statt es gleich zu erledigen. Auch erkennen Sie, ob Ihr Schweinehund regelmäßig die Oberhand gewinnt, daran ob Sie sich gerne Ausreden ausdenken für Vorhaben, die nicht funktioniert haben oder die Sie gar nicht erst umgesetzt haben. Der Mensch tendiert prinzipiell dazu, nach dem Minimalprinzip zu funktionieren. Man könnte auch sagen, er handelt gerne ökonomisch, was seine Kraft betrifft. Das ist an sich eine sinnvolle Sache, denn dadurch wird schlichtweg Energie gespart. Lassen Sie sich aber nie zu sehr verleiten, Dinge aufzuschieben, denn das wirkt sich negativ auf Ihre Selbstdisziplin aus. Auch neigt der Mensch dazu, sich vor unangenehmen Dingen zu drücken. Er macht prinzipiell gerne, was er gut kann. Aufgaben, von denen er glaubt, er sei nicht gut darin, erledigt er weniger gerne. Achten Sie darauf, dass Sie sich nicht zu diesen Verhaltensmustern leiten lassen. Denn gerade als Führungskraft sollten Sie als Vorbild dienen. Überlegen Sie nun für sich, wie es bei Ihnen um Ihren Schweinehund steht und antworten Sie ganz ehrlich. Falls Sie herausfinden, dass er doch zu mächtig ist, machen Sie sich keine Sorgen! Sie können das ändern, denn es liegt ganz in Ihrer Macht.
Erfolgreiche Persönlichkeiten sind übrigens meist Menschen, die sehr diszipliniert und fokussiert sind und ihren Schweinehund außerdem unter Kontrolle haben. Wird man bereits zu einer disziplinierten Person erzogen von klein auf, hat man es später auch im Berufsalltag leichter. Erziehung ist etwas, das den Menschen sehr prägt. Früh erlernte Verhaltensweisen, egal ob diese bewusst oder unbewusst stattfinden, ziehen sich durch das ganze Leben. Auch als Erwachsener bleibt Ihnen Erlerntes erhalten, wenn Sie sich dessen nicht bewusst machen und es aktiv an sich ändern. Auch wenn es Menschen leichter haben, bei denen Disziplin schon als kleines Kind eine Rolle gespielt hat, kann jeder Disziplin lernen.
Beginnen Sie mit Kleinigkeiten, die Sie gegen Ihren Schweinehund unternehmen. Das kann zum Beispiel sein, dass Sie immer sofort den Müll rausbringen und das nicht auf morgen verschieben. Nach und nach nehmen Sie immer größere Veränderungen in Angriff. Damit Sie motiviert bleiben und schlechte Gewohnheiten erfolgreich ändern, visualisieren Sie Ihre Ziele. Stellen Sie sich bildlich vor, wie es wäre, wenn Sie Ihr Ziel bereits erreicht hätten. Wie es sich anfühlt. Wie andere Menschen Sie dafür loben. Und so weiter...
Gute und häufige Beispiele in Sachen Disziplin sind übrigens die Themen Sport und Abnehmen. Wenn Sie sich zum Ziel machen, fünf Kilo abzunehmen, dann sorgen Sie dafür, dass Sie gar nicht erst in Versuchung kommen, zu naschen. Geben Sie den alten schlechten Gewohnheiten erst gar keine Chance! Wenn Sie sich entschließen, ab sofort jede Woche drei Mal zum Sport zu gehen, berücksichtigen Sie dabei Ihren Alltag und Ihren persönlichen Rhythmus. Jeder Körper ist anders: manchen tut die Bewegung gleich früh am morgen gut, andere brauchen

das Auspowern nach einem stressigen Arbeitstag. Finden Sie heraus, was Ihnen gut tut und richten Sie sich Ihren Tag entsprechend ein. Natürlich haben Sie alltägliche Verpflichtungen, die nicht unter Ihrem neuen Disziplintraining leiden sollten. Vielmehr sollten sie optimal miteinander verschmelzen.

Wichtig bei der Erledigung von Aufgaben ist nicht nur Ihre Disziplin beziehungsweise die Ihres Teams, sondern auch, dass Sie die IST-Situation analysieren. Also den Zustand, der gerade herrscht. Und außerdem den SOLL-Zustand definieren, nämlich den, der optimal wäre und erreicht werden soll. Hinterfragen Sie Ihre eigenen Teilziele und Herangehensweisen insofern, ob diese tatsächlich die gewünschten Lösungen bringen.
Um sich selber immer wieder vor dem geistigen Auge zu spiegeln und Situationen besser entscheiden zu können, sind hilfreiche Selbstfragen ein gutes Mittel:

- Was bringt es mir, wenn ich es auf diese Weise angehe?
- Welche Vorteile könnten durch einen anderen Weg entstehen?
- Welche Nachteile bringen die Wege mit sich?

Ob Sie Ihre Disziplin erfolgreich steigern werden, hängt auch von Ihrer inneren Einstellung ab. Der Wille des Menschen ist ein begrenztes Gut – er steht nicht in einem unendlichen Ausmaß zur Verfügung. Außerdem kann Ihr Wille gehemmt beziehungsweise Ihre Willensstärke geschwächt werden, etwa durch ein negatives Mindset. Überdenken Sie deshalb Ihr Selbstbild und machen Sie sich, falls Sie innerlich zweifeln, bewusst, dass es wirklich jeder schaffen kann, disziplinierter zu werden.
Was neben der Disziplin noch eine wichtige Rolle spielt, ist die Ausprägung Ihrer Ausdauerfähigkeit. Prinzipiell sind Menschen mit viel Ausdauer erfolgreicher. Diese

Ausdauerfähigkeit benötigen Sie nicht nur, um Ihre eigenen Ziele zu erreichen, sondern auch im Umgang mit anderen, vor allem solchen Menschen, die viel Ansporn benötigen und von alleine nicht immer ihre Ziele verfolgen sowie erreichen.
Ihre innere Einstellung wird sich auf Ihr Handeln auswirken und sich in Ihrem Umfeld spiegeln.

Zwischenmenschliche Erfahrung

Um als Führungskraft sein Gegenüber richtig einschätzen zu können, ist eine gute Menschenkenntnis von Vorteil. Diese erlangen Sie im alltäglichen Umgang mit Ihren Mitmenschen, Vorgesetzten, Mitarbeitern oder auch Freunden und der Familie. Wenn Ihre Mitarbeiter sich verstanden fühlen, sind sie auch dazu bereit, sich von Ihnen führen zu lassen. Sie sollten ein gewisses Grundinteresse hegen an jedem einzelnen Menschen, der in Ihr Leben tritt. Um die Talente und Fähigkeiten sowie Bedürfnisse eines jeden zu erkennen, ist es wichtig, dass Sie sich dafür die nötige Zeit nehmen. Bauen Sie sich ein respektvolles Miteinander auf und erreichen Sie gemeinsam die gesetzten Ziele.

Wenn Sie Menschen erfolgreich führen wollen, dann sollten Sie sie „lieben".

Wichtige Werte vertreten

Im menschlichen Miteinander, egal ob privat oder beruflich, ist die Einhaltung gewisser Werte, Sitten und einer bestimmten Moral immer von höchster Bedeutung.

Welche Werte vertreten Sie?
Darüber sollten Sie sich als Führungsperson im Klaren sein und dies auch deutlich nach außen kommunizieren.
Integrität macht Sie zu einem Vorbild. Diese Funktion sollten Sie erfüllen, um auf natürliche Weise zum Vorbild Ihrer Mitarbeiter zu werden. Die Mitarbeiter müssen die Übereinstimmung zwischen Ihrer Meinung/Ihren Werten und Ihren Taten erkennen.

Loyalität sollte als Vorgesetzter kein Fremdwort sein, was erwartet wird, muss auch selber vorhanden sein.

Ein weiterer wichtiger Punkt ist Ehrlichkeit. Ohne Ehrlichkeit kann keine Vertrauensbasis bestehen bleiben. Diese zwei Werte oder besser gesagt Charaktereigenschaften bewirken viel mehr, als Sie denken. Ihre Mitarbeiter werden genau spüren, inwiefern diese Werte für Sie von Wichtigkeit und wie ehrlich und vertrauenswürdig Sie sind.

„Ehrlich, loyal, führungsstark" - die Grundsteine eines erfolgreichen Leaders.

Hier finden Sie ein paar beispielhafte Werte, die Sie um weitere ergänzen können. Dann bringen Sie sie in Reihenfolge (Skala 1-10; wichtig ist 10 und am wenigsten wichtig ist 1), damit Sie sich bewusst werden über Ihre Wertvorstellungen. Auch über solche, die eher Ihr privates Umfeld betreffen, sollten Sie sich klar werden.

- ☐ Gerechtigkeit.
- ☐ Leistung.
- ☐ Perfektion.
- ☐ Geld.
- ☐ Materielles.
- ☐ Luxus.
- ☐ Fachkompetenz, Wissen und Können.
- ☐ Optimismus und Zuversicht.

- ☐ Generelles Gefallen an Menschen & am Miteinander.
- ☐ Vertrauen.
- ☐ Loyalität.
- ☐ Ehrlichkeit
- ☐ Authentizität.
- ☐ Familie.
- ☐ Kinder.
- ☐ Partnerschaft.
- ☐ Freundschaft.
- ☐ Hobbys.
- ☐ Reisen und Urlaub.
- ☐ Natur.
- ☐ Tiere.
- ☐ Religion.
- ☐ Soziales Engagement.

Auf dem Weg zur Führungskraft!

Charaktergerechte Führung

Die charaktergerechte Führung ist ein zentraler Aspekt beim Modern Leading. Egal, zu welchem Führungsstil Sie tendieren oder mit welchem Typ von Mensch Sie „besser zurechtkommen", Sie müssen sich stets auf das Individuum einlassen und anpassen. Nur, wenn Sie den Charakter Ihres Mitarbeiters kennen, akzeptieren und berücksichtigen, werden Sie ihn erfolgreich führen können.

Um das Beste aus Ihren Mitarbeitern herauszuholen, ist es unerlässlich, die verschiedenen Bedürfnisse des jeweiligen Mitarbeiters zu kennen. Menschen sind sehr individuell und reagieren komplett verschieden. Versuchen Sie sich in jeden hineinzuversetzen und jeden zu verstehen. Was für Sie motivierend ist, kann für jemand anderen demotivierend sein. Manche bringen unter Stress und Druck Höchstleistung, andere versagen bei dem geringsten Druck. Lernen Sie deshalb Ihre Mitarbeiter gut kennen und studieren den Charakter jedes einzelnen. Manche Mitarbeiter schießen in ihrem Eifer womöglich über das Ziel hinaus, andere könnten diesen Eifer gut gebrauchen und hängen ständig hinterher. Überlegen Sie sich deshalb, wen

Sie eher ausbremsen müssen, damit dieser sich nicht übernimmt und wen Sie im Gegensatz dazu anfeuern sollten.

Diese Aspekte fassen ein charaktergerechtes Führen zusammen. Wer sich anfangs die Zeit nimmt, um seine Mitarbeiter oder sein Team gut kennenzulernen, spart sich hinterher diesen Zeitaufwand definitiv. Denn Sie kommen nicht darum herum, wenn Sie dauerhaft erfolgreich führen und andere zu Höchstleistungen motivieren wollen. Auch dann, wenn Sie Ihre Mitarbeiter oder Ihr Team bereits gut einschätzen können, sollten Sie sich selbstverständlich dennoch laufend Zeit für Sie nehmen. Menschen und vor allem deren Ziele und Beweggründe oder Visionen können sich schließlich ändern.

Denken Sie immer an diesen Aspekt und Sie werden nicht nur ein erfolgreicher Leader sein, sondern machen sich damit auch beliebt bei Ihren Mitarbeitern oder Ihrem Team.

Auf jeden Menschen ist individuell einzugehen. Versteifen Sie sich nie auf bestimmte Ansichten oder Vorgehensweisen, die „klappen müssen", nur weil sie bei jemand anderem funktionieren.

Selbsttest - Welche Führungskraft sind Sie?

Mit diesem Test ist es leicht, einen groben Grundstil an sich zu erkennen. Dafür müssen Sie nur die unten folgenden Behauptungen für sich beantworten. Nehmen Sie sich dafür etwas Zeit und denken Sie gut darüber nach! Sie dürfen übrigens immer nur eine Antwort geben. Zählen Sie dann die Buchstabenanzahl Ihrer Antworten zusammen. Die höchste Anzahl entspricht am ehesten Ihrem Typ, wobei es natürlich oft Mischtypen gibt.

Vertrauen:

- Vertrauen ist gut, Kontrolle ist besser! (A)
- Das Vertrauen in andere ist größer als in Sie selbst. (B)
- Vertrauen ist von großer Bedeutung. (C)

Ziele:

- Ziele empfinden Sie als Druck. (B)
- Sie geben alles, um Ihre eigenen Ziele zu erreichen. (A)
- Sie sehen sich als fähig, Ziele zu erreichen und auch andere darin zu unterstützen. (C)

Freizeit:

- Sie unternehmen am liebsten etwas mit Freunden. (B)
- Sie verbringen Ihre Freizeit am liebsten allein. (A)
- Sie verbringen Ihre Freizeit sowohl mit Freunden als auch allein. (C)

Teamwork:

- Nur durch Zusammenarbeit ist alles möglich, allein zu arbeiten mögen Sie nicht so. (B)
- Sie arbeiten lieber und besser allein. (A)
- Gemeinsam ist man oft erfolgreicher. (C)

Aufgaben:

- Aufgaben übernehmen Sie lieber selber, statt sie weiterzugeben. (A)
- Die richtige Person für die richtige Aufgabe zu erkennen, ist ein Hauptgewinn. (C)
- Sie delegieren gerne Aufgaben und ziehen es dem Selberarbeiten vor. (B)

Freundschaft:

- Sie haben viele Freunde sowie Bekannte und es ist Ihnen wichtig, beliebt zu sein und nicht anzuecken. (B)
- Sie haben eigentlich keine Freunde. (A)
- Sie haben eher wenige, aber dafür gute Freunde. (C)

Kommunikation:

- Sie reden gerne mit anderen, nur Diskussionen scheuen Sie. (B)
- Sie nutzen Kommunikation hauptsächlich, um Ihre Meinung durchzusetzen. (A)
- Sie sind ein Kommunikationskünstler und andere reden gern mit Ihnen. (C)

Fristen:

- Zeitlimits überfordern. (B)
- Termindruck erfordert ein Durcharbeiten ohne Freizeit. (A)
- Organisation ist alles. (C)

Ein aufgeräumtes Zuhause:

- Chaos lautet Ihre Devise. (B)
- Sie haben es gerne ordentlich und alles muss genau an dem Platz sein, wo Sie wollen. (A)
- Sie lieben Ordnung. (C)

Wertvorstellungen:

- Ihre eigenen Werte sind für Sie am wichtigsten, es fällt Ihnen schwer, die anderer zu berücksichtigen und erfüllen. (A)
- Ihre Werte sind Ihnen eigentlich gar nicht so klar. (B)

- Sie können auch andere Werte Ihren eigenen überstellen, wenn es die Situation erfordert. (C)

Testauswertung:

Überwiegend A:

Sie sind ein Einzelkämpfer. Aufgaben erledigen Sie am liebsten selbst. Eine Weitergabe der Aufgaben bereitet Ihnen Unbehagen. Das nötige Vertrauen in Ihre Mitarbeiter fehlt, dafür ist das Vertrauen in Sie selber übermäßig vorhanden. Ihr Verhalten im Alltag gegenüber den Mitarbeitern führt zu Unzufriedenheit und Unruhe. Ihre Mitarbeiter möchten mitarbeiten und Verantwortung übernehmen. Das mangelnde Vertrauen sorgt für Unruhe.

Lösungsvorschlag:

Geben Sie etwas von Ihrem Selbstvertrauen auf Ihre Mitarbeiter ab. Lassen Sie sich überzeugen, dass sie Ihr Vertrauen verdienen.

Überwiegend B:

Veränderungen sind nicht Ihre Stärke. Lieber nehmen Sie die Dinge so, wie sie sind. Jedoch besitzen Sie eine wichtige Eigenschaft: Sie vertrauen anderen. Dies ist Ihr Schlüssel zum Erfolg. Allerdings müssen Sie auch Dinge selber in die Hand nehmen und sich selbst mehr zutrauen.

Lösungsvorschlag:

Machen Sie Ihre eigenen Entscheidungen und stehen Sie dazu. Lassen Sie sich weniger beeinflussen und treten Sie souveräner auf. Sie müssen auch mal anecken im Leben, können es nicht allen recht machen.

Überwiegend C:

Sie haben eine gute Einstellung und befinden sich in der „goldenen Mitte". Sie sind sowohl fähig, Aufgaben selbst zu erledigen, als auch zu delegieren. Dank Ihren Werten und Ihrer Integrität sind Sie ein gutes Vorbild.

Relevante Aufgaben als Führungskraft

Ich zeige Ihnen hier, was die wichtigsten Aufgaben einer Führungskraft sind, damit Sie sich vor allem als neue Führungskraft einen guten Überblick verschaffen können.

1. **Menschen fördern**
   Um die Menschen zu fördern und vor allem ein Band zwischen den Menschen und dem Unternehmen herzustellen, ist es wichtig, dass Sie diesen das Gefühl geben, einzigartig zu sein. Nutzen Sie die jeweiligen Stärken und Schwächen Ihrer Mitarbeiter. Versuchen Sie, Talente zu fördern und die Fähigkeiten der Menschen so einzubinden, dass Sie den Unternehmenszielen dienen. Wenn Ihnen das gelingt, macht es Ihre Mitarbeiter sehr zufrieden und sie arbeiten gerne für Sie beziehungsweise die Firma.

2. **Im Sinne des Unternehmens handeln**
   Um eine Gewinnmaximierung zu erhalten, muss der Kostenausgabenpunkt gesenkt werden. Dies darf jedoch nicht auf dem Rücken der Mitarbeiter geschehen. Vielmehr müssen Sie einzelne Schritte besser anpassen, für reibungslose Abläufe sorgen und Prozesse optimieren.

3. **Organisieren**
   Als Führungsperson organisieren Sie diverse Abläufe im Unternehmen und natürlich auch innerhalb Ihres Teams oder Ihrer Abteilung. Oft übernehmen Führungskräfte die Einteilung der Mitarbeiter, dabei sollten Sie beachten, dass Sie die Arbeitszeiten und natürlich auch die freien Tage stets fair aufteilen.

4. **Arbeiten richtig delegieren**
Um auch in schwierigen Situationen Zeit zu haben und fokussiert handeln zu können, ist es wichtig, viele der Aufgaben zu delegieren. Sie müssen immer unterscheiden zwischen Faulheit und Vorausschau. Wenn Sie wissen, dieses Projekt könnte Probleme mit sich bringen, halten Sie sich durch das Delegieren mehrerer Aufgaben den Rücken frei. Nur so können Sie bei Bedarf direkt zur Stelle sein und handeln.

5. **Aufgaben kontrollieren**
Lassen Sie sich von Ihren Mitarbeitern einmal die Woche ein schriftliches Feedback geben. Darin sollte es um die Fortschritte des Projektes gehen, ebenso die positiven wie die negativen. Kontrolle gehört immer dazu. Um ein positives Feedback geben zu können, bedarf es der Sorgfalt und Auseinandersetzung mit dem Projekt und Ihren Mitarbeitern. Die Mitarbeiter erfahren durch ein Gespräch und die Auswertung ihrer Übergaben, was sie gut gemacht haben und wo noch Handlungsbedarf besteht. Lob ist in diesem Falle genauso wichtig wie eine konstruktive Kritik.

6. **Motivieren**
Menschen sind keine Maschinen. Das monatliche Gehalt alleine sorgt nicht immer dafür, dass Menschen dauerhaft motiviert sind und effizient arbeiten. Als Leader ist es Ihre Aufgabe dafür zu sorgen, Ihr Team zu motivieren. Unzufriedenheit sollten Sie im Keim ersticken, damit es gar nicht erst passiert, dass ein Mitarbeiter demotiviert zu Arbeit erscheint oder sich das Arbeitsklima verschlechtert.

7. **Informationspflicht**
Eine hohe Transparenz ist mehr als wichtig. Die Mitarbeiter brauchen für ein selbstständiges Handeln die nötigen Informationen, des Weiteren fühlen die Mitarbeiter sich mit in das Geschehen einbezogen. Feste Meetings ermöglichen es, alle betroffenen Personen auf dem neusten Stand zu halten und weitere Strategien und Vorgehensweisen zu planen. Für kleine Änderungen können Sie auch die Möglichkeit einer Rundmail nutzen.

8. **Präsent sein und als Vorbild dienen**
Diese Aufgabe wird häufig unterschätzt. Doch jeder Schüler ist nur so gut wie sein Lehrer. Geben Sie deshalb stets Ihr Bestes und seien Sie präsent in der Arbeit, nicht nur körperlich anwesend. Nur dann werden Ihre Mitarbeiter auch ihr Bestes geben.

Was erleichtert den Aufstieg?

Im täglichen Arbeitsalltag stellen Sie sich bestimmt öfters die Frage, wie Sie den Weg nach oben leichter angehen. Wer träumt nicht davon, in einer gehobenen Position zu stehen? Ergreifen Sie Ihre Chance und machen Sie auf sich aufmerksam, am besten schaffen Sie dies mit guter Leistung und einem angenehmen Wesen. Überlegen Sie sich, wo Ihre Stärken liegen und wie diese dem Unternehmen von Nutzen sein könnten. Nur wenn Sie die Überzeugung selbst erlangt und verinnerlicht haben, strahlen Sie dies auch aus.

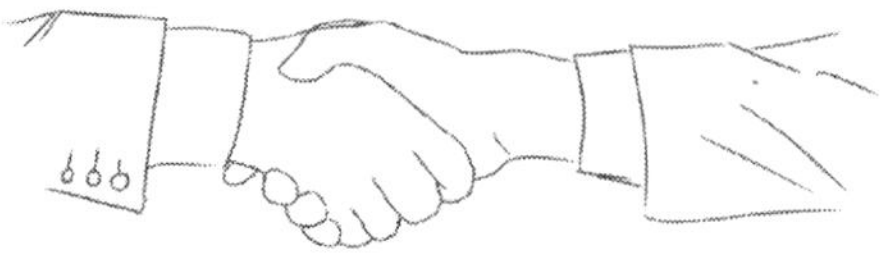

Mit Tipps & Tricks zur Beförderung

1. ***Seien Sie mutig!***
   Nehmen Sie Ihr Glück selber in die Hand. Zeigen Sie Ihren Vorgesetzten, dass Sie der richtige Ansprechpartner sind. Dass Sie das nötige Wissen und die Lust besitzen, dieses auch umzusetzen. Dass Sie sich mit dem Unternehmen verbinden und es Ihnen am Herzen liegt, dieses weiter voranzubringen.

2. ***Zeigen Sie, was in Ihnen steckt!***
   Kehren Sie Ihre Stärken nach außen. Wenn es um eine Gehaltserhöhung geht, ist Bescheidenheit nicht sinnvoll.

3. ***Seien Sie sympathisch!***
   Das mag simpel klingen, nun ja – das ist es auch. Dennoch ist es extrem wichtig, dass Sie sich anderen gegenüber stets freundlich und rücksichtsvoll verhalten. Auch Sympathie spielt eine große Rolle. Ob Sie Ihrem Vorgesetzten sympathisch sind oder nicht, können Sie natürlich nicht immer beeinflussen. Sie können aber Ihr Bestes geben, sich von Ihrer besten Seite zeigen und andere stets gut behandeln.

4. ***Eignen Sie sich immer wieder neues Wissen an!***
   Um die verschiedenen Kompetenzen zu erfüllen, empfiehlt es sich, seine Erfahrungen nicht nur im eigenen Unternehmen gefunden zu haben. Auch ein Auslandspraktikum kann Ihre Chancen nach oben treiben. Es zeigt, dass Sie bereit sind, die Initiative zu

übernehmen und sich stetig weiterzubilden sowie neue Einblicke zu erhalten. Es zeigt Ihren Chefs, dass Sie sich mit neuen Arbeitsmodellen auseinandersetzen und diese in das Unternehmen einbringen können.

5. ***Pflegen Sie Kontakte!***
   Schließen Sie Kontakte, nicht nur in Ihrem direkten Umfeld. Erweitern Sie Ihre Kontakte auch auf andere Gebiete des Unternehmens. Zeigen Sie, dass Sie gewillt sind, das große Ganze anzugehen.

6. ***Souveränität!***
   Souveränität zeigt Ihre Bereitschaft zur Übernahme der gestellten Aufgaben. Zeigen Sie, dass ein verantwortungsbewusster Mensch und Teamplayer in Ihnen stecken, die sehr wohl auch die Leitung übernehmen können. Heben Sie Ihre eigenen Entscheidungen hervor und bleiben Sie immer souverän, auch dann, wenn Sie mal Fehlentscheidungen treffen.

7. ***Nehmen Sie sich, was Sie wollen!***
   Dies soll keine Aufforderung an Sie sein, sich rüpelhaft zu verhalten. Jedoch ist es gerade heutzutage wichtig, sich zu nehmen, was einem zusteht. Denn von alleine bekommt man nicht immer das, was man verdient. Lassen Sie sich beispielsweise die Chance, eine Führungsposition einzunehmen, nicht von einem Konkurrenten wegschnappen. Solange Sie dabei fair und menschlich bleiben, ist alles gut.

8. ***Anwesenheit!***
   Um als Führungskraft in Betracht zu kommen, müssen Sie Präsenz zeigen. Sie müssen die Person sein, die immer zur Stelle ist und sich nicht scheut, die Aufgaben zu übernehmen. Steuern Sie neue Ideen, Lösungsvorschläge oder Ratschläge bei. Übernehmen Sie Aufgaben freiwillig und überzeugen Sie mit Ihrem Talent. Beteiligen Sie sich aktiv an Meetings und haben Sie den Mut, Ihre Meinung offen darzustellen.

9. ***Fragen Sie offen nach einer Beförderung!***
   Sprechen Sie Ihr Anliegen direkt und ehrlich an. So geben Sie auch Ihrem Vorgesetzten die Möglichkeit, sich auf eine Verhandlung vorzubereiten. Das zeugt von Stärke.

Vorbereitung und Einstieg in die neue Führungsrolle

Die neue Stelle ist endlich zugesagt. Der Aufstieg geschafft. Herzlichen Glückwunsch, nun folgt die Phase der Vorbereitung.

Mit der neuen Aufgabe kommen auch neue Anforderungen. Diese dürfen Sie herausfordern, sollten Sie jedoch nicht einschränken, sich zu entwickeln. Bauen Sie Ihr Selbstvertrauen auf, andere Menschen vertrauen ebenfalls in Sie, sonst hätten Sie diese Position nicht bekommen. Stellen Sie sich immer wieder selber Fragen, die Ihre Arbeits- und Führungsweise betreffen. Entwickeln Sie geistige Lösungsstrategien und üben Sie so für den Berufsalltag. Zweifel gehören auf jedem neuen Weg dazu, doch zweifeln Sie nicht zu sehr an sich. Sie haben es bereits weit gebracht!

Ein großer Unterschied liegt auch darin, ob Sie in dem Unternehmen aufgestiegen oder neu dazugekommen sind. Je nachdem, was davon zutrifft, können sich unterschiedliche Schwierigkeiten ergeben.

Diese Schritte sollten Sie beachten, wenn das Unternehmen ein neues für Sie ist

Es ist wichtig, sich alle nötigen Stammdaten, Informationen und Abläufe des Unternehmens vorab anzueignen. Sie sollten genau wissen, wie der Idealfall ablaufen soll. Denn nur so können Sie Ihrem neuen Team dabei helfen, die Richtlinien einzuhalten und die Aufträge gewissenhaft abzugeben. Erkundigen Sie sich also genau und scheuen sich nicht davor, sich diese Informationen einzuholen. Einen besonders guten Eindruck werden Sie erwecken, wenn Sie bereits im Vorfeld die Namen Ihrer Vorgesetzten, Kollegen und Mitarbeiter studieren.

Vermeiden Sie ein ganz spezielles Fettnäpfchen, das viele vielleicht nicht im Sinne haben. Erkundigen Sie sich darüber, ob sich Kollegen und das Team im neuen Unternehmen duzen oder siezen. Mit einem „Sie“ sind Sie anfangs prinzipiell auf der sicheren Seite. Wenn es Gang und Gäbe ist, dass sich nach kurzer Zeit alle duzen, sollten Sie mitziehen und nicht auf ein „Sie“ beharren. Das könnte unnahbar und arrogant wirken.

Stellen Sie sich vor und halten Sie dazu am besten eine Rede. Auf diese Rede sollten Sie sich gut vorbereiten. Natürlich sollten Sie ausschließlich Positives und Respekt vermitteln, wenn Sie solch eine Rede halten. Es gehört dazu, sich für die neue Position zu bedanken und die vorherige Führungskraft zu erwähnen und wertzuschätzen. Ihr neues Team wird es auch schätzen, wenn es von Ihnen erfährt, warum Sie diesen Posten übernommen haben und wie es dazu kam. Natürlich sollten Sie nicht unnötig ins Detail gehen, aber wenn Sie diesen

Sachverhalt kurz erklären, wird es auch nicht zu Gerüchten und Spekulationen darüber kommen. Erwähnen Sie etwas Persönliches über sich und wie Sie die Unternehmensziele erreichen wollen. Ihre Visionen und Ziele sollten Sie auch kurz vorstellen. Achten Sie aber darauf, nicht die nötige Distanz zu verlieren. Vor allem am Anfang kann das für Verwirrung sorgen und Sie unseriös wirken lassen. Bedanken Sie sich zum Schluss Ihrer Rede, geben Sie allen die Chance, Fragen zu stellen und bringen Sie zum Ausdruck, wie sehr Sie sich auf Ihr Team und die neue Stelle freuen.

Zeigen Sie Ihren Willen Neues zu erlernen, zeigen Sie, dass Sie gewillt sind, Ratschläge und Tipps anzunehmen.

Urteilen Sie nicht vorschnell über das Unternehmen. Wie oft trügt der erste Eindruck? Machen Sie sich Ihre Gedanken, aber behalten Sie diese noch für sich. Falls Sie nach Ihrer Meinung zu eventuell heiklen Angelegenheiten gefragt werden, sagen Sie offen und ehrlich, dass Sie sich dazu kein Urteil erlauben möchten.

Selbstverständlich können diese Schritte auch von Nöten für Sie sein, wenn Sie im „alten" Unternehmen bleiben, es sich aber um ein größeres handelt und Sie noch nicht alle Abteilungen und Angestellten kennen.

Folgende Schritte sind im „alten" Unternehmen relevant

Nun ist es an Ihnen gelegen, Ihren Kollegen zu zeigen, dass Sie den heiß begehrten Kuchen teilen. Es gibt immer wieder Menschen, die mit einem um eine bestimmte Position kämpfen. Genau für diese Menschen ist es dann schwer, wenn sie nicht die Auserwählten sind. Greifen Sie ihnen unter die Arme, zeigen Sie sich loyal und charismatisch. Stehen Sie nicht über ihnen, sondern stellen Sie sich mit ihnen in eine Reihe. Binden Sie diese Menschen mit ein und zeigen ihnen, dass Sie sie und ihre Fähigkeiten schätzen. Dennoch ist Vorsicht geboten, wenn Sie unter Haien schwimmen: bei allem Respekt und aller Loyalität müssen Sie sich stets behaupten. Schließlich gibt es einen guten Grund, warum SIE und kein anderer die Führungsrolle ergattert haben. Sobald Sie „zu weich" sind, können das Ihre Konkurrenten als Schwäche ansehen. Bei Schwäche beißen Haie sofort zu!

Diese Schritte sollten Sie im „alten" und neuen Unternehmen gehen

Machen Sie sich klar, welche Erwartungen an Sie gestellt werden, sowohl von Vorgesetzten als auch von Mitarbeitern. Überlegen Sie auch, ob Sie diesen gerecht werden können und wollen, und wenn ja, wie. So bereiten Sie sich optimal vor auf Ihren neuen Job. Gibt es vielleicht noch Bereiche, die Sie sich erst aneignen müssen oder Kompetenzen, die Sie ausbauen sollten? Sie können das natürlich mit Ihrem Chef besprechen und ganz offen darüber reden, schließlich ist auch ihm daran gelegen, Sie optimal zu integrieren und fördern.

Genau wie die Erwartungen sind auch die Spielräume zu klären. Was liegt in Ihrer Macht und über was genau dürfen und sollen Sie entscheiden? Das ist ein sehr wichtiger Punkt, den Sie genauestens klären sollten. Ihr Vorgesetzter wird Sie ausführlich vorbereiten und darüber informieren. Wenn nicht, fragen Sie unbedingt nach und schreiben Sie mit, wenn er Ihnen alles näherbringt. Auch über Ihre eigenen Vorstellungen und Änderungswünsche sollten Sie sich klar sein und diese mitteilen. Damit hinterher alle Änderungen einvernehmlich stattfinden.
Nicht nur Sie haben Mitarbeitergespräche zu führen, sondern normalerweise werden solche Gespräche auch mit Ihnen geführt, um Ihnen Ziele zu vermitteln, die erreicht werden sollen und Sie auf Ihrem neuen Weg zu begleiten und fördern. Wenn Sie einen solchen Termin nicht in Aussicht gestellt bekommen, sollten Sie nachfragen und Ihren Chef um ein solches Gespräch bitten. Das dient schließlich beiden Seiten, sowohl dem Unternehmen als auch Ihnen.
Wichtig ist außerdem, der Gerüchteküche die Würze zu nehmen. Beantworten Sie Fragen und erzählen etwas von sich. Machen Sie sich im Vorfeld Gedanken darüber, was Sie von sich preisgeben möchten und was nicht. Arbeit ist Arbeit und privat ist privat, doch um eine gewisse Vertrauensbasis zu schaffen, ist es hilfreich, etwas von sich zu zeigen. Natürlich nur ein einem angemessenen Rahmen. Vor allem am Anfang Ihrer Karriere können Sie damit Sympathie ernten.
Heben Sie Ihr hervorragendes Können nicht zu sehr in den Mittelpunkt. Dies könnte arrogant und unnahbar wirken.

Im Idealfall haben Sie Zeit, sich darauf vorzubereiten, jedoch kann auch eine spontane Beförderung von statten gehen.

Dann ist es wichtig, schnell reagieren zu können. Sagen Sie offen, dass Sie neu sind und sich schnell einfinden werden. Seien Sie charmant, nehmen Sie Hilfe von Ihrem Team immer dankbar an und fragen Sie auch offen nach Unterstützung. Zeigen Sie diesen Menschen, dass Sie an ihnen interessiert sind. Gewinnen Sie einen schnellen Überblick über alle wichtigen Aufgaben und Bereiche Ihrer neuen Position. Es hilft, sich das zu visualisieren, zum Beispiel mithilfe einer Mindmap.

Häufige Fehler in der Führung

Auch als Führungskraft wird der Weg nicht immer durch grüne, saftige Wiesen führen. Es gibt viele Stolpersteine, die herumliegen und überwunden werden müssen. Hier erfahren Sie die häufigsten Fehler einer Führungskraft, sie dienen Ihnen als Zusammenfassung und für einen schnellen Überblick. Selbstverständlich können diese Fehler genauso von erfahrenen Führungskräften wie von neuen begangen werden.

Fehlerquelle 1 – „Alles muss neu!"

Mit einer neuen Besetzung einer Stelle werden natürlich immer auch positive Veränderungen erwartet. Sie sind hochmotiviert und möchten alles besser machen als Ihr Vorgänger. Doch um dies durchzusetzen ist es wichtig, erst einmal einen Überblick zu erhalten. Nutzen Sie das Kennenlernen mit den Mitarbeitern und hören Sie bei den Gesprächen heraus, was gut läuft und wo es noch Knackpunkte gibt. Dann können Sie langsam und gemeinsam mit Ihrem Team die Veränderungen in Angriff nehmen.

Fehlerquelle 2 – Kritikunfähigkeit

Nehmen Sie gut gemeinte Kritik aus Ihrem Team an und wandeln Sie diese in neue Lösungen um. Gerade am Anfang, wenn Sie frisch in die Führungsrolle schlüpfen, ist die Fehlerquelle hoch. Wenn Sie sich gegen eine konstruktive Kritik wehren, werden Ihre Mitarbeiter später Ihre Kritik ebenfalls nicht annehmen.

Fehlerquelle 3 – Konflikte meiden

Vor allem als Anfänger scheut man sich vor Konflikten. Man möchte sich erst beweisen oder nicht schon zu Beginn negativ auffallen. Doch es bringt nichts, Konflikte zu meiden, vor allem wenn deren Klärung notwendig ist. Insofern Menschen zusammenarbeiten, wird es früher oder später immer Konflikte geben. Meist sind diese allerdings zu beheben, vor allem, wenn sie frühzeitig als solche erkannt werden. Gehen Sie Konflikten und Diskussionen nicht aus dem Weg, denn sonst werden Sie nicht ernst genommen. Es kann auch passieren, dass Sie anfangs nicht sofort akzeptiert werden von einzelnen Mitarbeitern als neue Führungsperson. Geben Sie ihnen eine Chance und Zeit, Sie kennenzulernen. Vermitteln Sie Ihre Absichten und Ziele klar und deutlich. Und führen Sie ein Gespräch unter zwei Augen mit solchen Mitarbeitern, die Probleme mit Ihnen haben. Diese Probleme müssen auf den Tisch, um geklärt zu werden!

Fehlerquelle 4 – als Kumpeltyp auftreten

Vorerst sei gesagt, dass es völlig normal ist, dass Sie sich als Leader erst finden müssen, außerdem werden Sie nie aufhören, sich weiterzuentwickeln. Vermeiden Sie nur das Fettnäpfchen, zu „nett" aufzutreten beziehungsweise wie ein Kumpel. Distanz zu wahren ist das A und O in der Arbeitswelt, dabei sollte es sich natürlich um eine angemessene Distanz handeln. Sie sollen weder kühl noch unnahbar sein, sondern freundlich distanziert. Wenn Sie als bester Freund auftreten, werden Sie als Chef nicht ganz ernst genommen und Ihre Mitarbeiter werden immer Schlupflöcher suchen oder Ihr Wort nicht ganz für voll nehmen. Abgesehen davon, dass Sie freundlich distanziert auftreten sollten, ist es genauso wichtig, dass Sie keinen bevorzugen und zu jedem die gleiche Distanz wahren. Natürlich wird es immer Personen geben, die Ihnen sympathischer sind – das lässt sich nicht vermeiden. Seien Sie sich aber darüber bewusst und versuchen Sie stets alle gleich zu behandeln und objektiv wahrzunehmen.

Fehlerquelle 5 – Zu weich oder zu hart

Wie bereits erwähnt ist es für neue Führungskräfte schwierig, die goldene Mitte von Beginn an zu treffen. Sie müssen erst ihren eigenen Führungsstil ausprobieren und ausbauen. Mit der Zeit lernen Sie sich selbst immer besser kennen – als Leader aber natürlich auch Ihren Charakter. Bleiben Sie stets reflektiert und scheuen Sie nicht davor, Ihren Führungsstil zu ändern. Er muss zu Ihrer Person, zum Unternehmen und zu Ihrem Team passen. Aus der anfänglichen Unsicherheit heraus treten neue Führungskräfte zu Beginn oft entweder zu hart oder zu weich auf. Hier gilt es, sich nicht zu verstellen und sich Zeit zu geben, seine Führungskompetenzen mit der Zeit auszubauen. Bleiben Sie natürlich und halten Sie Ihre Ziele im Blick, dann ist die Wahrscheinlichkeit erheblich niedriger, gekünstelt autoritär oder übertrieben „nett" aufzutreten.

Fehlerquelle 6 – Die eigene Position in Frage stellen

Vertrauen gegenüber Ihrer Person hat Ihnen eine Führungsposition gebracht. Das darf Ihnen niemals peinlich sein. Ihre Leistung und Ihre Vertrauenswürdigkeit haben es Ihnen ermöglicht, aufzusteigen, nicht Nettigkeiten. Ihre Vorgesetzen vertrauen in Sie und Ihre Fähigkeiten. Wurden Sie vorher zum Bearbeiten der Aufgaben vergütet, so werden Sie nun für das Delegieren vergütet. Leben Sie Ihre Führungsposition und stellen Sie diese nie selber in Frage, sonst werden es auch Ihre Mitarbeiter tun.

Fehlerquelle 7 - Ungünstige Abläufe schleichen sich schnell ein

Unter der Führung Ihres Vorgängers haben sich bestimmt auch schlechte Abläufe eingeschlichen. Diese Abläufe sind Ihnen schon lange aufgefallen und es hat Sie in den Fingern gejuckt, dies alles zu beheben. Achten Sie genau darauf, ob sich bei Ihnen nicht auch ungünstige Abläufe einschleichen. Bewerten Sie auch Ihre eigene Arbeit stehts so objektiv wie möglich, um solche Fehler schnell zu erkennen, bevor sie zur absoluten Routine werden.

Fehlerquelle 8 - Stagnieren statt verändern

Manche Menschen sind extrem wissbegierig und lieben Veränderungen, andere sind eher Gewohnheitstiere. Es gibt hier kein Richtig oder Falsch, vielmehr geht es darum, dass wenn Sie eher ein Gewohnheitstier sind, Sie nicht stagnieren. Gehen Sie immer wieder aus Ihrer Komfortzone heraus, denn das wird viel Gewinn mit sich bringen. Glauben Sie mir! Seien Sie ehrlich zu sich selbst und überwinden Sie Ihre Bequemlichkeit, indem Sie sich neuen Herausforderungen stellen. Die meisten Menschen benötigen das, um dauerhaft zufrieden zu sein. Außerdem werden Sie als Leader nur wachsen, wenn Sie sich verändern, natürlich zum Positiven.

Fehlerquelle 9 - Verschlossen für Neues

Auch Führungsanfänger können sich für Neues verschließen. Doch gerade für Einsteiger ist es wichtig, offen für alles zu sein. Denn nur so können Sie herausfinden, was am besten zu ihnen passt und am besten funktioniert. Probieren Sie viel aus und vertrauen Sie auf die Erfahrungen anderer. Sie können von deren Wissen profitieren. Hierzu empfiehlt sich besonders ein regelmäßiger Austausch mit anderen Führungskräften.

Fehlerquelle 10 – Fehlende Leidenschaft

Auch wenn ich mir sicher bin, dass Sie viel Leidenschaft für Ihren Beruf und Ihre Führungsrolle hegen, nicht immer ist das von außen sichtbar. Sollte Ihr Umfeld, warum auch immer, den Eindruck haben, dass Sie der Arbeit nicht mit Leidenschaft nachgehen, kann das den Eindruck erwecken, dass Sie keine gute Führungskraft sind. Sogar dann, wenn Sie all Ihre Ziele erreichen! Es ist also wichtig, dass Sie Ihr Engagement von Beginn an und immerzu sichtbar machen und deutlich zum Ausdruck bringen. Natürlich kann es mit der Zeit passieren, dass die Leidenschaft tatsächlich verloren geht. Ihre Mitarbeiter würden dann das Gefühl bekommen, Sie hätten kein wirkliches Interesse mehr an ihnen und der Arbeit. Sorgen Sie dafür, dass das gar nicht erst passiert. Und wenn doch, horchen Sie in sich hinein und überdenken, warum das so ist. Sind Sie gelangweilt oder überfordert? Sind Sie unzufrieden mit Ihrem Gehalt oder können Sie sich nicht mehr mit dem Unternehmen identifizieren? Hat Sie der Alltagstrott gepackt und sehnen Sie sich nach einem neuen Leben, einer neuen beruflichen Herausforderung?

Die Verhandlung ums Geld

Eine Gehaltsverhandlung kommt nicht nur bei einem Neueinstieg, sondern auch bei langer Arbeitszeit im selben Unternehmen in Frage. Was für den einen eine Freude darstellt, sorgt beim anderen für Magenschmerzen. Wobei die meisten Menschen sich bei Verhandlungen eher schwer tun und diese nicht gerade zu ihren Lieblingsbeschäftigungen zählen. Die Angst ist oft groß, falsch zu reagieren oder Ablehnung zu erfahren. Natürlich kann der Chef ablehnen und Gegenargumente haben, aber mit folgenden Tricks und etwas rhetorischem Geschick haben Sie gute Chancen.

- ***Nutzen Sie den Anker-Effekt***
  Der Anker-Effekt nutzt es aus, dass der Mensch immer nach Werten oder Zahlen sucht, die er vergleichen kann, um somit einen Gegenstand oder etwas nicht Greifbares besser in seinem Wert beurteilen zu können. Hierbei handelt es sich um einen psychologischen Effekt, den Sie für sich nutzen sollten. Zum Beispiel tritt dieser Effekt ein, wenn Sie im Urlaub sind und sich auf einem Basar befinden. Hier wird verhandelt und derjenige, der als erstes einen Preis nennt, wirft den „Anker" damit. Hierbei ist es natürlich wichtig, dass Sie Ihr Gehalt realistisch einschätzen und nicht zu hoch pokern. Meistens werden Sie derjenige sein, der als erstes den Anker wirft, also seinen Gehaltswunsch äußert. Das Gehalt, das Sie als erstes nennen, ist natürlich entscheidend dafür, welche Höhe Sie durchsetzen können und werden. Um also eine gute Verhandlungsgrundlage zu besitzen, muss die Forderung stimmen. Der richtige Wert beträgt bei einem langfristigen Arbeitgeber zwischen 3-10 Prozent. Wenn Sie einen Arbeitgeber wechseln, sind durchaus auch bis zu 20 Prozent zu erwirtschaften.

- ***Mit Werten überzeugen***
  Nennen Sie bewusst Ihre Werte, zeigen Sie, warum Sie dafür geeignet sind und mehr erhalten sollten. Scheuen Sie sich nicht, mit Ihren Erfolgen zu prahlen. Was Sie sonst vielleicht arrogant wirken lässt, weist nun auf, wie gut Sie sich im Unternehmen einbringen und wieviel Sie erreicht haben.

- ***Ruhig bleiben!***
  Lassen Sie sich nicht aus der Reserve locken. Nichts überstürzen! Egal welches Angebot der Chef als Gegenangebot macht, denken Sie erst darüber nach. Entscheiden Sie nicht voreilig. Wenn die Gespräche keinen Erfolg gebracht haben, geben Sie nicht auf. Es kommt wieder die Gelegenheiten, das Thema erneut anzusprechen und sich bis dahin erwiesen zu haben. Bleiben Sie standhaft bei Ihren Gehaltswünschen. Auch wenn der Chef immer wieder versucht zu handeln, zeigen Sie, dass Ihre Gehaltsvorstellung gerechtfertigt ist.

- ***Gegenargumente überlegen***
  Es ist nicht nur wichtig, gut vorbereitet zu argumentieren, sondern sich auch der eigenen Sache sicher zu sein. Nur wer an sich selber glaubt, kann Gegenargumente entkräften. Überlegen Sie von vorne herein, ob es etwas gibt, das Ihr Chef gegen eine Gehaltserhöhung hervorbringen könnte und überlegen Sie sich Gegenargumente. So bereiten Sie sich bestens vor.

Tipps für „Young Professionals"

Jung, motiviert, hochqualifiziert. So sind Arbeitnehmer ganz nach dem Geschmack der Vorgesetzten. Frisch von der Schule oder Uni mit qualifizierten Abschlüssen kommen diese Menschen direkt in eine wichtige Zielgruppe auf den Arbeitsmarkt. Unternehmen sind ständig auf der Suche nach neuen Helden für ihr Team. Durch hohe Ansprüche an sich selber und die Erfüllung der Vorgaben haben Young Professionals eine gute Verhandlungsbasis. Da es sich um die Entwicklung der eigenen Karriere handelt, sollten Angebote gut geprüft und abgewogen werden. Es geht um den eigenen Erfolg und die damit verbundene Laufbahn. Wenn Sie Ihre Stärken bewusst einsetzen, können Sie es in kurzen Wegen ganz nach oben schaffen. Doch wie genau dies funktioniert und auf was geachtet werden sollte, erkläre ich in den nächsten Zeilen.

Klare Ziele und Fokus
Wenn Sie hoch hinaus wollen, müssen Sie erstmal wissen, wohin. Sonst werden Sie schnell überholt. Machen Sie sich eine Liste mit all Ihren Träumen und Wünschen. Aus diesen filtern Sie dann die wichtigsten Ziele heraus, die Sie tatsächlich für realistisch halten. Definieren Sie sie so genau wie möglich. Hier ein Beispiel: „schlank werden" ist noch kein Ziel. Es geht darum, genau zu bestimmen, wie der gewünschte Zustand der Zielerreichung aussieht und bis wann Sie diesen Zustand erreicht haben wollen. Wenn Sie also sagen, Sie möchten bis zum 31.12. insgesamt 10 kg abnehmen, handelt es sich um ein konkretes und messbares Ziel. Untergliedern Sie diese definierten Ziele in lang- und kurzfristige sowie nach deren Wichtigkeit beziehungsweise Priorität. Dann überlegen Sie sich Methoden, wie Sie sie erreichen können. Fertig sind Ihre Ziele inklusive Zeitplan und einzelner Schritte! Übernehmen Sie sich nicht, 100 Ziele gleichzeitig zu erreichen, ist schwer. Konzentrieren Sie sich auf die Ziele, die die höchste Priorität haben. Sie können diese Vorgehensweise sowohl für berufliche als auch für private Ziele verwenden.

Genaue Werte

Damit Sie wissen, welcher Lifestyle und welches Unternehmen zu Ihnen passt, sollten Sie Ihre Werte definieren. Eine Liste mit Werten finden Sie im Kapitel „Grundvoraussetzungen als Führungskraft - Wichtige Werte vertreten".

Lernbereitschaft und Weiterbildung

Um es nach ganz oben zu schaffen, sollten Sie stets lernbereit sein und alle Möglichkeiten der Weiterbildung für sich nutzen. Das ist eine häufige Eigenschaft der Young Professionals und ein Grund, warum sie auf dem Arbeitsmarkt so begehrt sind.

Aus Fehlern lernen

Fehler gehören dazu und gerade zu Beginn der Karriere könnten sie vermehrt in Fettnäpfchen treten. Nehmen Sie das nicht zu ernst. Jeder macht Fehler. Wichtig ist, dass Sie aus ihnen lernen und es das nächste Mal einfach besser machen.

Eigenmotivation und Selbstdisziplin

Young Professionals sind häufig hochmotivierte und disziplinierte, willensstarke Menschen. Hören Sie nie auf, diese Eigenschaften an sich zu trainieren und weiter auszubauen. Dann werden Sie es noch weit schaffen!

Kommunikationsfähigkeit und Geschick im Umgang mit Menschen

Menschen mit sozialen Kompetenzen sind immer mehr gefragt. Oft sagt man jüngeren Führungskräften nach, sie haben noch nicht die Erfahrung, die ältere aufweisen. Natürlich mag da etwas dran sein. Sie können aber brillieren, indem Sie geschickt im Umgang mit anderen sind und ein gutes Gespür für Menschen haben. Das können Sie sich selbstverständlich auch als junger Mensch aneignen. Trainieren Sie Ihre Kommunikationsfähigkeit und analysieren Sie stets Menschen und Körpersprache. Das wird Ihnen auf Ihrem Karrieresprung noch sehr helfen.

Work-Life-Balance

Der Fachterminus der Work-Life-Balance spielt in der heutigen Gesellschaft eine immer wichtigere Rolle. Leistung zählt mehr denn je, wobei eigene Bedürfnisse und sogar die Gesundheit oft außer Acht gelassen werden. Auf Dauer kann niemand volle Leistung bringen. Jeder Mensch braucht Ausgleich, Freizeit und Ruhe, um Kraft zu schöpfen. Wenn Sie Ihren absoluten Traumberuf gefunden haben, der sich für Sie anfühlt wie ein Hobby statt einer Arbeit, herzlichen Glückwunsch! Aber auch dann sollten Sie genügend Auszeit nehmen von der Arbeit. Immer nur zu funktionieren lässt jede Kerze irgendwann ausbrennen. Widmen Sie sich auch Hobbys und Aktivitäten, die nichts mit Ihrer Arbeit zu tun haben. Nur so finden Sie den

Mittelweg. Eine Balance finden Sie, indem Sie Arbeit und Freizeit strikt voneinander trennen und außerdem Ihre Arbeit so auswählen, dass Sie zu Ihrem Leben passt. Und nicht umgekehrt! Glück und Zufriedenheit können nur erreicht werden, wenn Sie diese Punkte beachten. Zuviel Stress kann Ihr Nervenkostüm und Ihre Gesundheit beeinträchtigen, auch dann, wenn Sie noch jung sind oder sich jung und fit fühlen. Leben Sie diese Work-Life-Balance von vorne herein.

Der richtige Einstieg

Die beruflichen Möglichkeiten bieten einem oft nicht nur eine Chance, sondern überfordern auch leicht. Bei den etlichen Möglichkeiten heutzutage fragen sich viele junge Menschen, was sie denn machen sollen. Eine grundlegende Analyse der Möglichkeiten ist unerlässlich. Wägen Sie alles mit Vor- und Nachteilen ab. Tragen Sie sie in zwei Spalten ein und bewerten so jede einzelne Möglichkeit. Überlegen Sie sich auch, inwiefern die verschiedenen Karrieren mit Ihren Werten übereinstimmen. Ist Ihr Bild, das Sie von einem bestimmten Posten haben, wirklich realistisch?

Das Angebot von Trainee Programmen kann eine entscheidende Rolle spielen, wenn es darum geht, einen Job genauer kennenzulernen. In diesen Programmen bereiten Unternehmen ihre neuen Mitarbeiter intensiv auf das Unternehmen und die damit verbundenen Aufgaben vor. Die Programme gestalten sich transparent und zeigen beide Seiten der Medaille – die Vor- und Nachteile. Mittels solcher Programme soll es Trainees schmackhaft gemacht werden, freiwillig im Unternehmen zu bleiben. Natürlich sind diese Programme seitens der Unternehmen vor allem dafür konzipiert, neue und hervorragende Arbeitskräfte zu finden.

Letztendlich sollten Sie sich für die Stelle entscheiden, die Ihnen am meisten Spaß bereitet und auch sonst Ihre wichtigsten Erwartungen erfüllt. Nehmen Sie nicht zwangsläufig die Stelle an, die Ihnen aktuell das höchste Gehalt bietet. Es ist schließlich wichtig, dass Sie die Arbeit, wenn möglich ein Leben lang, erfüllt. Die meiste Zeit Ihres Lebens verbringen Sie auf Arbeit! Deshalb sollte das Gehalt nicht der ausschlaggebende Punkt sein, warum Sie sich für eine Stelle oder ein Unternehmen entscheiden.

Setzen Sie sich selbst nicht unter Druck bei der Entscheidung. Sie sind jung und es stehen Ihnen weiterhin viele Türen offen. Wenn Sie neugierig sind und sich zuerst ein Bild machen möchten, warum nicht? Dann schnuppern Sie zum Beispiel an Karrieren in Form von Praktika oder Auslandsaufenthalten in verschiedene Branchen und Firmen.

Fortgeschrittene

TEST: Ihre Stärken und Schwächen als Führungskraft

Wie sehen Sie Ihre Mitmenschen? Wie sehen Sie Ihre Vorgesetzten? Können Sie sich gut einfügen? Was gibt es zu ändern?

Um all dies herauszufinden, ist es wichtig, sich selbst zu analysieren und reflektieren. Was sich ebenfalls empfiehlt ist, andere zu befragen, wie die einen sehen. Das eröffnet einem oft ganz neue Blickwinkel. Finden Sie im folgenden **Selbsttest** heraus, wo Ihre Stärken und Schwächen liegen und was Sie eventuell noch verbessern könnten. Seien Sie bei diesem Test ehrlich zu sich, nur so erkennen Sie, welche Stärken Sie haben und woran Sie noch an sich arbeiten sollten. Lesen Sie sich Satz für Satz durch und schätzen Sie von einer Skala von 1-3 ein, inwiefern er auf Sie und Ihr Verhalten zutrifft. 1 bedeutet „trifft kaum zu", 2 „trifft öfters zu" und 3 „trifft sehr häufig zu". Die höchste Stufe der Skala, also die 3, bedeutet, dass Ihre Fähigkeit sehr ausgeprägt ist. Stufen Sie sich mit 1 ein, besteht noch Luft nach oben, um sich zu verbessern. Lassen Sie auch Ihre Mitarbeiter diesen Test ausfüllen, am besten anonym, damit Sie ein ehrliches Feedback von ihnen über sich als Führungsperson bekommen.

<u>Umgang mit Kunden</u>

Bedürfnisse und Interessen Ihrer Kunden haben Sie im Blick und gehen hervorragend mit ihnen um beziehungsweise geben Ihren Mitarbeitern gute Tipps, wie diese mit den Kunden umzugehen haben.

1	2	3

<u>Wettbewerb</u>

Sie und Ihr Team/Ihre Abteilung erreichen die vorgegebenen Ziele schneller als andere im Unternehmen.

1	2	3

<u>Mitarbeiter einschätzen</u>

Sie können Mitarbeiter sehr gut einschätzen, was ihre Persönlichkeiten und Ihre Stärken und Schwächen angeht.

1	2	3

<u>Mitarbeiterpotenzial</u>

Ihnen gelingt es, Mitarbeiter zu fördern und so zu einer noch besseren Leistung zu motivieren, da Sie deren Potenzial genau erkennen.

1	2	3

Aufgaben

Sie teilen Aufgaben immer den richtigen Mitarbeitern zu, da Sie sie sehr gut einschätzen können, auch in ihrer Leistung.

1	2	3

Akzeptanz

Wenn Sie Aufgaben delegieren, akzeptieren das Ihre Mitarbeiter sofort und machen sich gleich an die Umsetzung.

1	2	3

Ziele setzen

Sie setzen erfolgreich Ziele gemeinsam mit Ihren Mitarbeitern/Ihrem Team, denn Sie kommunizieren die Ziele klar und deutlich.

1	2	3

Organisation

Sie können Pläne und Abläufe hervorragend organisieren und haben immer alles im Blick, auch Ziele.

1	2	3

Innovation in Unternehmensprozessen

Sie sind innovativ und überdenken Prozesse, weshalb Sie sie stetig erfolgreich optimieren.

1	2	3

Leidenschaft

Sie stecken Ihre Mitarbeiter mit Ihrer Leidenschaft für die Arbeit an.

1	2	3

Engagement

Alle schätzen Sie für Ihr Engagement, das Sie täglich zeigen.

1	2	3

Authentizität

Sie verstellen sich nicht, sondern sind immer authentisch und stehen zu sich selbst beziehungsweise halten sich an eigene Wertvorstellungen.

1	2	3

Ansehen

Sie werden geschätzt als Führungsperson und von jedermann als solche akzeptiert.

1	2	3

Kontakte

Sie haben viele und gute Kontakte mit anderen Angestellten Ihres Unternehmens, darunter auch mit Angestellten anderer Abteilungen.

1	2	3

Stress

In stressigen Situationen oder in Unternehmenskrisen behalten Sie stets den Überblick, die Kontrolle und bewahren die Ruhe.

1	2	3

Vertrauen

Ihre Mitarbeiter vertrauen Ihnen, was Sie regelmäßig in bestimmten Situationen bemerken.

1	2	3

Mitarbeiter fördern

Sie fördern Ihre Mitarbeiter im selbstständigen Arbeiten und bauen sie emotional auf, etwa wenn sie sich nicht viel zutrauen.

1	2	3

Transparenz

Sie machen Ihre Absichten klar und deutlich und klären Ihre Mitarbeiter über alles Nötige auf, das sie wissen sollten.

1	2	3

Mitarbeiter binden

Sie binden Mitarbeiter an sich beziehungsweise an das Unternehmen und geben Ihnen die Möglichkeit, auch an Entscheidungen mitzuwirken.

1	2	3

Struktur

Ihr Arbeitsplatz ist aufgeräumt und auch sonst sorgen Sie für klare Strukturen in allen Bereichen.

1	2	3

Vorausschauend planen

Sie können vorausschauend planen, zum Beispiel wenn es um Unternehmensziele geht und entwickeln sinnvolle Strategien.

1	2	3

Disziplin

In stressigen Situationen oder in Unternehmenskrisen behalten Sie stets den Überblick, die Kontrolle und bewahren die Ruhe.

1	2	3

Durchgreifen

Sie greifen durch und können auch mal fordernd sein, wenn das nötig ist.

1	2	3

Wertschätzung

Ihnen liegt etwas an Ihren Mitarbeitern und Sie wollen ihr Bestes.

1	2	3

Konflikte

Sie stellen sich Konflikten, können gut mit diesen umgehen sowie diese klären und vermeiden sie in der Regel von Beginn an.

1	2	3

Kritik annehmen

Sie können Kritik annehmen und verbessern dann sofort Ihre Fehler.

1	2	3

Lob und Kritik austeilen

Sie nehmen kein Blatt vor den Mund, loben und kritisieren Ihre Mitarbeiter regelmäßig und sind dabei immer freundlich.

1	2	3

Teamplayer

Sie versuchen immer alles im Sinne des gesamten Teams zu klären und lösen, ohne einzelne oder sich selbst zu bevorzugen.

1	2	3

Führungsstile unter der Lupe

Dies sind die beliebtesten Führungsstile:

Autokratisch-autoritärer Führungsstil

Der Chef ist der König, die Angestellten folgen seinen Wünschen und Anordnungen. Es gibt keine freie Mitgestaltung. Positiv ist an dieser Art der Führung, dass Entscheidungen schnell getroffen werden können und klare Richtlinien herrschen.
Der Nachteil jedoch ist die Einschränkung der Mitgestaltung. Die Mitarbeiter bekommen ihre Arbeiten vorgegeben und ein kreatives Mitgestalten kann nicht stattfinden. Dadurch ist das Einbringen von neuen Ideen und anderen Perspektiven nicht gegeben.

Bürokratischer Führungsstil

Behörden und große Unternehmen folgen diesem Stil besonders gerne. Die Unternehmensregel gleicht einem Gesetzesentwurf. Um diese Regeln im Unternehmen wirklich alle zu kennen, muss man sich jahrelang damit auseinandergesetzt haben. Durch die genauen Dienstanweisungen, Stellenbeschreibungen und Richtlinien läuft der Arbeitsalltag automatisiert.
Nachteil ist, dass es hier kaum Innovative erfordert und dass das Arbeiten die Mitarbeiter weder fördert noch befriedigt. Auf die Dauer kann sich dies negativ auf das Arbeitsumfeld auswirken.

Demokratisch-kooperativer Führungsstil

Kreativität und Mitarbeit sind hier großgeschrieben. Die Mitarbeiter bringen sich selbstständig in die Abläufe mit ein. Marketingagenturen greifen mit Vorliebe auf diesen Weg zurück, da er das Miteinander fördert und zu einer großen Gemeinschaft aufruft. Der Nachteil ist, dass es keine klaren Strukturen gibt und die Erarbeitung neuer Projekte länger und aufwändiger sein kann.

Laissez-faire Führungsstil

Disziplin, Fachkompetenz, eigene Entscheidungen. Das sind die Anforderungen, damit dieser Weg funktionieren kann. Zumeist ist im Team kein wirklicher Chef erkennbar. Die Mitarbeiter arbeiten als Team nach ihren eigenen Vorgaben und Richtlinien die Aufgaben und Projekte ab. Die Vorgesetzten sehen diese Teams nur sehr selten. Es ist ein angenehmes Arbeiten, das aber nur in dem richtig gewählten Team funktioniert. Anders wird das Erarbeiten der Projekte im reinen Chaos enden.

Partizipativer Führungsstil

Diese Zusammensetzung aus kooperativer Führung und autoritärer Führung ist etwas Besonderes. Zumeist sind Führungsstile immer etwas abgewandelt und auf das Unternehmen angepasst, es gibt kaum einen Führungsstil, der zu 100% nach Leitfaden übernommen und umgesetzt werden kann. Die Mitarbeiter werden mit einbezogen, haben jedoch nur in bestimmten Belangen ein Mitgestaltungsrecht. Die Mitarbeiterbindung an das Unternehmen erfährt durch dieses Vorgehen eine gewisse Stärkung.

Transformationale Führung

Die Werte der Führungskraft stehen hierbei im Vordergrund. Durch diese Werte soll die Leistung der Mitarbeiter angepasst und angehoben werden. Es wird darauf abgezielt, dass sich die Mitarbeiter von alleine mit der Führungsebene spiegeln und diese reflektieren.

Situativer Führungsstil

Die Führungskraft ist im Falle der situativen Führung in der Lage, von Fall zu Fall neu und unterschiedlich zu entscheiden. Dies gibt einem einen gewissen Spielraum. Abhängig von der Art der Aufgabe sowie den Fähigkeiten der bestimmten Mitarbeiter, kann die Führungsperson den genauen Arbeitsablauf besser planen und gestalten.

Charismatischer Führungsstil

Charisma ist ein bedeutender Vorteil gegenüber der Autorität. Der Chef ist auch hier in der alleinigen Entscheidungsgewalt. Jedoch besitzt er wesentliche Merkmale, um seine Mitarbeiter nicht nur anzuleiten, zu befehligen, sondern sie auch zu motivieren. Seine Motivation springt auf die Angestellten über und das Arbeitsklima ist entspannter. Es gleicht fast einer sanften Manipulation.

Der Nachteil dieser Führung ist, dass die Mitarbeiter durch das Charisma des Chefs gewissermaßen manipuliert werden können. Diese merken so womöglich zu spät, dass ihre eigene Arbeitsbalance mit ihrem Privatleben nicht übereinpasst.

Die verschiedenen Führungsmodelle & -techniken

Das Gruppenkonzept

Es geht darum, die Mitarbeiter unter organisatorischen Gesichtspunkten in zwei Gruppen einzuteilen. Diese Gruppen sollten sich gleitend ergeben. Durch diese Gleitzone soll die Kommunikation im Unternehmen gestärkt werden. Wer in der einen Gruppe als Arbeiter steht, steht in der anderen als Moderator und umgekehrt. Die unternehmensinternen Prozesse sollten eine Optimierung erhalten und die Gruppenentscheidungen weniger Zeit in Anspruch nehmen. Da sich dies nicht so leicht umsetzen lässt, findet dieses Konzept wenig Anwendung.

Drei-Abteilungen-Führungsmodell

Personal sowie Führungskräfte werden gleichzeitig mit einbezogen und integriert. Es ist in drei Abteilungen für das Management aufgeteilt:

a. Normative Ebene = Unternehmen ist theoretisch begründet
b. Strategische Ebene = eigene Strukturen werden festgelegt und geplant
c. Operative Ebene = es wird praktisch umgesetzt

Es ist leicht umsetzbar und bietet klare Strukturen.

X-Y-Theorie

Diese Führungstheorie wurde von Douglas McGregor ins Leben gerufen. Dabei wird von zwei grundverschiedenen Menschentypen ausgegangen. Diese zwei Typen sind Gegensätze an sich, der X-Typ eignet sich eher weniger für den Arbeitsalltag und der Y-Typ hingegen zeigt große Eigeninitiative, wenn es um die Arbeit geht.

Da der X-Typ der Arbeit eher ausweicht und kaum Ehrgeiz zeigt, sind Sie als Führungskraft ständig angetan, ihn zu motivieren und dazu zu bringen, seine Ziele zu erreichen. Beim Y-Typ ist das Gegenteil der Fall. Er ist von sich aus bestrebt, gut in der Arbeit zu sein und seine Ziele zu erreichen. Solche Mitarbeiter entsprechen also der Wunschvorstellung und haben außerdem ein hohes Potenzial, das gefördert werden sollte. Sie eignen sich selbst gut als Führungskräfte. Es ist nicht immer richtig, Menschen in eine dieser zwei Schubladen zu stecken. Doch sicher werden Sie in der Arbeit bemerken, dass es Mitarbeiter gibt, die sich eindeutig einem dieser beiden Typen zuordnen lassen. Die Y-Typen sind Selbstläufer, sie müssen eher darauf achten, dass sie sich nicht übernehmen oder langweilen aufgrund Unterforderung. Den X-Typ gilt es zu motivieren, am besten indem Sie seine Visionen kennenlernen und Ziele mit ihm ausarbeiten.

Management & Zielerreichung

Diese Technik wurde von Peter F. Drucker erfunden und bis in die 70er Jahre weiter ausgebaut. Man findet es in vielen Unternehmen, auch heute noch. Abgekürzt lautet sie „MbO". Bei dieser Führungstechnik werden Ziele beziehungsweise Zielvereinbarungen in den Fokus gerückt. Sie dienen als Werkzeug, welcher sich bedient wird um die Mitarbeiter zu führen. Prinzipiell wird bei dieser Technik davon ausgegangen, dass die Mitarbeiter sich aktiv am Unternehmensgeschehen beteiligen wollen. Ihnen wird also eine größere Freiheit gewährt und Verantwortung abgegeben. Eine hohe Motivation der Mitarbeiter ist häufig zu finden, wenn diese Technik angewandt wird. Wie die Mitarbeiter ihre Ziele erreichen sollen, bleibt ihnen überlassen.

Management & Resultate

Ergebnisorientiert, klare Vorgaben, klare Technik. Der Chef gibt seine Ziele vor, die er bis zu einem gewissen Zeitpunkt erwartet. Die Mitarbeiter liefern die Arbeiten ab und der Chef überprüft diese mit Sorgfalt. Es entsteht eine Ist- und Soll-Verbindung der Leistung. Dieser Weg lässt sich leicht mit einer autoritären Handhabung vergleichen. Die Mitarbeiter haben keinen freien Handlungsraum und können nicht die Initiative ergreifen oder sich einbringen.

Management & Entlastung

Damit die Entlastung des Managements funktioniert, müssen bestimmte Gegebenheiten erfüllt sein. Unter anderem:

- Es müssen delegierbare Aufgaben zum Erarbeiten sein, zumeist Routineaufgaben.
- Die nötige Fachkompetenz der Mitarbeiter muss sichergestellt sein.
- Die Verantwortungskompetenzen müssen dem Mitarbeiter nicht nur übertragen, sondern auch verständlich sein.

Nur wenn dies gegeben ist, kann der Chef seinen Mitarbeitern die Aufgaben übertragen, ohne extra Ziele oder Zeitlimits nennen zu müssen. Die Aufgabenstellung ist in den richtigen Händen klar dargestellt und kann eigenständig erledigt werden.

Management & Delegieren

Auch hierbei delegieren Sie die Aufgaben an Ihre Mitarbeiter, diese haben etwas mehr Entscheidungsfreiheit und erfüllen ihre Aufgaben nach den Richtlinien und Leitfäden im Unternehmen. Sie haben selbst mehr Zeit für andere Aufgaben und müssen nur selten in das Geschehen eingreifen.

Direkte und indirekte Führungsmittel

Direkte und indirekte Führungsmittel sollen Ihnen im Arbeitsalltag dienen und diesen erleichtern.
Die direkten Führungsmittel nehmen Einfluss auf jeden einzelnen Mitarbeiter und sind individuell anwendbar. Dazu gehören:

- Delegation der Aufgaben
- Planung der Karriere mit den Mitarbeitern zusammen
- Die Erschaffung einer Vertrauensbasis
- Feedback (positiv und/oder negativ)
- Zielvereinbarungen
- Mitarbeitergespräche
- Anerkennung der Leistungen
- Arbeitsgestalten des Alltages
- Rollenverteilungen
- Beteiligung an Entscheidungsprozessen

Indirekte Führungsmittel sind zum Gestalten des Arbeitsumfeldes sehr wichtig. Durch diese Mittel erhalten Sie indirekten Einfluss auf das Verhalten und die Art, wie Ihre Mitarbeiter den Alltag erleben. Dazu gehören:

- Auswahl der Mitarbeiter
- Normen und Regeln erstellen sowie einhalten
- Gestaltung der Arbeitsumgebung
- Teamentwicklung

Es kommt nicht auf den Einsatz vieler Führungsmittel an, sondern darauf, ob Sie es verstehen, diese anzuwenden. Der Gebrauch dieser Mittel erfordert Feingefühl und Einfühlungsvermögen. Wenn Sie dies nicht besitzen, wird die Gestaltung und Teamentwicklung scheitern.
Sollten Sie es mit Lob versuchen, ist Vorsicht geboten. Zuviel Lob kann das Interesse und die Wertschätzung an diesem Führungsmittel senken, zu wenig Lob kann zu fehlender Anerkennung und Wertschätzung führen. Daher ist Feingefühl das A und O beim Einsatz von Führungsmitteln.

Die Psychologie der Motivation

Grundlagen der Motivationspsychologie

Die Forschung der Motivation des Menschen ist ein Bereich der wissenschaftlichen Psychologie. Man kann vereinfacht sagen, dass der Mensch danach strebt, Freude zu erlangen oder Schmerz zu vermeiden. Doch die Gründe des menschlichen Verhaltens sind natürlich tiefgehender. Die Motivationspsychologie beschäftigt sich genau damit, warum ein Mensch bestimmte Ziele mit einer bestimmten Vehemenz verfolgt und warum er wie handelt. Die Motivation ist damit der Grund, warum jemand sich auf eine bestimmte Weise verhält.

Man unterscheidet bei der Motivation zwei grundlegende Arten, nämlich die intrinsische und die extrinsische Motivation. Erstere kommt aus dem Inneren des Menschen. Ein Beispiel für diese Art Motivation ist, dass es jemandem Spaß bereitet, zu arbeiten oder er die Vision verfolgt, eine großartige Karriere hinzulegen und sehr erfolgreich zu sein, in dem was er tut. So eine intrinsische Motivation funktioniert besser als die extrinsische, da sie aus dem Menschen selbst stammt und er sich auf eine bestimmte Art verhält, eben weil er es selbst möchte. Die extrinsische Motivation hingegen meint alle Einflüsse, die von außen stammen. Das kann zum Beispiel eine monetäre Belohnung sein oder auch eine Strafe. Wie Sie sehen, kann die extrinsische Art sowohl positiv als auch negativ (zum Beispiel in Form einer Strafe) sein.

Die Mitarbeiter- oder auch Arbeitsmotivation beschäftigt sich gezielt damit, wie Führungskräfte die Leistungen der Mitarbeiter durch angenehme Reize verbessern können.

Nutzen Sie als Leader beide Arten der Motivation, um bestmögliche Mitarbeiterleistungen zu erhalten. Die intrinsische Motivation funktioniert wie bereits erwähnt besser, weshalb Sie herausfinden sollten, was den einzelnen Mitarbeiter in seinem Inneren bewegt und was seine ganz persönlichen Ziele und Visionen sind. Fragen Sie ihn nach dem Grund, warum er täglich in die Arbeit geht. Was will er eigentlich von seinem Leben? Welche Karriere strebt er an? Wenn Sie seine wahre Vision erfahren, werden Sie ihn zu Höchstleistungen motivieren und natürlich auch fördern und auf seinem Weg begleiten können.

Das Ganze können Sie noch durch extrinsische Motivation ergänzen, indem Sie ihm Bonuszahlungen auszahlen bei besonderen Leistungen. Menschen lassen sich von Geld zwar kurzfristig motivieren, aber nicht unbedingt langfristig. Natürlich muss man Geld verdienen, um seinen Lebensunterhalt zu finanzieren und seine Existenz zu sichern. Aber wie viele Menschen quälen sich Tag für Tag in die Arbeit, die ihnen keine Freude bereitet und die sie am liebsten wechseln würden? Sie sehen, dass Geld zwar nötig ist, jeder braucht es um zu leben, aber es ist nicht der beste Grund, warum man in die Arbeit gehen sollte. Mit der Mitarbeitervision von der eigenen Bestleistung und einer tollen Karriere kann man da als Führungskraft schon viel mehr anfangen.

Was übrigens selbstverständlich ist, dass Sie Ihre Mitarbeiter nur mit positiven Reizen motivieren sollten. Von Strafen wird abgesehen. Was natürlich eine Ausnahme darstellt, ist wenn der Mitarbeiter gegen Regeln verstößt. Dann müssen Sie ihn „bestrafen“ in Form einer Abmahnung und er wird, wenn er seinen Job behalten will, dieses falsche Verhalten nicht mehr zeigen.

Techniken der Motivation

Es existiert nicht die eine Technik, die bei jedem Mitarbeiter gleich gut wirkt. Sie müssen für jeden Mitarbeiter ein Gefühl entwickeln und herausfinden, was ihn motiviert. Dazu dienen Mitarbeitergespräche. Wenn Sie das wissen, können Sie entscheiden, welche Motivationswege sich beim jeweiligen Mitarbeiter gut kombinieren lassen.
Hier finden Sie die häufigsten Techniken, mit denen Sie Mitarbeiter motivieren können. Beachten Sie dabei, dass deren Wirkung von dem Charakter abhängt. Wenn ein Mensch stark nach Anerkennung strebt, werden Sie ihn damit am besten motivieren können. Handelt es sich jedoch um eine Person, die sich nicht viel aus Anerkennung macht und stattdessen eher mit finanziellen Boni zu motivieren ist, sollten Sie natürlich dazu neigen, Bonuszahlungen einzusetzen.

1. ***Lob***

   Positive Rücksprachen und Lob sind wundervolle Mittel, um den Mitarbeitern etwas Dank entgegen zu bringen. Sie erfahren so Wertschätzung für ihre vollbrachte Leistung. Doch überschütten Sie das Team nicht mit Lob, sondern dosieren Sie es auf eine gesunde Weise. Wenn Sie zu viel loben, verliert das Lob seine motivierende Wirkung. Außerdem schätzen Mitarbeiter es nicht mehr wirklich, aber würden womöglich negativ reagieren, wenn es ausbleibt, da sie es ja gewöhnt sind.

2. ***Anerkennung***

   Zeigen Sie jedem einzelnen Mitarbeiter, wie wertvoll er für das Unternehmen ist und dass Sie ihn sehr schätzen und sich freuen, ihn in Ihrem Team zu haben. Diese Anerkennung sollte nichts mit der Leistung eines Mitarbeiters zu tun haben, denn für eine gute Leistung loben Sie ihn ja. Anerkennung sollten Sie Ihrem Team prinzipiell entgegenbringen.

3. ***Ans Unternehmen binden***

   Gute Mitarbeiter sollten Sie an das Unternehmen binden, sonst werden Sie sie früher oder später an die Konkurrenz verlieren. Die Unternehmensbindung gelingt zum

Beispiel, indem Sie dem Mitarbeiter mehr Freiheit gewähren und mehr Verantwortung auferlegen. Natürlich insofern er das auch möchte. Bestimmt wird er sich freuen, wenn er das Angebot von Ihnen bekommt, mehr Verantwortungsbereiche zu übernehmen und seine Arbeit freier gestalten oder Entscheidungen treffen zu können.

4. ***Teamgeist stärken***
Den Teamgeist stärken Sie, indem Sie zum Beispiel gemeinsame Ausflüge mit dem Team organisieren und durchführen. So kommen sich die Mitarbeiter ein Stück näher und erfahren zum Beispiel beim gemeinsamen Klettern, dass sie sich aufeinander verlassen können – und zwar nicht nur im Büro. Der Zusammenhalt im Team beziehungsweise ein gutes Arbeitsklima sind entscheidend, wenn Sie Ihr Team zu Höchstleistungen motivieren möchten.

5. ***Belohnung auf dem Gehaltsscheck***
Zahlen Sie, wenn möglich, Bonuszahlungen aus. Besondere Leistung sollten Sie auch auf besondere Art anerkennen. Natürlich reicht Geld allein nicht aus, sprechen Sie bei hervorragenden Leistungen immer Ihr persönliches Lob aus. Wenn möglich, sollte es sich übrigens um steuerfreie Prämien handeln.

6. ***Beförderung***
Stellen Sie eine Beförderung in Aussicht, wenn Sie besonders viel Potenzial in einem Mitarbeiter sehen. Am besten entwickeln Sie einen konkreten Plan mit ihm, wie er diese Beförderung erlangen kann. Machen Sie einen Zeitplan, schicken Sie ihn auf Weiterbildungen und geben Sie konkrete Ziele vor. Der Mitarbeiter wird sehr bemüht sein, diese Ziele zu erreichen und sich die nötigen Skills anzueignen, um befördert zu werden. Wichtig ist, dass Sie einhalten, was Sie versprechen und am besten auch eine genaue Zeit vorgeben, in der Sie die Beförderung für möglich halten.

7. ***Gehaltserhöhung***
Wenn Sie nicht gleich eine Beförderung in Aussicht stellen können und wollen, warum dann nicht eine Gehaltserhöhung für Mitarbeiter, die eine besonders gute Leistung bringen und zwar dauerhaft?

8. ***Entscheidungen und Freiheit***
Über mehr Freiheit freut sich eigentlich jeder Mensch. Geben Sie Ihren Mitarbeitern die Möglichkeit, selbstständiger zu arbeiten und beziehen Sie sie in Entscheidungen mit ein. Das wird bei ihnen ein Gefühl auslösen, dass Sie sie ernst nehmen, ihre Arbeit schätzen und ihnen die Möglichkeit geben, sich zu beweisen.

9. ***Verantwortung***

Nicht alle Menschen möchten mehr Verantwortung übernehmen. Dennoch ist ein großer Anreiz für einige Mitarbeiter, ihre Verantwortungsbereiche zu erweitern, sich mehr in das Unternehmen einzubringen und dazu zu lernen.

Mitarbeitergespräche & Zielvereinbarungen

Gespräche mit Ihren Mitarbeitern sind unerlässlich. Gelegenheiten und Anlässe bieten sich fast jeden Tag, sodass ein stetiger Austausch zwischen Mitarbeitern und Vorgesetzten ohne Probleme und Zwänge stattfinden kann. Daneben sind natürlich auch Meetings, Besprechungen, gemeinsame Mittagspausen oder Seminare eine gute Gelegenheit, spontane Unterhaltungen auf zwischenmenschlicher Basis einzubauen.
Bei diesen Gesprächen geht es nicht darum Smalltalk zu halten, sondern es geht darum, sich besser kennenzulernen, zu motivieren und Probleme zu beseitigen. Konflikte und Unzufriedenheit finden genauso Gehör wie Lob oder Anerkennung.

So läuft ein Mitarbeitergespräch am besten ab:

Nehmen Sie sich je Mitarbeiter 60 Minuten Zeit. Die Räumlichkeit sollte nicht zu groß sein, da das unpersönlich und ungemütlich wirkt. Viel lieber wählen Sie einen gemütlichen, hellen und kleineren Raum. Eine neutrale Umgebung, wie ein Café in der Nähe, eignet sich übrigens besser als die bekannten Büroräume. Bereiten Sie sich genau auf das Gespräch vor, machen Sie sich Gedanken, was Sie ausarbeiten möchten und informieren Sie sich über den Mitarbeiter, seine Daten und Leistungen. Zudem sollten Sie ihm während des Gesprächs Ihre volle Aufmerksamkeit widmen. Vielleicht können Sie Ihr Telefon für diese Zeit weiterleiten.

Im Gespräch selbst sollten Sie versuchen, möglichst viel über den Mitarbeiter und seine Belange und Wünsche zu erfahren. Wenn Sie ihm neue Aufgaben zuteilen, machen Sie das so genau wie möglich, zum Beispiel anhand einer To-Do-Liste oder eines Leitfadens.
Generell gilt, alles schriftlich festzuhalten.
Wenn Sie gemeinsam Ziele ausarbeiten, gebrauchen Sie dazu die SMART-Formel. „Smart“ steht für verschiedene Kriterien, wobei jeder einzelne Buchstabe des Wortes für ein eigenes steht. Anhand dieser Formel können Sie bestimmen, ob ein Ziel messbar ist, also die Zielerreichung geprüft werden kann. Übrigens gibt es einen Unterschied zwischen der Zielvereinbarung und -vorgabe. Bei der Vereinbarung arbeiten Sie Ziele gemeinsam aus und der Mitarbeiter ist einverstanden. Bei der Vorgabe geben Sie schlichtweg welche vor, ohne nach dem Einverständnis des Mitarbeiters zu fragen. Ich empfehle Ihnen auf jeden Fall zur Methode der Zielvereinbarung zu greifen anstelle der -vorgabe. Denn Mitarbeiter sollten sich freiwillig Ziele setzen und es sollte in ihrem Interesse liegen, diese zu erreichen. Das sorgt für weitaus bessere Ergebnisse.

S – spezifisch:
Ziele müssen spezifisch formuliert und absolut klar sowie verständlich sein.

M – messbar:
Es muss messbar sein, ob ein Ziel erreicht ist oder nicht und inwiefern. Auch Teilziele müssen messbar sein.

A – anspruchsvoll:
Ziele sollten anspruchsvoll sein, damit sie motivieren. Aber auch nicht ZU anspruchsvoll, denn sonst können sie nicht erreicht werden.

R – realistisch:
Natürlich sollte ein Ziel realistisch sein. Es muss also für Ihren Mitarbeiter machbar und erreichbar sein, was von seinem Können und Wissen abhängt.

T – terminiert:
Ziele müssen terminiert sein. Bis wann soll es erreicht werden? Bis wann sollen Teilziele erreicht werden?

Muster einer Zielvereinbarung

Einleitung - Erläuterung der momentanen Situation des Unternehmens.

In welcher Position trägt der Mitarbeiter zu dem jetzigen Unternehmensstand bei?

Gibt es Verbesserungsansätze oder Verbesserungswünsche, die den Mitarbeiter betreffen?

Existieren bestimmte Punkte, die Sie dem Mitarbeiter nahelegen möchten?

Mitarbeiter: Selbsteinschätzung, Stärken & Potenzialanalyse

Welche Stärken sehen Sie an sich selber?

Welche Aufgaben liegen Ihnen besonders?

Welche Fähigkeiten sehen Sie selbst an sich besonders hervorstechen?

Wie ist das Verhältnis zu Vorgesetzten, wie läuft es mit Konfliktlösungen?

Sind Sie bereit Ratschläge von Kollegen anzunehmen? Welche Stärken zeichnen Sie gegenüber anderen aus?

Gibt es etwas um Ihre Motivation zu steigern?

Welche Vereinbarungen sind getroffen worden?

Ziel 1: ______________________________

Zeitlimit für die Erreichung der besprochenen Ziele:

Beschreibung:
Welche Aufgaben müssen erfüllt sein?

Teilziele:
Welche Zwischenziele wurden gesetzt?

Voraussetzungen:
Welche Faktoren haben Einfluss auf die Zielerreichung?

Benötigen Sie Hilfestellungen bei der Erfüllung der Ziele?

Welche Personen sind betroffen auf dem Weg zu den Zielen?

Überprüfung:

Wer übernimmt die Überprüfung der erledigten Aufgaben und welcher zeitliche Rahmen wird dafür vorgesehen?

Wiederholen Sie bei Bedarf alles bei weiteren Zielen.

Abschluss

Feedback:

Wie empfinden die Gesprächspartner das geführte Gespräch?

Die Sicht der Führungsperson:

Ziele, Aussichten, Erfolge, Klärungsbedarf:

Fragen und Anregungen:

Wichtige nicht angesprochene Punkte:

Sprechen Sie Dank aus und verabschieden Sie den Mitarbeiter zum Schluss.

Mitarbeiter beurteilen

Die Mitarbeiterbeurteilung gibt Ihnen Aufschluss über die Möglichkeiten eines jeden Mitarbeiters und trägt dazu bei, die richtigen Aufgaben an die jeweiligen Personen zu vergeben.

Die Beurteilung eines Mitarbeiters ist eine individuelle Angelegenheit. Ob es sich bei der Beurteilung um eine mögliche Beförderung handelt oder vielleicht um einen Stellenwechsel auf Wunsch des Mitarbeiters, es sollten immer alle Aspekte hinzugezogen werden. Teamgeist, Zuverlässigkeit, Mitarbeit, Soft Skills, Kritikfähigkeit - all diese Eigenschaften sollten betrachtet werden. Die fachliche Kompetenz darf auch nicht außer Acht gelassen werden. Neben den Beobachtungen aus dem Alltag gibt es bestimmte Kennzahlen für Leistungen. Um die aktuellen Entwicklungen besser beurteilen zu können, empfiehlt es sich, ältere Bewertungen erneut durchzugehen. Eindrücke von Kunden sowie von Mitarbeitern sollten ebenfalls eine Rolle spielen.

Worauf Sie bei Mitarbeiterbeurteilungen besonders achten sollten, ist Ihre Objektivität. Lassen Sie Sympathie oder auch Antisympathie niemals einfließen, wenn Sie einen Mitarbeiter einschätzen. Der „Halo-Effekt" beschreibt dieses Phänomen ganz deutlich. Das Wort „Halo" stammt aus dem Griechischen und steht für den Lichtkreis um die Sonne sowie um den Mond. Dieser Effekt beschreibt es, wenn die Kompetenz einer Person sozusagen „überstrahlt" wird und Sie sie besser einschätzen, als sie tatsächlich ist. Den Halo-Effekt in seiner negativen Form nennt man „Teufelshörner-Effekt". Dieser Effekt beschreibt, wenn Sie eine Person schlechter einschätzen, sie weniger gut oder attraktiv wahrnehmen, als sie tatsächlich ist. Bei diesen Effekten handelt es sich um psychologische, die in jedem Alltag auftreten, egal ob im persönlichen oder beruflichen. Schützen können Sie sich nur davor, indem Sie sich bewusst darüber sind und sich stets selbst reflektieren.

Checkliste – Richtig beurteilen:

Arbeitsweise

- Wie zufriedenstellend sind die gelieferten Arbeiten?
- Wie schätzen andere Vorgesetzte und Kollegen seine Arbeit ein?
- Gab es Fehlerquoten?
- Arbeitet er effektiv und fokussiert?
- Setzt er genau das um, was man von ihm verlangt?

Kunden

- Welches Bild haben Kunden vom Mitarbeiter?
- Versteht er es, richtig mit Kunden umzugehen und auch schlichtend zu wirken, falls ein Kunde mal unzufrieden ist?

Schnelligkeit

- In welchem zeitlichen Rahmen sind die Aufgaben erledigt worden?
- Hat der Mitarbeiter die Arbeiten schneller als vorgegeben erledigt?

Leistung

- War der Mitarbeiter motiviert?
- Hat der Mitarbeiter eine starke oder eher schwache Leistung gebracht?
- Ist seine Leistung von dauerhafter Qualität oder schwankt sie darin?

Sozialverhalten

- Ist der Mitarbeiter beliebt?
- Wie geht er mit Konflikten um?
- Arbeitet er gerne im Team oder lieber alleine?
- Ist er eher zurückhaltend oder offen?
- Welche Rolle übernimmt er im Team?
- Wie sehen und beschreiben ihn Kollegen?

- **Selbstständigkeit**
  - Arbeitet der Mitarbeiter selbstständig oder benötigt er viel Führung?
  - Hält der Mitarbeiter sich von alleine an Fristen und kann er seine Arbeit planen?
- **Ziele**
  - Hat der Mitarbeiter seine Ziele erreicht? Wenn nicht, woran lag das?
  - Setzt der Mitarbeiter sich gerne Ziele oder fühlt er sich unter Druck gesetzt?
- **Stresssituationen**
  - Wie verhält er sich in stressigen Situationen, bewahrt er den Überblick?
  - Oder ist der Mitarbeiter wenig belastbar und Stress macht sich an seiner Arbeit schnell bemerkbar?

Mitarbeiteranalyse

Hohe Kosten entstehen nicht nur durch Fehlerquoten, sondern auch wenn gutes Personal geht und neues angeworben und eingearbeitet werden muss. Die Kosten können gesenkt oder vermieden werden, indem man die Bewerber und Mitarbeiter analysiert, inwiefern sie der Stelle gerecht werden können.
Eine Analyse des Mitarbeiterpotenzials wird in den unterschiedlichsten Bereichen eingesetzt. Mit dieser Möglichkeit können Sie die Arbeitsabläufe auf das jeweilige Mitarbeiterprofil zuschneiden. Ein ebensolches Profil wird nicht nur für den Mitarbeiter, sondern auch für die Stelle an sich eingerichtet. Per Scan werden die Profile der Mitarbeiter mit denen der zu besetzenden Stellen verglichen. Eine klare Ansicht ermöglicht ein schnelleres Auffinden eines geeigneten Kandidaten.

Es gibt verschiedene Methoden, um Mitarbeiter zu analysieren.

- **Fragebögen:**
  Bei dieser Methode füllen die Mitarbeiter einen Fragebogen aus, auf welchem sie ankreuzen müssen und ihre Stärken und Schwächen selbst einzuschätzen haben. Das ist auch ein möglicher Nachteil, nämlich dass die Mitarbeiter sich selbst falsch einschätzen oder überschätzen.

- **Assessment Center:**
  Unternehmen laden in sogenannte Assessment Center ein, wo dann Bewerber analysiert werden. Dabei bekommen die Bewerber sowohl Aufgaben, die sie sowohl alleine als auch in Gruppen zu bewältigen haben. Dadurch können ihre Eigenschaften, ihre Kompetenzen, aber auch ihre sozialen Fähigkeiten eingeschätzt werden.

- **Gespräche:**
  Bei dieser Methode werden Gespräche mit Bewerbern oder Mitarbeitern geführt, in welchen viele Fragen an sie gestellt werden. Man macht sich sozusagen persönlich ein Bild.
  Außerdem kann auch das Fachwissen, also das theoretische, geprüft werden in Form von Fragebögen oder Tests. Diese Tests können auch in einem Assessment Center ausgeteilt werden.

Personalentwicklung

Die Maßnahmen der Personalentwicklung dienen der Bildung, Förderung und Unternehmensbindung der Mitarbeiter.

Es ist wichtig, dass Ihre Mitarbeiter immer auf dem neusten Stand sind. Hochqualifiziertes Personal lässt Sie außerdem wettbewerbsfähig bleiben. Dank geeigneter Maßnahmen und Fortbildungen können Sie die Kompetenzen der Mitarbeiter ausbauen und außerdem auf deren Wünsche eingehen, wenn diese sich weiterentwickeln oder etwas dazu lernen wollen.

Als Maßnahmen eignen sich Kommunikationstraining, Training im Umgang mit Menschen und Schulungen und Förderungen, die auf das jeweilige Fach ausgerichtet sind. Auch ein berufsbegleitendes Fernstudium kann eine Möglichkeit der Weiterentwicklung sein, das beispielsweise vom Unternehmen finanziert wird, ganz oder teilweise.

Dank solcher Maßnahmen wird dafür gesorgt, dass Mitarbeiter motiviert bleiben. Es ist Ihre Aufgabe als Führungskraft, dies im Blick zu halten. Außerdem entscheiden Sie mit, welcher Mitarbeiter welche Maßnahme auferlegt bekommt.

Es liegt in Ihrem Ermessen, dadurch Mitarbeiter zu fördern oder auch Schwächen zu kompensieren. Mitarbeiter können natürlich selbst entscheiden, ob Sie überhaupt an Weiterbildung interessiert sind.

Personalmanagement

Das Personalmanagement liegt nicht allein in Ihrer Hand, sondern meist in der aller Führungskräfte Ihres Unternehmens. Durch dieses Management soll dafür gesorgt werden, dass Mitarbeiter zufrieden sind und Arbeitsprozesse funktionieren. Menschen machen den entscheidenden Unterschied, wenn es um Unternehmen geht. Ein Unternehmen ist im Grunde nur so gut wie seine Mitarbeiter. Sinn ist durch ein gutes Management Personalkosten zu sparen, die etwa entstehen durch einen häufigen Mitarbeiterwechsel oder schlechte Arbeitsleistung. Natürlich soll auch vermieden werden, dass Mitarbeiter aufgrund von Unzufriedenheit wechseln zu anderen Unternehmen.

Dies sind Bereiche des Personalmanagements:

- Personalplanung und -verwaltung
- Personalwesen
- Personalcontrolling
- Personalentwicklung
- Personaleinsatz
- Recruiting und Bewerbungsprozesse

Organisation

Aufgabenplanung

Zeit zu gewinnen für wichtigere Aufgaben ist leicht durch ein gutes, durchdachtes Delegieren anderer Aufgaben möglich. Die Routineaufgaben des Tages können schnell zu einer zeitraubenden Arbeit heranwachsen.
Sollten Sie den falschen Mitarbeiter mit den falschen Aufgaben betreuen, kann es jedoch zu hohen Fehlerquoten und Verlusten führen. Entscheiden Sie weise und nehmen Sie sich dafür auch die nötige Zeit. Diese sparen Sie nur bei einer guten Vorbereitung und Auswahl später wieder ein. Damit es Ihnen leichter fällt, die richtige Person auszuwählen, können Sie diese Fragen für sich selber stellen:

- Wem würde ich diese Fachkompetenz zutrauen?
- Wieviel Motivationspotenzial bringt die Erledigung der Aufgabe mit sich?
- Hilft die Aufgabenstellung dem Mitarbeiter sich weiterzuentwickeln?
- Wie dringend und wichtig ist die Aufgabe?

Selbstorganisation

Selbstorganisation ist eine große Fähigkeit, die zum Glück erlernbar ist. Vor allem im Alltag von Führungskräften ist sie unerlässlich. Sie müssen erstmal sich selbst organisieren, bevor Sie Arbeiten anderer organisieren können. Oft wird von Leadern ein hohes Organisationstalent abverlangt.

Ich empfehle Ihnen folgende Prinzipien:

- Aufgabenlisten führen.
- Eigene Defizite erkennen und auflösen.
- Setzen Sie Prioritäten: was ist wichtig, was dringend? Was muss sofort erledigt werden, was kann warten?
- Tragen Sie alle Termine in Ihren Terminkalender ein sowie auch wichtige Aufgaben.
- Machen Sie sich täglich eine To-Do-Liste, damit Sie immer den Überblick haben und nichts vergessen.
- Puffer einplanen um nicht in Zeitnot zu geraten.

Mein Tipp:

Sie werden ständig von Vorgesetzten, Kollegen und auch von Ihren Mitarbeitern beobachtet. Von Ihnen wird immer erwartet, dass Sie alles unter Kontrolle haben und das Richtige tun. Überlastung kann Ihre Leistung schwächen, tanken Sie deshalb in Ihrer Freizeit Energie und sorgen Sie für eine klaren Kopf. Beispielsweise eignen sich dafür Sport, Meditation oder Wanderungen in der Natur. Eigentlich alles, was Ihnen gut tut! Als Führungskraft unterliegt man stets einem gewissen Druck, man sollte damit also gut umgehen können. Üben Sie sich in der Selbstorganisation, indem Sie zum Beispiel auch im Privatleben Ihren Alltag und Aktivitäten durchtakten.

Ein Mensch ist entweder gut organisiert oder chaotisch. Welchem Typ Sie angehören, zeigt sich meist schon in Ihrem Privatleben. Es ist selten der Fall, dass eine Führungskraft in der Arbeit ein Organisationstalent ist, aber zuhause ein Chaot (oder umgekehrt).

Wichtig ist, dass Sie alles im Blick und im Griff haben. Wenn Sie feststellen, dass Sie nicht gut im Organisieren sind, sollten Sie dringend daran arbeiten, denn Sie kommen als Leader nicht darum herum.

Projektmanagement & Zusammenstellen der Teams

Was ist eigentlich ein Team?

Im Grunde kann man es so definieren, dass mehrere Mitarbeiter gemeinsam daran sind, ein Problem zu lösen oder an einem Projekt zu arbeiten. Meistens handelt es sich um Projekte, bei deren Bewältigung es nötig ist, mehrere Experten einzusetzen, die sich eben auf ihrem Gebiet sehr gut auskennen. Solche Teams sind meist zeitlich begrenzt.

Teams müssen bedacht zusammengestellt werden. Zum einen haben Sie dafür zu sorgen, dass die Arbeiten richtig aufgeteilt werden bezüglich der Kompetenzen der Mitarbeiter. Zum anderen haben Sie auch dafür zu sorgen, dass das Team an sich funktioniert, die verschiedenen Charaktere also miteinander harmonieren. Die Fachgebiete, die benötigt werden, sollten optimalerweise abgedeckt werden von Teammitgliedern.

Dies umzusetzen erfordert etwas Zeit. Doch es lohnt sich, jedem Mitarbeiter das Gefühl zu geben, ein Teil des Ganzen zu sein. Machen Sie Ihre Projekte zu den Projekten Ihrer Mitarbeiter.

Zusammenstellung und Führung

Wie bereits erwähnt, kommt es darauf an, dass Sie Ihr Team optimal zusammenstellen. Beachten Sie, welche Charaktere die Teammitglieder haben. Setzen Sie es zusammen mit zu vielen ähnlichen Charakteren, kann das genauso zu Störungen führen wie dann, wenn Sie zu viele verschiedene Charaktere auswählen. Es ist unheimlich wichtig für den Erfolg Ihres Teams, dass Sie darauf achten, dass sich alle ergänzen, nicht anecken werden und dennoch einen gemeinsamen Nenner finden können. Das ist wahrlich eine Herausforderung, was die Zusammenstellung und später auch die Führung von Teams angeht. Dazu benötigen Sie Menschenkenntnis und Fingerspitzengefühl. Es heißt zwar, Gegensätze ziehen sich an, wenn Menschen aber zu verschieden sind, kann das zu Spannungen führen oder sie finden einfach keinen gemeinsamen Nenner. Dann heißt es, Gleich und Gleich gesellt sich gern, aber auch in diesem Fall kann es zu Störungen innerhalb eines Teams führen, wenn sich Teammitglieder zu ähnlich sind. Alle Rollen sollten abgedeckt werden in einem Team. Meredith Belbin hat **9 Teamrollen** definiert, die im Idealfall in einem Team vorhanden sein sollten. Anhand dieser können Sie sich wunderbar orientieren und so für ein „perfektes" Team von Anfang an sorgen. Das heißt natürlich nicht, dass nicht trotzdem Spannungen entstehen können. Bestimmt ist Ihnen schon mal aufgefallen, dass sich Menschen auf eine spezielle Art verhalten, wenn sie Mitglied eines Teams sind. So kann man ihnen auch verschiedene Rollen zu schreiben, die ich Ihnen nun anhand von Beispielen näher erläutern werde.

Zum einen gibt es den Experten, das ist der Kollege, der über ein hohes Fachwissen verfügt und scheinbar den optimalen Durchblick hat und behält. Er bereichert ein Team selbstverständlich enorm. Zum anderen gibt es den Perfektionisten, denjenigen, der nach dem Ideal strebt. Er hat hohe Ansprüche und ein Auge für das Detail. So ein Typ Mensch arbeitet

konzentriert und genau, doch macht er sich auch sehr oft Sorgen, wahrscheinlich weil er jedes einzelne Detail sieht und überdenkt.
Außerdem gibt es den Teamplayer, der es einfach liebt, in Gruppen zu arbeiten. Er ist sehr mitfühlend und sorgt für Harmonie im Team, doch mit Diskussionen kann er schlecht umgehen. Jetzt kommen wir zu einem weiteren Prototyp, dem Alphamännchen: er ist einer, der gern das Sagen übernimmt und sich leicht und schnell in einer Gruppe bemerken lässt. Dieser Mensch steht zu sich selbst und geht Diskussionen nun wirklich nicht aus dem Weg. Empathisch ist er allerdings eher weniger. Eine weitere Teamrolle ist die des Umsetzenden, er denkt und handelt praktisch und auf ihn ist Verlass. Flexibel kann man ihn nicht gerade nennen, dafür aber zuverlässig. Außerdem gibt es noch das Erfindergenie, der ständig seine tollen Ideen einbringt und neue Lösungsvorschläge vorgibt. Er ist kreativ, doch schweift er auch gedanklich schnell mal ab. Die nächste Rolle ist die des Organisators, der gern Aufgaben verteilt und für Ordnung sorgt. So einer Person vertraut man gern, da sie sehr souverän ist. Als vorletztes gibt es noch den Kontrolleur, der, wie sein Name schon sagt, gern kontrolliert und Strategien anwendet. Zum Schluss stelle ich Ihnen noch den Weichensteller vor, der die Gruppe mit der Umwelt verbindet und umgekehrt. So gelingt zum Beispiel auch Kommunikation mit Personen außerhalb der Gruppe, die in das Projekt involviert sind.
Sie müssen also darauf achten, dass am besten jede der Teamrollen besetzt ist. Manchmal gibt es auch Mischtypen, die mehrere Rollen erfüllen. Stellen Sie sich vor, Sie besetzen Ihr Team mit lauter starken Anführer-Typen. So ein Team ist zum Scheitern verurteilt, außer Sie haben viel Glück. Die Alphamännchen könnten sich aber gegenseitig die Köpfe einschlagen. Wenn Sie Ihr Team fast nur mit kreativen Erfindergeistern besetzen, kann es passieren, dass sie die besten Ideen haben, aber kaum was davon umsetzen. Sie verstehen also, warum die Besetzung des Teams so wichtig ist...

Meilensteinplanung

Meilensteine sind einzelne Teilbereiche eines Projekts, sozusagen Schritte. Untergliedern Sie Ihr Projekt in solche Meilensteile. Wichtig ist, dass Sie ein genaues Datum, also eine zeitliche Frist, für jeden einzelnen Meilenstein setzen. Beachten Sie unbedingt etwas Zeitpuffer einzuplanen. Oft kommt es zu Verzögerungen, mit denen man eigentlich nicht gerechnet hat. So ein Puffer wird Ihnen da enorm helfen! Ähnlich wie bei Zielen, das in Teilziele gegliedert wird, gelingt die erfolgreiche Bewältigung eines Projekts so einfacher.
Ein sicherer Projektablauf sieht vor, dass vor allem die Aufgaben der Projektplanung sowie deren Logik bedacht werden. Durch ein übersichtliches Konzept wird Klarheit über die Inhalte des Projekts gegeben. Dieser Konzeptplan begleitet den kompletten Ablauf und dient immer wieder zur Überprüfung aller Aufgaben. Eine schnelle Kontrolle und Korrektur sind dadurch zu jeder Zeit gegeben. Zur Fertigstellung des Projektes ist der letzte Meilenstein abgeschlossen - alle Aufgaben sollten erfüllt sein. Um ein Projekt also reibungslos über die Bühne zu bringen,

ist es wichtig, sich diese einzelnen Meilensteine konzentriert und genau zu erstellen. Die Überschaubarkeit des Projektes dient nicht nur Ihnen, sondern allen Beteiligten.

Planung & Moderation & Projektsitzung

Sitzungen dienen zur Planung eines Projektes. Zu den Besprechungen in dieser Zeit sollten idealerweise alle Projektbeteiligte anwesend sein. Ein dazu ernannter Projektleiter (das müssen nicht Sie sein!) ist zuständig, die gesonderten Meetings zu organisieren und zu schauen, dass alle Beteiligten daran teilnehmen. Sie können diesen Leiter vom gesamten Team demokratisch wählen lassen oder selbst bestimmen.

Vorarbeiten und Moderation werden schriftlich festgehalten, um später genau nachvollziehen zu können, was vereinbart wurde und was wann zu erledigen ist. Vorab kann jemand festgelegt werden, der Protokoll führt während der Meetings.

Projektdauer, Fortschritt und Entwicklung bestimmen, wie häufig das Team eines Zwischenmeetings bedarf. Durch eine gut vorbereitete Moderation des Meetings werden alle wichtigen Punkte angesprochen und abgedeckt.

Ein Moderator leitet das Meeting. Er führt die Gruppe an und gibt die jeweiligen Abteilungen und Bereiche vor. Er unterstützt die Selbständigkeit und Eigenverantwortlichkeit der Mitarbeiter in ihren Aufgaben. Lösungsansätze für schwierige Entscheidungen werden zumeist zusammengetroffen und festgehalten. Ein gewisses Einfühlungsvermögen für das anstrebende Thema sollte vorhanden sein. Mit den richtigen Denkanstößen verhilft er den Experten in die richtige Richtung. Klare Strukturen sowie perfekte Organisation sind des Moderators Aushängeschild.

Das sollten Moderatoren beachten:

- Der richtige Termin für die Sitzung.
- Die richtigen Teilnehmer finden.
- Zeitraum der Sitzung festlegen.
- Geeignete Unterkunft für die Sitzung finden.
- Einladungen zum Projekt überprüfen.
- Protokoll erstellen.

Außerdem: Geben Sie immer Raum für Fragen und Einwände. Ergebnisse sollten für alle Mitwirkenden transparent zu erkennen sein. Nur so können einzelne Schritte genau nachvollzogen werden. Sollte jemand aufgrund von Krankheit nicht anwesend sein, so sollte derjenige hinterher informiert werden, was im Meeting besprochen wurde, damit er wieder auf dem neuesten Stand ist.

Termin- und Meilensteinkontrolle

Die Kontrolle aller Fakten ist immer sehr wichtig. Auch die Meilensteinkontrolle spielt eine wichtige Rolle, sie gibt Aufschluss darüber, ob sich das Projekt im Zeitrahmen befindet oder ob dieser eventuell angepasst werden muss. Ein Abgleich mit Datum und erledigten Aufgaben kann Aufschluss über die Pünktlichkeit des Projektes geben. Wenn Sie bemerken sollten, dass es zeitliche Verzögerungen gibt, können Sie rechtzeitig einschreiten.

Teamwork - gut oder schlecht?

Teamwork ist in! Doch ist es wirklich immer von Vorteil?

Prinzipiell lässt sich nicht sagen, dass in einem Team Aufgaben immer besser gelingen, als wenn sich Mitarbeiter einzeln darum kümmern. Es kommt sowohl auf die Aufgabe an sich an, als auch auf das Team. Nur ein funktionierendes Team, das mit idealen Teamrollen besetzt ist, wird ein Projekt erfolgreich meistern. Der Vorteil der Teamarbeit liegt vor allem darin, dass Teams schaffen, wozu einzelne Personen nicht imstande wären. Ich zeige Ihnen hier nun die Vor- und Nachteile von Teamwork auf, sodass Sie selbst entscheiden können, wann es sinnvoll ist, Aufgaben einem Team zu überlassen.

<u>Vorteile:</u>
Um Projekte mit straffen Zeitrahmen zu ermöglichen, ist die Zusammenarbeit in einem Team unerlässlich.
Spezielle Aufgaben, die ein einzelner nicht schafft, können vom Team bewältigt werden.
Ein Team, das eingespielt ist, kann zusätzlich unterstützen.
Mitarbeiter können voneinander lernen, so ist ein stetiger Ausbau der Fähigkeiten gegeben.

<u>Nachteile:</u>
Teams zu führen ist prinzipiell schwieriger, als einzelne Personen zu führen. Meist sind die Teams aus komplexen Konstellationen zusammengestellt.

In einem Team eine Fehlerquelle aufzudecken kann zeitraubend und manchmal unmöglich sein. Auch Erfolge können nicht oder nur schwer einzelnen Personen zugeteilt werden. Die Einzelleistung geht also etwas unter in einem Team.
Unter Teams kann es zu Problemen kommen. Teammitglieder können sich gegenseitig negativ beeinflussen und es kann sogar zu Mobbing kommen.
Auch können die Mitglieder die Einstellung bekommen, sich nicht mehr so anstrengen zu müssen im Team, wie sie das täten, wenn sie allein arbeiten würden.

Dann funktioniert ein Team gut:
Teammitglieder respektieren sich. Sie erreichen ihre Ziele fristgerecht und weisen schnell Erfolge aus. Konflikte sind selten oder gar nicht vorhanden zwischen einzelnen Personen. Innerhalb des Teams herrscht sozusagen Demokratie und alle werden einbezogen bei Entscheidungen. Auch die Hierarchieebenen der einzelnen Teammitglieder verlieren im Team, zumindest während der Zusammenarbeit, von Bedeutung.

Stress & erfolgreiche Konfliktlösung als Führungskraft

Führungskräfte kennen Stress nur zu gut, denn sie sind nicht nur für das Erreichen der Unternehmensziele, für die Mitarbeiter, sondern auch für sich selbst zuständig. Sie müssen ständig funktionieren und Bestleistung bringen. Das schlägt sie irgendwann an und kann sich natürlich auch negativ auf deren Gesundheit auswirken. Neben Stress sind Konflikte einer der Hauptgründe, warum Führungskräfte an ihre Grenzen kommen. Konflikte sind nicht zu vermeiden und werden früher oder später auftreten, wenn Menschen miteinander arbeiten.
Natürlich können Stress und Ärger auf Dauer richtig krank machen.
Manche Unternehmen bieten sogar ein Stressmanagement an oder Weiterbildungen für ihre Führungskräfte auf diesem Gebiet. Leider ist das aber eher noch die Ausnahme heutzutage, so hat jeder selbst für Stressausgleich zu sorgen. Umso wichtiger ist es, dass Sie gut auf sich achten und das auch Ihren Mitarbeitern lehren. Erkennen Sie Stress rechtzeitig und hören Sie auf Signale Ihres Körpers.
Damit Sie sich als Modern Leader Ihre Gesundheit, sowohl körperlich als auch seelisch, erhalten, habe ich ein paar Tipps für Sie.

Achten Sie auf Ihre eigene Person und reduzieren Sie auf diese Weise effizient Stress

Bemerken Sie eine gewisse Abgeschlagenheit?
Ist dies ein erstes Zeichen, dass der Arbeitsalltag Ihre Gesundheit beeinträchtigt?
Dann ist es Zeit, etwas zu ändern!

- Regelmäßige Bewegung.
- Entspannungsübungen.
- Meditationen
- Büro Yoga
- Ausgewogene Ernährung
- Genug Schlaf
- Viel Trinken

Stress reduzieren & richtige Prioritäten setzen

Nun gilt es zu ermitteln, woher der Stress kommt und vor allem ob Sie einen Teil Ihrer Arbeit nicht lieber delegieren sollten, um sich um die stressigeren Dinge zu kümmern und mehr Zeit sowie Gelassenheit zu erhalten. Prüfen Sie Ihre Arbeitsweise, schauen Sie sich genau an, was Ihnen Zeit und Nerven raubt. Setzen Sie Ihre Prioritäten neu.

- Delegieren.
- Regelmäßig Pausen einbauen.
- Zeitplan erstellen.
- Führungsaufgaben timen.
- To-Do-Liste erstellen.
- Keine Zusätzlichen Aufgaben auf den Tag verteilen.

Konflikte vermeiden und lösen

Streitereien und Konflikte können viel Stress auslösen. Versuchen Sie, Konflikte schnell zu lösen, am besten gar nicht erst aufkommen zu lassen. Unterschiedliche Ansichten sind an sich ein Gewinn, doch manchmal kann es eben auch zu Streit führen.
Hier bekommen Sie ein paar Tipps, wie Sie mit Konflikten umgehen können.

- Suchen Sie nach Lösungen
- Hören Sie gut zu, wenn Personen den Konflikt schildern und bleiben Sie dabei sachlich. Stellen Sie sich nie auf eine Seite!
- Lassen Sie sich von ALLEN Beteiligten erklären, was Sachlage und was das Problem genau ist.
- Durchschauen Sie Ihre Mitarbeiter: ist der angebliche Grund des Konflikts vielleicht nur ein Vorwand? Bestehen Interessenskonflikte, die nicht ausgesprochen wurde? Gibt es Neid oder Missgunst, begehrt einer die Position des anderen? Erst wenn Sie das ausgeschlossen haben, können Lösungen gefunden und umgesetzt werden.
- Nehmen Sie die Beziehung unter die Lupe. Wie sieht die Beziehungsebene der Streitparteien aus? Ist die Beziehung vielleicht schon so beschädigt, dass eine Versöhnung ausgeschlossen ist? Oder kann alles sachlich und ruhig geregelt werden? Sollte ersteres der Fall sein, empfiehlt es sich zum Beispiel, einen der Mitarbeiter zu versetzen in eine andere Abteilung, natürlich nach Möglichkeit und nur mit dessen Einverständnis.

Ethik & Moral & Alltag.

Ethische Werte und das Einhalten bestimmter Etiketten verrät fremden Personen einen Teil Ihrer Einstellung. Durch Leitfäden und Richtlinien ist in vielen Unternehmen ein Miteinander klar geregelt. Es gibt Verhaltensregeln unter den Mitarbeitern, Führungskräften und bezüglich des Kontakts mit Außenstehenden und Kunden.

Diese Leitfäden sollen ein gängiges Miteinander fördern. Moral ist etwas, was gerade für Führungskräfte eine wichtige Tugend darstellt. Denn schließlich führen sie andere und haben damit eine Verantwortung für diese Menschen. Die Führung eines Teams möchte man nur jemandem in die Hand geben, der gewisse Werte vertritt und Menschen schätzt. Es geht hier nicht darum, dass Sie als Leader ein Moralapostel sein sollen, sondern darum, dass Ihnen das Wohl aller am Herzen liegen sollte.

Ebenfalls enthalten ist zumeist eine Anleitung für die Abwicklung von Geschäften, diese muss eingehalten werden, sofern Sie vorhanden ist. Es nimmt etwas von der Eigeninitiative, gibt dafür jedoch ein geregeltes Miteinander. Das Unternehmen setzt auf Zuverlässigkeit, Ehrlichkeit, Vertrauenswürdigkeit. Damit sichert es den eigenen Erfolg. Dieser würde durch Unzuverlässigkeit, Korruption oder Konfliktpotenzial gefährdet.

Das Einhalten der Leitfäden/Etiketten gilt für jeden. Jeder Mitarbeiter ist selber dafür zuständig zu schauen, dass er sich an die Richtlinien hält. Es gibt auf der ganzen Welt unterschiedliche Begrüßungsformen, Tischmanieren, Arbeitsweisen, Umgangsformen oder Höflichkeitsfloskeln. Doch eines ist überall gleich: Aufmerksamkeit, Höflichkeit und Freundlichkeit gehören zu einem guten Benehmen. Durch diese drei Träger ist ein harmonisches Aufeinandertreffen möglich. Wertschätzung und Achtsamkeit gehören zur Grunderziehung und sorgen für ein friedliches Miteinander vor allem in schwierigen Zeiten.

Zusammenfassung – die wichtigsten Tipps für erfolgreiche Führungskräfte auf einen Blick

1. Achten Sie beim Delegieren von Aufgaben auf die jeweiligen Qualifikationen des Mitarbeiters.
2. Konflikte annehmen und schlichten, nicht missachten.
3. Balance zwischen Mitarbeitern und Führungskraft.
4. Mitarbeiter in ihren Stärken fördern und unterstützen.
5. Bleiben Sie authentisch.
6. Vorbildfunktion einnehmen.
7. Vereinbarungen immer schriftlich festhalten.
8. Offenheit und Kommunikation sind der Schlüssel zum Erfolg.
9. Wertschätzung und Anerkennung in den Alltag einbauen.
10. Lob in den richtigen Momenten einsetzen.
11. Setzen Sie jeden Tag auf Motivation.
12. Wahres Interesse an Ihren Mitarbeiten entwickeln.
13. Behalten Sie Ihr Fachwissen nicht für sich, sondern geben es weiter
14. Unterstützen Sie Ihre Mitarbeiter bei deren Entwicklung.
15. Stehen Sie nicht nur zu Ihren „Vorzeige-Leistungen“ sondern auch zu Fehlern.
16. Richtige Prioritäten setzen und auf einen gesunden Ausgleich zwischen Arbeitswelt und privat schaffen.

Bonus – Crashkurs Manipulation in der Arbeitswelt

Wer erfolgreich sein möchte, muss entsprechend handeln und reagieren. Der geschickte Umgang mit Menschen sowie sanfte, suggestive Manipulation Ihres Umfelds helfen Ihnen in Ihrer Karriere enorm. Mit Kenntnissen des Gebiets der Manipulation von Menschen können Sie nicht nur geschickt beeinflussen, sondern auch Versuche der Manipulation und Beeinflussung von sich abwenden. Das ist entscheidend dafür, dass Sie auf Ihrem Erfolgskurs bleiben und bekommen, was Sie wollen.

Auch als Führungskraft kann das Wissen über Manipulationstechniken behilflich sein. Auf den moralischen Aspekt dieser komme ich gleich zu sprechen. Manipulation kann als Waffe betrachtet werden, weshalb ich Sie Ihnen vorsichtig an die Hand geben möchte. Bedenken Sie immer, dass Sie diese Waffe niemals destruktiv gegen Personen oder zu deren Nachteil einsetzen sollten. Ich sehe Manipulation als Mittel zum Zweck beziehungsweise zur Zielerreichung. Selbstverständlich sollten Ziele dabei immer im Sinne aller sein, also auch Ihres

Gegenübers. So betrachtet ist Manipulation nicht moralisch verwerflich. Es kommt lediglich darauf an, wer sie einsetzt und zu welchem Zweck.
Da Sie ganz oben mit schwimmen, müssen Sie sich vor den anderen Fischen auch in Acht geben. Nicht alle sind Ihnen wohlgesonnen oder spielen ein faires Spiel... Nehmen Sie deshalb die Zügel selbst in die Hände und lassen Sie nie mit sich spielen, als wären Sie eine Marionette.

Definition der Manipulation

Der Begriff leitet sich ab von „manus", das ist lateinisch und bedeutet soviel wie „die Hand füllen". Sinngemäß bedeutet das, dass man etwas in die eigenen Hände nimmt, zum Beispiel um andere Menschen in eine bestimmte Richtung zu lenken. Bei der Manipulation sollen nicht nur Ansichten, Meinungen, sondern auch Handlungen indoktriniert werden.
Im Prinzip ist Manipulation darauf ausgerichtet, Menschen zu helfen, Ihr Unterbewusstsein bewusst umzuprogrammieren und Blockaden zu lösen. Bestimmte Verhaltensweisen sollen angelernt werden.
Sie findet auch Anwendung in Werbung, der Politik oder der Psychologie. Sie müssen bedenken, dass Manipulation immer stattfindet. Sie ist nicht vom Alltag wegzudenken. Die Definition meint aber vor allem die Art Manipulation, die gezielt stattfindet.
Doch Manipulation hat oft einen negativen Beigeschmack. Menschen assoziieren sie mit etwas Negativem. Wir fürchten uns vor ihr, obwohl sie beabsichtigt, durch gezieltes Beeinflussen positive Resultate herbeizuführen. Vielleicht ist der Grund, warum sie doch verpönt ist, dass ihre Anwendung oft missbräuchlich stattfindet. Menschen manipulieren andere und schaden ihnen damit, anstatt die Macht der Manipulation für Positives zu nutzen. Da solche Menschen oft in der Berufswelt aufzufinden sind, sollten Sie sich und Ihren freien Willen schützen. Gerade als Führungskraft könnten es Rivalen, die Ihren Posten begehren, auf Sie abgesehen haben. Oder Ihre Vorgesetzten könnten versuchen, Sie negativ zu beeinflussen und für egoistische Zwecke zu instrumentalisieren.
Lassen Sie uns nun unterscheiden zwischen bewusster und unbewusster Manipulation.
Sie findet nämlich keineswegs ständig bewusst statt. Ganz oft zeigt sie sich im beruflichen wie auch privaten Alltag von unbewusster Natur. Ein Beispiel kann das kleine Kind sein, das versucht, seine Mutter mit einem liebevollen Lächeln dazu zu bringen, ihm Süßigkeiten zu kaufen. Diese Art von Manipulation nimmt man ihm sicher nicht übel! Dennoch ist es eine Manipulation, von der das Kind wahrscheinlich gar nicht weiß, dass es sie anwendet. Auf diese Art zieht sich die unbewusste Manipulation durch das gesamte soziale Miteinander.
Manipulation kann auch aufgrund psychischer Auffälligkeiten stattfinden. Menschen mit bestimmten Persönlichkeitsstörungen, wie der Borderline-Störung oder der narzisstischen Persönlichkeitsstörung, neigen oft zur Selbstverletzung. Doch solche Personen nehmen ebenfalls aktiv Einfluss auf ihre Umgebung und beeinflussen ihre Mitmenschen. Meist tun sie das nicht aus böser Absicht heraus, oft handelt es sich dabei um unbewusste Muster, die sie aufgrund ihrer psychischen Störung oder erlernter Verhaltensweisen an den Tag legen.

Vielleicht sind Sie nun der Meinung, dieses Thema würde Sie nicht betreffen, da Sie weder unter einer psychischen Störung leiden noch Menschen mit dieser in Ihrer Umgebung haben. Dem ist aber nicht so. Rein statistisch gesehen ist es so gut wie sicher, dass Sie eben doch mit solchen Menschen zu tun haben oder zu tun haben werden, nur ohne es zu wissen. Unter Ihren Vorgesetzten, Kollegen oder Mitarbeitern befinden sich mit hoher Wahrscheinlichkeit Personen, die psychisch krank sind und bestimmte Muster anwenden. Es ist gut möglich, dass diese nicht mal von sich wissen, dass sie unter einer Störung leiden. Ebenso wenig können Sie davon ausgehen, dass Sie das immer erkennen werden.
Damit Sie sich nun aktiv vor Manipulation von außen schützen können, sollten Sie sich stets selbst reflektieren. Auch Ihr Umfeld und die darin befindlichen Personen sollten Sie hinterfragen.

Gibt es Situationen, in denen Sie das Gefühl hatten, Sie wurden beeinflusst?
Gibt es Personen, die sich Ihnen gegenüber auffällig unauffällig verhalten?
Gibt es Personen, die übermäßig Ihrer Meinung oder freundlich sind?
Waren Ihre Entscheidungen in letzter Zeit immer frei getroffen?
Wie oft haben Sie sich in letzter Zeit überzeugen lassen und von wem beziehungsweise wozu hat das geführt?

Wenn Sie also wachsam bleiben, sind Sie automatisch vor Manipulation geschützt. Das heißt nicht, dass sie nicht trotzdem stattfindet. Sicher wird sie das, wichtig ist nur, dass es nicht zu Ihrem Nachteil geschieht. Das Einzige, was Sie gegen Beeinflussung unternehmen können, ist 1. sich darüber bewusst zu sein, dass es sie gibt und wie sie funktioniert und 2. sich selbst und andere ständig zu reflektieren.

Seien Sie ein Wachhund, denn was es zu beschützen gilt, ist Ihr persönlicher und beruflicher Erfolg und Ihre Position als Leader!

Grundlagen der Manipulationsvorbereitung

Nun erkläre ich Ihnen, wie Sie Manipulation vorbereiten, um Sie gekonnt in Ihrem Berufsalltag anzuwenden.

Die Emotionen Ihrer Mitarbeiter Ihnen gegenüber

Emotionen sind der Schlüssel zum Erfolg, wenn es um gekonnte Manipulation geht. Ohne Emotionen gelingt kein Manipulationsversuch. Wenn Sie beispielsweise einen Mitarbeiter von einer Änderung im Prozessablauf überzeugen wollen, reicht es nicht, ihn rein sachlich zu überzeugen. Sie müssen Ihre Beziehung zu ihm einfließen lassen. Wie bereits erwähnt, funktionieren Teams besser, wenn ein gutes Arbeitsklima herrscht und wenn die Beziehung zum Leader positiv ist. Herrscht eine gute Vertrauensbasis und wird sich gegenseitig Respekt entgegengebracht, fruchtet auch die Manipulation. Wir glauben oft, wir seien ausgesprochene Vernunftwesen, die sich überhaupt nicht von ihren Gefühlen lenken lassen. Dem ist aber nicht so. Emotionen spielen eine enorme Rolle, wenn Menschen Entscheidungen treffen.

Wenn Sie versuchen, jemanden von etwas zu überzeugen, dann sollten Sie subtil vorgehen. Anstatt dass Sie direkt sagen, was richtig sei und welche Meinung derjenige doch übernehmen soll, sprechen Sie besser nur Anreize aus, die dann bei der Person bewirken, dass sie selbst auf die Schlussfolgerung kommt. Achten Sie darauf, dass Sie Ihren Mitarbeitern die richtigen Reize senden, eben solche, die eine positive Wirkung zur Folge haben und auf die sie vermutlich so reagieren, wie Sie es beabsichtigen.

Die „Vorbereitung“ der Manipulation sieht also so aus, für positive Emotionen und gute Beziehungsebenen zu sorgen. Auch die Bindung an Sie und das Unternehmen hilft später, wenn Sie auf Ihre Mitarbeiter Einfluss nehmen wollen.

Analyse der Persönlichkeiten

Bevor Sie Menschen erfolgreich lenken können, müssen Sie deren Persönlichkeit analysieren, denn nicht jeder Mensch ist auf die gleiche Weise zu manipulieren. Das Modell von Myers Briggs ist dabei behilflich. Bei diesem werden Menschen bestimmten Persönlichkeitstypen zugeordnet.

Es beschreibt vier Dimensionen. Es gilt herauszufinden, wie Ihre Mitarbeiter funktionieren und einzustufen sind.

1. Worauf lenken Ihre Mitarbeiter ihre Aufmerksamkeit? Sind Sie extrovertiert oder introvertiert?
2. Wie nehmen Ihre Mitarbeiter Informationen und Daten auf? Eher durch sensitive Empfindungen oder durch Intuition?
3. Wie treffen Ihre Mitarbeiter Entscheidungen? Sind Sie eher Denker-Typen oder entscheiden Sie emotional?
4. Wie gehen Ihre Mitarbeiter mit der Umwelt um? Urteilen sie eher über sie oder nehmen sie sie einfach nur wahr?

Die Einstufung innerhalb dieser Dimensionen kann Ihnen enorm helfen, wenn Sie Ihre Manipulation vorbereiten. Ist ein Mitarbeiter zum Beispiel eher der emotionale Typ, wenn es um das Treffen von Entscheidungen geht, sollten Sie seine Emotionen ansprechen. Ist er wiederum eher der Denker-Typ, sollten Sie ihn mit fachlichen Argumenten überzeugen, anstatt ihn auf emotionaler Basis anzusprechen. So gelingt Ihnen die Einflussnahmen viel besser!

Manipulationstechniken

Bei der Manipulation gibt es diverse Techniken, die Sie anwenden können. Vorerst stelle ich Ihnen drei Grundlagen-Techniken vor:

1. Das Prinzip der Gegensätze
2. Der Herdentrieb als Falle
3. Das Beharren als Taktik

Das Prinzip der Gegensätze
Bei dieser Technik machen Sie Ihrem Mitarbeiter einen Gefallen. Daraus fühlt er sich dann verpflichtet Ihnen gegenüber, etwas zurückzugeben. In der Zukunft können Sie also zum Ausgleich ebenfalls einen Gefallen einfordern. Der Trick besteht darin, dass Sie diesen Gefallen sogar öfters einfordern können. So profitieren Sie doppelt.

Der Herdentrieb als Falle
Der Herdentrieb besagt, dass Menschen bestimmte Dinge oder Verhaltensweisen akzeptieren, wenn der Rest sie auch akzeptiert. Das funktioniert ganz nach dem Motto: „wenn es die anderen ok finden, ist es für mich auch ok". Sie können diese Manipulationsfalle zum Beispiel gut innerhalb Ihres Teams anwenden.

Das Beharren als Falle
Diese Falle funktioniert so, dass Sie Menschen zu etwas bringen, wenn Sie es selbst tun. Geben Ihre Mitarbeiter einmal nach und setzen den ersten Schritt in diese Richtung, werden sie mit großer Wahrscheinlichkeit auch weiter machen.

Neben diesen grundlegenden Techniken gibt es noch weiterführende, die ich Ihnen nun näher beschreiben werde. Damit haben Sie bereits gute Grundlagenkenntnisse und können eine sanfte Manipulation in Ihrem Job und für sich nutzen.

Der Autoritätstrick
Hierbei nutzen Sie Ihre Autorität als Führungskraft aus. Man verlässt sich sozusagen auf Ihre Meinung oder Aussage, da Sie es als Autoritätsperson beziehungsweise Experte besser wissen müssen. Wichtig ist, dass Sie diese Macht nie missbrauchen und diesen Trick immer nur dann anwenden sollten, wenn Sie sich Ihrer Sache 100% sicher sind.

Der Freundschaftstrick
Dieser Trick beschreibt das Vorgehen, dass Sie durch eine freundschaftliche Beziehung eine angenehme Atmosphäre schaffen. Daraufhin fällt es um vieles leichter, zu manipulieren und

die Gegenseite von Ihrer Meinung zu überzeugen. Dieser Trick findet übrigens oft Anwendung im Verkauf.

Die Macht der Wiederholungen

Die Wiederholung ist absolut nicht zu unterschätzen, was ihre Wirkung und Manipulationskraft betreffen.

Kennen Sie das? Sie hören immer wieder die gleichen Nachrichten und glauben sie irgendwann. Sie hören immer wieder dasselbe Lied und irgendwann gefällt es Ihnen. Wenn Sie also unter Ihren Mitarbeitern eine Sache immer wieder wiederholen, die Sie durchsetzen möchten, beeinflussen Sie damit Ihre Mitarbeiter. Sie erhöhen die Chance enorm, dass Ihre Mitarbeiter diese Sache akzeptieren werden alleine aufgrund der Häufigkeit und Wiederholung, zu welcher sie sie gehört haben. In der Werbung funktioniert es ähnlich! Sie wird immer wieder wiederholt, bis sie sich einprägt und bis man ihren Versprechungen glaubt. Auch bei positiven Affirmationen, also Sätzen mit selbstbejahender Wirkung, funktioniert das so. Wenn Sie sich oft genug wiederholen, dass Sie ein Gewinner sind, werden Sie beziehungsweise Ihr Unterbewusstsein das irgendwann auch glauben! Die Kraft der Wiederholung funktioniert auch im negativen Sinne, wenn zum Beispiel wiederholt wird, dass eine Sache oder ein bestimmter Arbeitsprozess nicht funktionieren wird.

Nun haben Sie einen interessanten Einblick erhalten in das Gebiet der Manipulation. Nutzen Sie diesen kleinen Crashkurs und probieren die Techniken doch gleich selbst aus. Für den Anfang empfehle ich Ihnen, sie im privaten Umfeld zu testen und nicht gleich im Berufsleben. Durch diese Übung bekommen Sie die nötige Routine und Sicherheit dabei.

Viel Erfolg beim Manipulieren und beim Abwehren von Manipulationsversuchen!

Denken Sie daran, dass Sie die Waffe „Manipulation" nur zu positiven Zwecken und zum Wohle aller verwenden!

Fazit

Sie müssen in den richtigen Momenten entscheiden, wann Sie als Führungskraft und wann als Teil des Teams auftreten. Sie müssen ein guter Ansprechpartner sein. Dafür ist eine Vertrauensbasis das Wichtigste.

Noch kein Meister ist vom Himmel gefallen. Wenn Sie die Ratschläge in diesem Buch befolgen, werden Sie auf dem richtigen Weg sein, sich mit Ihrem Team zusammen zu einer unschlagbaren Kraft zu entwickeln.

Ich hoffe, Sie haben durch dieses Buch einen guten Einblick erhalten. Vertrauen Sie in sich selber, leben Sie Ihre Balance und geben Sie Ihrem Team das Gefühl der Wertschätzung.

Ich wünsche Ihnen viel Erfolg bei Ihrer persönlichen wie beruflichen Weiterentwicklung als Führungsperson.

TEIL 3: NLP für Anfänger

Einleitung

Das gesprochene Wort ist ein machtvolles Instrument. Das Verständnis der Worte und allem, was diese umgibt, ist jedoch der Schlüssel im **Verstehens-und Interaktionprozess** mit sich selbst und anderen.

Mit der Entwicklung des Konzepts von **Neuro Linguistical Programming** (kurz NLP) ist eine der faszinierendsten Entdeckungen unserer Zeit geglückt.

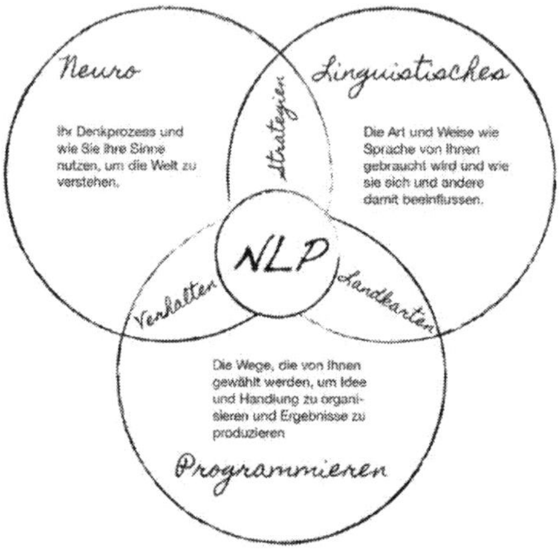

Kommunikation ist der Dreh-und Angelpunkt in unserer Gesellschaft, aber sie ist noch so viel mehr. Sie beeinflusst nicht nur den **Empfänger** der Botschaft, sondern hat ständig unmittelbare Auswirkungen auf ihren **Sender.** Sowohl Inhalt als auch Struktur, also die „Verpackung“ einer Botschaft, sind in der Lage, Denkmuster zu kreieren oder umzuschreiben. Gerade mit der Entwicklung und den daraus gewonnenen Erkenntnissen der Neurowissenschaften der letzten Jahre konnte das Konzept von NLP noch besser exploriert und belegt werden. Und was dabei herauskam, ist höchst brisant! Die zentralen Erkenntnisse der Neurowissenschaften dürften genügen, um viele bisher etablierte und kommunikationswissenschafliche Modelle und therapeutische Praxisformen in Frage zu stellen. Ich lade Sie ein, auf einer soliden, theoretischen Grundlage zu den Techniken und Vorzügen von **Neuro Linguistical Programming** vorzudringen, bisher seltsam anmutende zwischenmenschliche Interaktionsformen besser zu verstehen und deuten zu lernen und schließlich mit dem erworbenen Wissen zielgerichtet eigene Angewohnheiten zu verändern!

NLP - Was ist das?

Eine der wirksamsten, spannendsten und gleichzeitig auch logischsten Formen der nachhaltigen Gewohnheitsveränderung für eine erfolgreiche Lebensführung, Strategien für Kommunikation, Analysefähigkeiten im Umgang mit **medialen und sozialen Einflüssen und Selbstfürsorge.** All das ist und kann Neuro-Linguistical Programming.

Wie der Name schon verrät, verbirgt sich hinter der Bezeichnung Neuro-Linguistical Programming das Ergebnis von Erkenntnissen, dass anhand von Sprache neuronale Verknüpfungen programmiert und damit auch verändert werden können.

In den Grundzügen geht es zunächst um die genaue Analyse von blitzschnell ablaufenden **Kommunikations- und körpersprachlichen Interaktionsmustern.** Dem Verstehen geht also zunächst das genaue Beobachten voraus. Wie kommuniziert eine Person? Welche Besonderheiten und Eigenheiten ergeben sich hierbei? Wie kann die Körpersprache gelesen werden und welche Schlüsse kann ich als Beobachter daraus für mein eigenes Verhalten ziehen? Neuro-Linguistical Programming verlangt und fördert Empathie auf der einen, blitzschnelles und scharfes **Verstehen** und eine gute **Auffassungsaufgabe** auf der anderen Seite.

Durch die Beobachtung und Erlernung von **Kommunikationsstrukturen** erhöht sich durch eine Vielzahl an Tools, die NLP bereithält, auch die **Wahrnehmung** für die eigene **Gedanken- und Kommunikationsstruktur**. Bisher verborgene Abläufe werden für Sie plötzlich sichtbar, greifbar und damit auch veränderbar. NLP befähigt Sie dazu, Situationen so zu durchschauen, dass Sie nicht mehr passiv auf gewisse Umstände reagieren, sondern ganz bewusst agieren. Sie treten in Aktion, verschaffen sich Zeit und werden dadurch handlungsfähig.

Außerdem ist NLP eine Sammlung von Instrumenten, sogenannten Tools, von Methoden, mit denen Sie aktiv in Ihre eigene Denkstruktur und damit automatisch auch in den Interaktionsfluss mit anderen Menschen eingreifen können. Dies ist sowohl im Alltag als auch in Ausnahmesituationen wie bei Bewerbungsgesprächen und schwierigen Verhandlungen extrem hilfreich.

Es wird Ihnen ermöglicht, eigene Handlungen als Muster zu erkennen, diese zu hinterfragen und sich schließlich neu auszurichten. Die Grundlage dafür bietet die Möglichkeit, die sich Ihnen durch Ihre eigene Sprache sowohl auf der verbalen als auch auf der mentalen Ebene ergibt. Sie sind also in der Lage, aufgrund der Arbeitsweise Ihres Gehirns in diese Strukturen durch sprachliche „Befehle" einzugreifen. Doch warum kann das funktionieren? Die tieferen, **psychologischen Grundlagen** werden in den nachfolgenden Kapiteln erläutert, doch sehen wir uns einmal den Spracherwerb des Menschen an. **Die Muttersprache** im Erstspracherwerb wird auf der Wortbildungsebene und dem teilweisen Erwerb von grammatikalischen Strukturen innerhalb der ersten drei Lebensjahre erworben. Bis zum zehnten Lebensjahr erstreckt sich der Erwerb von inhaltlich-logischen Zusammenhängen und beispielsweise der Fähigkeit zur Unterscheidung von Ambiguitäten, also Doppeldeutigkeiten. Das Gehirn lernt also in gewissen Kontexten zu unterscheiden ob der Satz „ich gehe zur Bank" sich auf das Geldinstitut oder das Möbelstück zum Sitzen bezieht. Eine Ambiguität auf struktureller Ebene, und diese ist für das Gehirn wesentlich anspruchsvoller, wäre beispielsweise:
„Alte Männer und Frauen gehen auf ein Schiff."

Männer, die alt sind, gehen gemeinsam mit Frauen, deren Alter nicht näher beschrieben wird, auf ein Schiff.
Sowohl alte Männer als auch alte Frauen gehen auf ein Schiff
An diesem Beispiel zeigt sich das oben benannte **linguistische Phänomen,** welches durch die Arbeitsweise Ihres Gehirns aufgrund von Kontextinformationen interpretiert wird.
Das menschliche Gehirn wird sozusagen auf sprachlicher Ebene von Anfang an programmiert und nimmt eine Vielzahl von Informationen über die eigene Person und die Umwelt auf und lernt, Dinge sprachlich zu bewerten. Der Spracherwerb ist also nicht einfach nur ein bloßes „Sprechenlernen". Es ist tatsächlich auch eine Implementierung von kulturellen und sozialen Auffassungen, die sozusagen den mentalen Horizont bilden, der uns in unseren Denkstrukturen zur Verfügung steht. Die Krux hierbei ist, und dies wird sich im weiteren Verlauf von NLP für Anfänger zeigen, dass die Arbeitsweise Ihres Gehirns direkt mit den Informationen verbunden ist, die Ihnen zur Verfügung stehen.

Wie faszinierend die Arbeitsweise Ihres Gehirns und dessen direkte, **mentale Verknüpfung** zu Ihren Sinnen sind, möchten wir Ihnen an folgendem Experiment zeigen:
Nutzen Sie hierzu wirklich nur Ihre Imaginationskraft!

Stellen Sie sich vor, Sie gehen zum Regal und greifen nach einer dicken, gelben Zitrone. Sie nehmen ein langes Messer und schneiden diese in der Mitte auf. Nehmen Sie sich eine Hälfte und beißen Sie einfach ohne zu überlegen in die Zitronenhälfte. Ihre Zähne durchstoßen die dicke, gelbe Schale und die zarte Fruchtfleischhaut. Das saure Zitronenfruchtfleisch platzt auf und in Ihrem Mund verbreitet sich die saure Zitronensäure.
Was ist gerade passiert? Spannend, oder? Bei manchen Menschen genügt schon das Lesen der ersten Textstelle und das bloße Wort „Zitrone“ ist schon so stark mit einer Erfahrung konnotiert, dass es das Gefühl von Säure in Ihrem Mund auslöst. Sie spüren förmlich den Zitronengeschmack auf Ihrer Zunge und es läuft Ihnen tatsächlich das Wasser im Mund zusammen.
Dieses Experiment ist aus der **Hypnotherapie** entlehnt, die ganz stark mit **linguistischen Verknüpfungen** und den damit entstehenden, inneren Bildern arbeitet.
Wenn dieses kleine Bild dieser Zitrone Sie schon beeinflussen konnte (und dies geschieht mehr oder weniger stark tatsächlich bei jedem Menschen), wie bedeutsam können dann andere Elemente für Ihr Gehirn sein? Je mehr Sie über NLP lernen werden, umso wichtiger werden Sie die Einflüsse und Informationen einstufen, die Sie Ihrem Gehirn zur Verfügung stellen!

Die Geschichte des NLP

Die **Entwicklung des NLP-Modells** wurde Richard Bandler und John Grinder zugesprochen. Entwickelt wurde dieses Modell im Jahre 1972. Diese Entwicklung ist das zunehmende Interesse von Richard Bandler an Verhaltenswissenschaften zu verdanken. Richard Bandler studierte ja ursprünglich Mathematik- und Computerwissenschaft! Im Laufe der Zeit faszinierte ihn das Gebiet der Familientherapie immer mehr. Auch die Gestalttherapie, dessen Entwicklung Fritz Perl zugesprochen werden kann, erhielt immer größere Aufmerksamkeit. Grundsätzlich galt sein Interesse den humanistischen Therapieformen.
Während seines vierten Studienjahres an einer renommierten Universität, die sich in Santa Cruz befindet, gründete Richard Bandler unter der Anleitung seines Dozenten John Grinder im Jahre 1972 eine Gruppe für die Gestalttherapie. Während dieser Phase war John Grinder gerade auf dem Weg, sich an der kalifornischen Universität Santa Cruz eine Professur und damit verbunden einen Lehrstuhl zu erarbeiten. Er hatte bereits promoviert und sich in seiner Doktorarbeit mit den Theorien, die von dem amerikanischen Linguisten Noam Chomsky aufgestellt wurden, im Bereich der **Transformationsgrammatik** auseinandergesetzt und sich intensiv mit den syntaktischen Strukturen von Sprache beschäftigt.

Die Entwicklung von John Grinder war äußerst ungewöhnlich und extrem herausragend, denn nicht jeder hat die Fähigkeit, in kürzesten Zeiträumen mehrere Sprachen zu lernen und zu beherrschen und dabei auch Akzente und das Verhalten der entsprechenden Kulturen zu verinnerlichen und zu übernehmen. Diese Ressourcen erarbeitete sich Grinder, als er bei der Einheit der Special Forces tätig war. Seine hervorragende Beobachtungsgabe und seine Auffassungsfähigkeit waren hierbei besonders hilfreich. Die Grundidee des NLP, nämlich die Methodik des Modellierens, was eine forcierte **Verhaltensbeobachtung** und **Übernahme von Verhaltensweisen, Mimiken und Gestiken** darstellt, entstand in dieser Zeit. Durch die Verbindungen seines Dozenten Richard Bandlers konnte Grinder Kontakte zu Fritz Spitzer und Gregory Bateson knüpfen, sodass sich ihm die Chance bot, eine Gestalttherapiesitzung von Fritz Perl persönlich zu transkribieren.

Mit Hilfe von experimentellen Tests wurden die Muster in der damaligen Gestaltgruppe beobachtet. Langsam entwickelt sich dieses zu einem dynamischeren Prozess. Die zwei Hauptbegründer Bandler und Grinder konnten autodidaktisch weitere, große Fortschritte erzielen und konnten ihre abgeleiteten Theorien in der von ihnen gegründeten Gestaltgruppe anwenden und testen. Diese Gestaltgruppe vergrößerte sich rasant, da sich dies rasch herumgesprochen hat: klassische Mundpropaganda. Wenige Zeit später wurden mehrere Gruppen pro Woche eingerichtet.

In dieser Zeit etablierten sich bereits zwei Grundideen des NLP. Die Idee beruht einerseits auf der Funktionalität von NLP, die die Methode legitimiert. Andererseits sei das was wirkt, auch in Ordnung, anzuwenden. Besonders das Beobachten sowie das Modellieren brachten elementare Erkenntnisse. Weiterhin konnte Richard Bandler einige Zeit später mit Virginia Satir zusammenarbeiten und ihr beim Transkribieren helfen. Bandler und Grinder konnten relevante, inhaltliche Unterschiede zwischen den Ansätzen von Satir und Perls beobachten. Durch die weiteren Studien der Arbeitsweisen wurde der Fokus immer weiter weg vom Inhalt gelegt und stattdessen die Prozessarbeit in den Vordergrund gestellt. Anschließend konnten auch die therapeutischen Interventionen von Milton H. Erickson betrachtet und analysiert werden. Bei den therapeutischen Interventionen konnte man viele große Unterschiede bezüglich dem Inhalt gegenüber den anderen Ansätzen erkennen. Es zeigt sich aber auch, dass sich hinter allen Ansätzen ähnliche Prozesse verbergen. Bandler und Grinder konnten erfolgreich aus unseren Vorgehensweisen die Veränderungsstrukturen erkennen. Bandler und Grinder konnten dann aufgrund ihrer Feststellungen und Erkenntnisse unterschiedliche Modelle zum Vergehen entwickeln, die dann in den unterschiedlichen Gruppen nach einem definierten Schema auf Effektivität überprüft wurden. Überragend ist dabei, dass diese stets neuen und innovativen Techniken im therapeutischen Bereich demonstrieren konnten. Diese haben sie erfolgreich aus den Lehren und Forschungen von Fritz Perls und Virginia Satir abgeleitet.

Alle Erkenntnisse, Techniken und Fähigkeiten konnten in den (Gestalt-)Gruppen erprobt und getestet werden. Die Gestaltgruppe entwickelte sich zum Katalysator der heutigen

Methodiken des NLP. Was die beiden Begründer dermaßen erfolgreich macht, ist ihre außergewöhnliche Fähigkeit, aus einer Beobachtung jedes Verhalten oder jeden Ablauf herauszulösen und auf verständlicher Weise zu modellieren. Anfang 1974 beginnen die Begründer ein Projekt, das als Anfangspunkt der Methoden des NLP betrachtet werden kann.

Fakten über NLP

Die sozial-kognitive Theorie nach Bandura geht davon aus, dass Individuen über ein **„Selbst-System“** verfügen, welches sie zur selbst gesteuerten Beeinflussung ihrer **Gedanken, Gefühle, Motivation und ihres Verhaltens** befähigt. Individuen sind dadurch in der Lage, nicht nur auf ihre Umwelt zu reagieren, sondern diese selbst aktiv zu beeinflussen. Person, Verhalten und Umwelt werden in einem Interaktionsprozess der gegenseitigen Beeinflussung betrachtet. Im Mittelpunkt steht hierbei die Selbstwahrnehmung des Individuums. Sie entscheidet darüber, ob und in welchem Umfang eine Person für sich glaubt, Einfluss und Kontrolle auf die sie umgebenden Anforderungen der Umwelt ausüben zu können. Die Fähigkeit der Selbstreflexion ermöglicht es Personen, ihre Erfahrungen zu bewerten und für zukünftige Handlungen nutzbar zu machen. Diese Interpretation des eigenen Handelns und dessen Ergebnisse determiniert das zukünftige. Um Verhalten und Leistungen einer Person vorherzusagen, reicht es demzufolge nicht aus, sich auf deren vergangene Leistungen oder erworbene Kenntnisse und Fähigkeiten zu stützen, sondern deren Interpretation zu berücksichtigen, also zu prüfen, inwieweit die Person das eigene Verhalten als wirkungsvoll wahrgenommen hat („self-efficacy beliefs“). Die Selbstwahrnehmung der eigenen Fähigkeiten bestimmt, ob und in welchem Ausmaß eine Person Fähigkeiten einsetzt und, was vielleicht noch wichtiger erscheint, überhaupt neue Fähigkeiten erwirbt. Die Selbstwahrnehmung entsteht, indem ein Mensch das eigene Verhalten interpretieren sowie dessen Resultate. Anhand dieser Resultate machen sie sich dann ein Bild über ihre Fähigkeiten.
Wahrgenommene Selbstwirksamkeit bezieht sich auf die Überzeugungen in die Fähigkeit, den Verlauf von **notwendigen Aktionen** zu organisieren und auszuführen, um festgelegte Leistungen zu erzeugen.
Gegenstand der Selbstwahrnehmung bzw. Beurteilung ist die **subjektive Überzeugung**. Für das Erreichen eines bestimmten Ergebnisses oder zur Bewältigung einer Aufgabe ist es wichtig, notwendige Handlungen ausführen zu können. Zur Erinnerung, in dem Ansatz des Locus of Control bezog sich die Selbstwahrnehmung auf den Zusammenhang zwischen eigenem Verhalten und dessen Ergebnis.

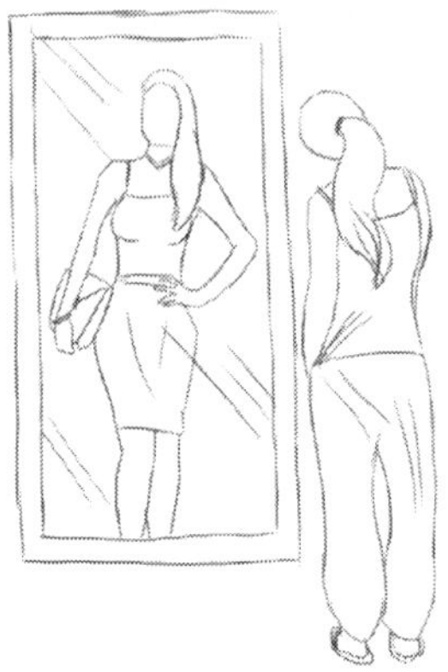

NLP macht sich die oben beschriebenen Wirkweisen zu Nutze. Der Möglichkeit, in welche Richtungen Selbstüberzeugungen etabliert werden können, sind also keine Grenzen gesetzt und funktionieren einzig und allein aufgrund unserer **neuronalen Prozesse**, die ständig in unserem Gehirn ablaufen. Da sich diese Wirkweise quasi ständig selbst reproduziert, werden Verhaltensmuster, Gedanken und Überzeugungen stetig neu eingeübt.

Vor-und Nachteile von NLP

NLP ist ein machtvolles Instrument. So machtvoll, dass es bereits vor einiger Zeit in den verschiedensten Kreisen in die Kritik geraten ist. Kritiker beziehen sich darauf, dass NLP manipulativ sei und damit arbeite, Menschen negativ zu beeinflussen und die Person nicht mehr authentisch bleiben zu lassen. Tatsächlich sprechen sie damit einen wahren Punkt an. NLP ist, richtig ausgeübt und praktiziert, tatsächlich so wirksam, dass es durch die starke Wahrnehmung und damit verbundenen Steuerung des eigenen Verhaltens auch die Menschen in Ihrer Umgebung direkt beeinflussen kann. Jedoch tut dies nicht nur NLP, Menschen beeinflussen sich **durch ihre Präsenz und verbalen Äußerungen ständig untereinander**. NLP hilft lediglich dabei, sich bestimmte Prozesse auf einer tieferen Ebene bewusst zu werden, was dazu führt, dass auch unliebsame Verhaltensweisen über kurz oder lang erkannt und schließlich abgestellt werden können.

NLP per se ist also kein bösartiges Instrument, sondern erschafft eine **unglaublich große Handlungsvarianz**. Pauschal kann man sagen, dass Menschen, die NLP grundlegend verstanden haben und nutzen, dieses auch gewinnbringend einsetzen. Wer auch die soziale Dimension der NLP berücksichtigt, wird außerdem wissen, welchen positiven Einfluss es auf die eigene, direkte Umgebung hat, positiv und sozial zu handeln. So kann schließlich ein Netzwerk produziert werden, aus dem weiterhin positive Aspekte gezogen werden können.

Psychologische Grundlagen

Im folgenden Kapitel soll die theoretische Grundlage, also warum NLP überhaupt funktionieren kann und was unsere Psyche damit zu tun hat, beschrieben werden.

Zunächst einmal ist es wichtig zu sagen, dass in unserer westlichen Kultur noch eine sehr starke Trennung zwischen der körperlichen und der mentalen Ebene existiert. Man bezeichnet das auch als Leib-Seele-Dualismus.

Zunächst etwas greifbarer ist wahrscheinlich das Konzept von Emotionen und deren Wirkweise. Emotionen sind die Triebfeder und gleichzeitig auch die Schaltstelle unseres Geistes. Das englische Wort „Mindset" trifft eigentlich den Nagel auf den Kopf. Ein positives Mind (Geist)-Set (Einstellungen, Programmierung) zu haben, ist das machtvollste Werkzeug, welches Ihnen zur Verfügung stehen kann. Stellen Sie sich vor, Sie könnten heute einfach entscheiden, wie sich Ihr Leben ausrichtet. Und das alles mit der Kraft Ihrer Emotionen. Wo begegnen sie uns eigentlich? Nun, Emotionen sind zunächst erstmal die Triebfeder in allen möglichen Bereichen des Lebens. Sie sind dafür verantwortlich, wenn wir lieben, streiten und generell interagieren, aber auch wie wir uns selbst wahrnehmen. Aus neurowissenschaftlicher Sicht sind Emotionen **momentan erlebte, subjektive Gefühle** und werden durch **chemische Prozesse** in unserem Körper gebildet. Diese komplexen, chemischen Zusammenhänge sind vom Zusammenspiel einzelner Botenstoffe wie Serotonin, Dopamin und dem Stresselement Cortisol geprägt. Durch das ausgeschüttete **Glückshormon** werden neuronale Verknüpfungen schneller gebildet und das Gelernte schließlich im Körper installiert. Dies ist der Grund, warum uns Dinge, die uns generell Spaß machen, auch leichter fallen. Kinder lernen beispielsweise in relativ kurzer Zeit viele Dinge und machen natürlicherweise ständig riesige Entwicklungssprünge. Dies hat unter anderem damit zu tun, dass sie noch kein Selbstkonzept über „Scheitern" und „Selbstzweifel". Ein gesundes Kind fällt einfach so oft hin, robbt über den Boden und zieht sich an Gegenständen hoch, bis es schließlich irgendwann einen Schritt tut.

Es denkt gar nicht darüber nach, ob es sich denn jetzt lohnt, laufen zu lernen oder ob man das jetzt nicht besser sein lässt. Und so entwickeln sich der ungebremste Explorationstrieb, also der Entdeckerdrang und die Freude der eigenen Entwicklung, die sich ständig aus sich selbst heraus motiviert.
Diese Beharrlichkeit ist unglaublich und stellt die allermeisten Erwachsenen in ihren Vorhaben absolut in den Schatten. Natürlich kann sich ein mathematisch uninteressierter Mensch mit vollem Einsatz durch ein Maschinenbaustudium quälen. Er wird jedoch selbst bei gleicher Intelligenz nie so gut sein wie eine Person, die ihre ganze Imaginationskraft und Motivation zur Sache dazu nutzt, diesen Beruf zu erfassen und auszuüben. Bei der letzteren Person können nämlich durch das emotional positiv besetzte Thema „Maschinenbau“ schneller und einfacher neuronale Verknüpfungen hergestellt werden, die schließlich dazu dienen, mit dem jeweiligen Thema zu arbeiten. Es kann daher gar nicht genug betont werden, wie wichtig es ist, dass Sie Dinge tun, die Ihnen einfach Spaß machen.
Ein weiteres, interessantes Phänomen ist die Tatsache, wie Emotionen und daraus resultierende Erfahrungen Ihre Lebensweise nachhaltig beeinflussen.

Wir werden durch unsere Erfahrungen geprägt.

Dies geschieht in erster Linie mit einschneidenden Erfahrungen wie **Traumata,** aber auch hier gilt: Steter Tropfen höhlt den Stein. Sind Sie also dauerhaft negativ und „etwas“ schlecht gelaunt, hat dies einen ähnlich weitreichenden Einfluss auf Ihren genetischen Code wie punktuelle, schwerwiegende Ereignisse. Nun könnte man meinen, dass dann ja „sowieso alles egal“ ist, wenn wir durch die negativen Erfahrungen in unserem Leben geprägt werden. Die gute Nachricht hierbei ist: Auch diese neuronalen Verknüpfungen, in denen Negatives und schlechte Angewohnheiten gespeichert sind, lassen sich überschreiben. Negatives Denken kann tatsächlich eine schlechte Angewohnheit sein! Und wie jede Angewohnheit funktioniert auch diese: Übung macht den Meister! Wenn wir uns also ständig Sorgen machen, mit negativen Themen beschäftigt sind und Probleme analysieren, werden wir Meister in dem, was wir tun: dem negativen Denken! Sämtliche neuronale Verknüpfungen werden hinsichtlich dieses Themas angestoßen und entwickeln sich. Das Fatale daran ist, dass wir dann auch im Alltag dazu geneigt sind, auf diesen „Wissensfundus“ zurückzugreifen und so neu gemachte Erfahrungen mit diesem alten, gefestigten „Wissen“ verarbeiten oder wie man in der bildungswissenschaftlichen Sprache sagt: elaboriert. Hier zeigen sich dann die typischen „Erbsenzähler“. Menschen, die an allem etwas zu bemängeln haben und quasi das „Haar in der Suppe“ suchen. Sie sind nicht unbedingt schlechte Menschen, aber haben sich irgendwann in ihrem Leben die Fähigkeit antrainiert, möglichst schnell, möglichst viele negative Punkte an einem Erlebnis oder einem großen Gesamtbild heraus zu deuten. Dies geschieht deshalb, weil unser Geist leicht zu konditionieren ist.

Häufig hört man von diesen Menschen: „Ich habe es ja gleich gewusst“ wenn irgendeine negative Begebenheit eintritt. Dieser Vorgang entsteht zunächst präventiv, nämlich um das eigene **Selbstkonzept vor Beschädigungen zu schützen**. Niederlagen sind nämlich leichter zu ertragen, wenn man es eben „vorher schon gewusst hat“. Im weiteren Verlauf ist es immer wahrscheinlicher, dass man Dinge schon im Vorfeld schlecht redet, um bei negativem Ausgang sagen zu können: „Das war mir ja schon von Anfang an klar“. Schwierig wird es, wenn sich dieses Verhalten zu einem Selbstläufer entwickelt: Die negativen Vorahnungen etablieren sich immer mehr und eventuell wird unterbewusst sogar darauf hingearbeitet, dass gewisse Dinge einen negativen Ausgang nehmen. Et voila, die selbsterfüllende Prophezeiung ist geboren!
Die gute Nachricht ist, genauso wie diese neuronalen Prozesse, die in eine Richtung ablaufen, so funktionieren sie auch in die andere Richtung.
Die oben beschriebenen, negativen Vorgänge laufen meistens relativ unbewusst ab, da sie häufig mit Prägungen aus der frühen Kindheit zu tun haben. In dieser einschneidenden Lebensphase manifestieren sich sowohl Selbst- als auch Fremdempfinden. Da dies meistens unbearbeitet und unreflektiert bleibt, sind wir uns also bestimmten Musterhaftigkeiten nicht bewusst. Durch das aktive Bewusstmachen von Gedankenspiralen und übernommenen Mustern oder zumindest dem Wissen darüber, dass es diese gibt, können Sie zunächst erstmal eine Distanz zwischen Ihnen als Person und den negativen Empfindungen schaffen. Grenzen Sie sich davon ab und sehen Sie, dass Sie als Mensch häufig nur eine Projektionsfläche von Erfahrungen und Wahrnehmungen Ihrer und fremder Gefühle sind.

Unsere Psyche

Im oberen Kapitel wurde bereits die Konditionierung des Geistes angesprochen. Dieses Konzept dürfte noch etwas bekannter sein als die Erkenntnis, dass Erfahrungen die DNA verändern kann. Der russische Forscher Pawlow zeigte mit seinem Experiment zur **klassischen Konditionierung** die Wirkweise von Reiz und Reaktion. Den zu beobachtenden Hunden wurde Futter vorgesetzt und jedes Mal bevor das Futter verabreicht wurde, wurde mit einer Glocke geklingelt. Dieser Vorgang wurde einige Zeit wiederholt und es konnte relativ schnell beobachtet werden, wie die Hunde bereits schon vor Verabreichung des Futters starken Speichelfluss produzierten. Was war also geschehen? Die Hunde hörten das Signal und bereits das bloße, **akustische Signal genügte,** um eine **Reaktion** zu beobachten. Durch die wiederholende, aufeinanderfolgende Darreichung von Signal und Futter wurde das akustische Signal mit der unmittelbaren Gabe von Futter verknüpft. War zuvor das Futter alleine der Reiz, um die Reaktion, also das Speicheln, auszulösen, so wurde diese Abfolge durch eine sogenannte Shaping Kette unterbrochen. Das akustische Signal wurde also ein neu implementierter Reiz. Pawlow konnte so zeigen, dass selbst natürliche Verhaltensstrukturen schnell und einfach zu beeinflussen und damit umzuschreiben sind. Unter genau den gleichen Bedingungen funktionieren im Übrigen auch menschliche Shaping Ketten, mit dem

Unterschied, dass diese eher intellektbezogen sind. Zwar können Menschen unter gewissen Voraussetzungen auch mit Nahrung konditioniert werden, jedoch reagieren Menschen eher auf Reize und Belohnungen im emotionalen Bereich.

Wie überlebenswichtig und essentiell **emotionale Ansprache und Zuwendung** für die Entwicklung der menschlichen Psyche ist, konnte ebenfalls bereits schon vor längerer Zeit gezeigt werden. Beispielsweise das berühmte Experiment, bei dem der Hohenstaufenkaiser Friedrich II. zwei Kindergruppen auf unterschiedliche Art und Weise von Ammen großziehen ließ. Beide Gruppen erhielten eine Grundversorgung, also wurden gefüttert und gewickelt. Die eine Kindergruppe wurde außerdem so Mutter-Kind-beziehungsnah wie nur möglich behandelt. Die Kinder wurden also angelächelt, gestreichelt, getragen und geschaukelt. Während sich diese Gruppe ganz normal entwickelte, verstarben Kinder der anderen Gruppe! Diese Kinder wurden weder angelächelt, gestreichelt oder haben in irgendeiner Weise emotionale Zuwendung erfahren. Dieses Ergebnis ist so furchtbar wie auch wenig überraschend. Es wurde also schon relativ frühzeitig erkannt, wie wichtig die natürliche Bindung zwischen Pflegeperson und Kind für dessen Entwicklung ist. Welche Rolle der Input für die kognitive Entwicklung spielt, ist ebenfalls am Phänomen der Hospitalisierung zu erkennen. Besser bekannt als „Kasper-Hauser-Syndrom" zeigt dieser Umstand, wie der Mensch mental und teilweise auch körperlich verkümmert, wenn ihm weder menschlicher Kontakt noch Ansprache in irgendeiner Form oder die Befriedigung von Grundbedürfnissen wie frischer Luft und Sonne zur Verfügung steht. Der Namensgeber des Syndroms verkümmerte komplett in einem dunklen Kellerloch und lief gebückt und tierartig mit der Produktion von brabbelnden und schreienden Lauten und war in einer Art dissoziativem Zustand verfangen. Langsam und allmählich konnte er unter normalen Bedingungen rehabilitiert werden, war aber natürlich in verschiedenen Funktionen nachhaltig geschädigt. Diese Möglichkeit der Entwicklung lässt also den Schluss zu, dass das menschliche Gehirn ständig Input verarbeitet und daraus bestimmte Handlungsanweisungen für sich entwickelt. Zwar unterliegt der Mensch bestimmten genetischen Vorgaben, saugt jedoch auch Input durch seine Umgebung auf und ist so in der Lage dazu, sich zu entwickeln und quasi „am Modell" zu lernen.

Den eigenen Verstand verstehen

Um sich selbst besser verstehen zu können, gibt es eine Fähigkeit, die sich Introspektion nennt. Dies bedeutet „ins Innere schauen“ und deutet an, dass man sich sowohl seiner eigenen Gedanken bewusst wird, als auch in einer Metaperspektive zu denken. Die **Metakognition** ist das „Denken über das eigene Denken“ und wird auch häufig als **Selbstreflexion** bezeichnet. Dies setzt voraus, dass Sie sowohl im Nachhinein als auch bevor Sie in einer bestimmten Art und Weise handeln, über Ihre Taten nachdenken. Der Königsweg ist hierbei, nicht nur die Handlung an sich, sondern die damit (möglicherweise) verbundenen Emotionen zu überdenken. Falls Sie es also schaffen, sich bereits vor einer überfordernden Situation bewusst zu werden, dass während der Handlung das Gefühl oder die Emotion der Überforderung aufkommen könnte, wird dies in einer gewissen Weise vorhersehbar und verliert damit ein Stück weit das negative Erleben. Sie setzen dann also idealerweise die Metakognition ein und sagen sich innerlich: „In Situation XY fühle ich mich erfahrungsgemäß immer besonders (...), daher weiß ich, dass die Wahrscheinlichkeit besteht, dass dieses Gefühl wieder entstehen kann.“ So haben Sie zunächst Ihre eigene Gefühlswelt entdeckt und etwas weiter erkundet. Im Weiteren können Sie überlegen, was dieses Gefühl in Ihnen getriggert, also ausgelöst hat. Dies ist auch ein Teil der Metakognition.

Wie wir mit anderen Menschen interagieren

Unsere Interaktion, also der Umgang mit anderen Menschen, ist häufig von **Konflikten, Spannungen und Prozessen** geprägt, die für uns oft schwer einzuordnen sind. Es entstehen Situationen, in denen Sie sich vielleicht fragen: „Was war das nun plötzlich?“.

Wir möchten an dieser Stelle den feinen Unterschied zwischen Aktion und Reaktion und damit dem Agieren, als auch dem Reagieren verdeutlichen. Während die Aktion eine bewusste, für sich selbst getroffene Entscheidung ist, die schließlich in eine Handlung umgesetzt wird, ist die Reaktion häufig eine passive, impulsgesteuerte Handlung, die schnell und unreflektiert geschieht. Häufig wird dies auch mit dem Affekt gleichgesetzt. Häufig ist die Rede von einer Handlung aus dem Affekt heraus. Hierbei entstehen dann häufig Ergebnisse, die hinterher kaum zu erklären sind und von der betroffenen Person häufig bereut werden. In diesen Situationen hat dann statt einer bewussten Aktion ein Reagieren stattgefunden.

Das Ziel in der Kommunikation sollte also sein, eine reflektierte, bewusste und eigene Entscheidung zu treffen und außerdem während der Kommunikation bei sich zu bleiben. Dies gelingt, in dem Sie Ich-Botschaften senden, Auskunft darüber gehen, wie Ihr Standpunkt ist und es vermeiden, die Position des anderen direkt anzugreifen oder noch extremer, die Person in ihren Eigenschaften zu kränken oder bewerten. Statt der Aussage „du bist immer so (...)", ist es besser zu sagen: „In der Situation habe ich mich (...) gefühlt.". Sie bleiben so in Ihrer Aussage bei sich und bieten umgekehrt auch wenig Angriffsfläche, da Sie so unbewusste Provokationen vermeiden.

Je mehr Sie also bewusst agieren, umso weniger werden Sie in die Falle der impulsgesteuerten Reaktion tappen.

Mit NLP- Methoden andere Menschen überzeugen

NLP ist nicht einfach nur ein Konzept, sondern vor allem ein praktisches Werkzeug. Es hält viele Methoden bereit, um Kommunikation **zu steuern und zu verbessern**. Ein Hauptanliegen vieler Menschen, die NLP erlernen wollen, ist es ihre Fähigkeit, andere Menschen überzeugen zu können, zu verbessern.

Laien würden hier vor allem raten, man müsse authentisch sein, um dies schaffen zu können. Dieser Begriff ist jedoch relativ abstrakt und beinhaltet keine praktischen Handlungsanweisungen.

Die NLP Methoden sind dazu gedacht, um Überzeugungen zunächst selbst zu visualisieren, also ein Bild davon vor dem inneren Auge entstehen zu lassen. Dies ist in der Methodik von NLP elementar.

Weiterhin geben verschiedene Methoden unterschiedliche Handlungsanweisungen für die Umsetzung bestimmter Zwecke vor.

Kommunikation besser gestalten

Es gibt unzählige Möglichkeiten, ein Anliegen zu formulieren und dabei gibt der Sprecher meistens auch immer versteckte Botschaften weiter. Häufig werden Botschaften nicht nur auf einer inhaltlichen Ebene verstanden, sondern auch in anderen Dimensionen interpretiert.
Der berühmte Kommunikationswissenschaftler Friedmann Schulz von Thun entwickelte vor einigen Jahren das bekannte **4-Ohren Modell,** mit dem er darstellen konnte, dass Aussagen als Botschaften immer in bestimmten Kontexten gesagt oder verstanden werden können.
Eine Äußerung transportiert immer vier verschiedene Kommunikationsebenen. Es geht um den Sachinhalt, die Beziehung, die Selbstoffenbarung und die Botschaft des Appells. Der Sprecher spricht dem Modell zufolge also immer mit vier verschiedenen Zungen, wobei eine Botschaft gleichzeitig auch mit vier „verschiedenen Ohren" gehört werden kann.
Die Sachebene dient dem reinen Informationsaustausch von faktischen Daten. Die Beziehungsebene gibt während des Sprechakts durch versteckte Botschaften und Beziehungsintentionen immer wieder preis, wie Sprecher und Zuhörer zueinanderstehen. Es gibt weiterhin Aufschluss über eventuelle Machtverhältnisse oder vorliegende Konflikte. Über die Selbstoffenbarungsebene kommuniziert der Sprecher persönliche Einstellungen und Gefühle. Auf der Appellebene nimmt der Hörer befehlsartige Äußerungen des Sprechers wahr oder aber der Sprecher hat einen unbewusst einen Appell intendiert.
Diese Mehrdimensionalität von Aussagen erklärt natürlich, warum Kommunikation so häufig misslingt.
Ein typisches Beispiel ist die Situation, in der eine Mutter mit ihrem Sohn, der gerade erst seinen Führerschein erworben hat und das gemeinsame Auto fährt, an der Ampel steht. Das Licht springt auf grün. Noch ehe der Sohn reagieren kann, sagt die Mutter:

„Es ist grün."

Diese Aussage kann auf mehreren Ebenen gedeutet werden.

Sachinhalt: Die Mutter bemerkt den Wechsel des Ampellichts und informiert den Sohn darüber, indem sie anmerkt, dass es grün ist.
Beziehungsebene: Die Mutter ist auch in dieser Situation in der Rolle der verantwortlichen Person und kontrolliert und kommentiert die Situation gewissermaßen, indem sie offensichtliche Vorgänge verbalisiert.
Selbstoffenbarungsebene: Die Mutter offenbart beispielsweiße Gefühle wie Besorgnis, Macht, Wissen oder demonstriert das Mehr an Erfahrung gegenüber ihrem Sohn in diesem Praxisfeld. Vielleicht offenbart sie auch Ängste oder das Unwohlsein bei der Situation im Auto.

Appellebene: Durch das Kommentieren eines offensichtlichen Ereignisses appelliert die Mutter an die Aufmerksamkeit des Sohnes. Die versteckte Botschaft könnte hier sein: "Pass auf!"

Durch die Mehrdimensionalität einer einzigen, simplen Aussage wird das Potential derer unglaublich erweitert. Wir sollten uns also in der Kommunikation bewusstwerden, welche Macht Worte haben.

Ist Ihnen dieser Mechanismus zunächst einmal klar, werden Sie weniger von den Emotionen, die bestimmte Aussagen unweigerlich bei Ihnen auslösen, überrannt. Viel eher werden Sie verstehen, auf welcher Ebene Sie nun eine bestimmte Aussage interpretiert haben. Durch dieses Wissen schulen Sie automatisch die Fähigkeit, Aussagen auch in mehreren Dimensionen zu interpretieren

NLP Techniken

Richard Bandler, einer der Begründer von NLP, entwickelte eine Bandbreite von Techniken zur konkreten Anwendung. Er erarbeitete diese teilweise auch auf den Grundlagen von Theorien aus dem klinisch- therapeutischen Kontext, was unter anderem die Wirksamkeit der Techniken begründet.

Reframing

Das **Reframing** ist eine besondere Technik aus dem NLP und zielt darauf ab, Situationen, die uns eigentlich überfordern oder Angst machen, **umzudeuten und quasi in einen anderen, größeren Zusammenhang** zu bringen.

Wir neigen dazu, uns mit Details aufzuhalten, uns darin zu verlieren und ihnen übermäßig viel Bedeutung beizumessen. So entstehen nervtötende Streitereien in Beziehungen und schlechte Stimmungen am Arbeitsplatz. Dieses „sich über Kleinigkeiten aufregen" entsteht meistens in anspruchsvollen Situationen, die für alle Beteiligten sowieso schon belastend sind und potenziert sich durch den Fokus auf diese kleinen, meist nicht zu ändernden Zwischenfälle noch viel mehr.

Ein Beispiel für das Anwenden der Reframing-Technik kann folgendermaßen aussehen: Sie sind auf dem Weg zu einem wichtigen Termin und haben ein gutes Kostüm an. In der einen Hand halten Sie das Steuer, in der anderen Hand den Kaffeebecher. Nachdem Sie einmal kurz unaufmerksam waren, müssen Sie scharf abbremsen und verschütten den Kaffee auf Ihrem Kostüm. Sie ärgern sich furchtbar.

Das Reframing setzt dann an, wenn Sie dem Geschehnis einen anderen Rahmen geben. Anstatt sich weiter zu ärgern, erkennen Sie den Gesamtzusammenhang und sehen: Kurze Unaufmerksamkeit im Verkehr kostet manchmal Menschenleben und zieht insgesamt folgenschwere Konsequenzen nach sich. Gut, dass es nun nur der Kaffee auf Ihrem Kleid ist! Zumindest haben Sie die Aufmerksamkeit auf das Wesentliche gerichtet und damit im wahrsten Sinne des Wortes Ihr Leben gerettet! Der Rahmen wurde also nun vom Fokus auf den Kaffeefleck zum Gesamtzusammenhang, nämlich der schnellen und lebensrettenden Reaktion gelenkt. Ein anderes Beispiel ist das **Ärgernis,** wenn man den Job, den man haben wollte, nicht bekommt. Auch hier ärgern Sie sich vielleicht sehr. Häufig stellt sich jedoch genau in solchen Situationen heraus, dass dies aus einem guten Grund geschehen ist. Meistens stellt sich nach solchen Niederlagen eine absolute Verbesserung ein! Der Grund ist, dass dort, wo Sie in Ihrer Art und Ihrem Menschsein nicht angenommen werden, Sie auch niemals glücklich und erfolgreich werden. Ihr Energiefeld, Ihre Stärken und Ressourcen sind also an einem anderen Ort passender und Sie können dem Personalchef wirklich dankbar sein, dass er dies erkannt hat! Vielleicht ist genau dieser Umstand der Beginn zu einer beruflichen Orientierung, in der Sie Ihre Potentiale viel besser einbringen und ausbauen können. Es gibt also keine durch und durch schlechten Begebenheiten, alle Geschehnisse sind Lerngelegenheiten und verhelfen uns zu Wachstum.

Übung: Denken Sie an die zuletzt unangenehme oder scheinbar unglückliche Situation, die bereits einige Zeit zurückliegt. Was konnten Sie rückblickend daraus lernen und an welchen Punkten sind Sie froh, dass es GENAU SO gekommen ist?

Ankern

Im NLP wird davon ausgegangen, dass ein „Anker" ein Objekt ist, der eine **bestimmte Reaktion** auslöst und **Emotionen** hervorruft. Dies kann beispielsweise der Impuls sein, bei Handyklingeln das Telefon zu ergreifen oder zu einer gewissen Uhrzeit sein Essen einzunehmen.
Ankern ist stark mit der klassischen **Reizkonditionierung** verbunden. Aus einem vorherigen Kapitel kennen Sie bereits das **Pawlowsche Experiment**, in dem ein Hund Fressen bekam und jedes Mal zuvor eine Glocke geläutet wurde. Die Tatsache, dass auf jedes Glockenläuten das Futter verabreicht wurde, führte zu einer Reiz-Reaktionskette: **Glockenläuten** - Vorfreude auf das Essen durch Speichelfluss - **Fressen.** Nach einiger Zeit konnte bereits beobachtet werden, wie der Hund allein bei dem Hören des Glockengeräuschs begann, Speichel zu produzieren. Nicht anders funktioniert quasi alles in unserem Leben auch. **Reize** mit positiver Belohnung werden positiv konnotiert und umgedreht. Wird beispielsweise ein Tier über Jahre hinweg mit einer Peitsche geschlagen, so genügt bereits der Anblick dieser Peitsche, um die Emotion von Angst und im extremsten Fall sogar schon einen Phantomschmerz auszulösen.

Ankern in der Kommunikation

Sind Sie in einer Situation, die es erforderlich macht, ein **positives** Gesprächsklima herzustellen? Verwenden Sie Symbole, Redewendungen und Gesten, die bei Ihrem Gegenüber positive Reaktionen auslösen. Je besser Sie die Person in ihren Grundzügen einschätzen können, umso leichter gelingt dies.

Verwenden Sie eine **blumige Sprache**! Sorgen Sie schon alleine durch Ihre Sprache für ein **Wohlfühlsein** bei Ihrem Gegenüber. Verwenden Sie positiv konnotierte Nomen, erwähnen Sie nebenbei **Situationen,** von denen Sie wissen, dass sich Ihr Gegenüber dort besonders wohlgefühlt hat oder dazu einen besonderen Bezug herstellen kann. So erzeugen Sie bereits durch Ihre Sprache ein Wohlgefühl bei der anderen Person und nehmen so aktiv Einfluss auf den Gesprächsverlauf.

Besonders extrovertierte und redegewandte Menschen sind meistens auch echte **Empathen.** Sie fühlen sich in Sekundenschnelle in andere Menschen ein, verorten Ihre Vorlieben und richten das Gespräch unter anderem so aus, dass sich die Person wahrgenommen und wertgeschätzt fühlt.

Übung: Stellen Sie sich eine Ihnen nahestehende Person vor. Nennen Sie mindestens drei Dinge, von denen Sie wissen, dass die Person sie mag. Streuen Sie diese Aspekte im nächsten Gespräch gezielt, aber möglichst kontextnah ein und sehen Sie was passiert!

Rapport & Pacing

Der Begriff Rapport kommt eigentlich aus dem **Therapiekontext** und zielt darauf ab, möglichst schnell eine Beziehung zwischen Therapeuten und Klienten herzustellen. Für Therapeuten ist es meistens besonders wichtig, schnell abzuschätzen, wie eine Art von Beziehung und der Zugang zur **Kommunikation** am besten hergestellt werden kann. Schließlich entscheidet sich schon in der ersten Sitzung, ob der Therapeut wieder besucht wird oder nicht. Um diesen Rapport, also diese tragfähige Beziehung und eine **offene Gesprächsatmosphäre** herzustellen, gibt es wiederrum einige nützliche Techniken. Zusammengefasst werden die beiden nachfolgend beschriebenen Techniken als **Pacing** beschrieben. Es geht darum, sich zunächst bewusst auf der körperlichen und sprachlichen Ebene seinem Gegenüber anzugleichen und damit eine **hochfrequente Gesprächssituation** herzustellen.

Spiegeln

Kennen Sie das? Eine Person in der Bahn gähnt und wir gähnen gleich mit. Für dieses Phänomen sind **Spiegelneuronen** verantwortlich! Diese neuronale Reaktion bringt uns dazu, genau das zu tun, was unser Gegenüber auch tut. Im direkten Gespräch kann mit ähnlichem Verhalten Zusammengehörigkeit und Sympathie hergestellt werden. Dies geschieht im Grunde über das körperliche Angleichen. Es geht hier noch nicht um Sprache oder Worte, sondern nur um **Körpersprache.** Ihr Gesprächspartner erzählt gerade von seinem Job und hat dabei seine Hand in der Hosentasche? Nehmen Sie die gleiche Position ein, wippen Sie auf dem gleichen Fuß und nehmen Sie eine ähnliche Körperhaltung ein. Auf einer unterbewussten Ebene wird hier **Sympathie durch Ähnlichkeit** hergestellt.

Übung: Betrachten Sie je ein Bild von 3 unterschiedlichen Menschen. Versuchen Sie zu jedem Menschen mindestens drei körperliche Merkmale zu finden, die bedeutsam für seine gesamte Erscheinung sind. Ist es die Ausrichtung der Füße? Sind es die verschränkten Arme? Ist es die besonders gerade Körperhaltung?

Matchen

Das Matchen arbeitet direkt auf der **sprachlichen Ebene**. Um **Verständnis und Sympathie** zu erzeugen, sollten Sie sich in Ihrer Wortwahl etwas auf Ihr Gegenüber einstellen. Sprechen Sie in einer sehr bildlichen, blumigen Sprache, aber haben es gerade mit einem ganz objektiven, faktenorientierten, sprachlich geradlinigen Menschen zu tun, versuchen Sie Ihre Sprache etwas zu reduzieren, faktenorientiert zu bleiben und den Inhalt komprimiert zu gliedern. Ihr Gegenüber wird sich viel besser auf Sie einlassen können und eher bereit sein, mit Ihnen in Verhandlungen und generell in Kommunikation zu treten.

Übung: Stellen Sie sich einen Arbeitskollegen vor, der eher weniger polarisiert. Nennen Sie mindestens 3 Nomen und 3 Verben, die diese Person regelmäßig verwendet!

Leading

Das Leading ist bereits die **Endstufe des erfolgreichen NLPs** und auch gleichzeitig der Grund, warum es von vielen Leuten kritisiert wird. Es ist unglaublich machtvoll. Sind die oben genannten Schritte geglückt, ist das Leading nur noch der nächste Schritt. Sie überblicken die Situation und wissen genau, was Sie sagen müssen, um eine bestimmte Reaktion zu erzielen. Das Leading bedeutet, sich all diesen Faktoren bewusst zu sein und das Gespräch aktiv zu führen. Dies geschieht durch das perfekte Zusammenspiel der verbal-sprachlichen und der körpersprachlichen Ebene. Nur wirklich authentische Menschen, also diejenigen, deren Körpersprache dasselbe aussagt, wie das von ihnen gesprochene Wort, können das Leading perfekt einsetzen.

Visualisieren

Eine weitere geniale Technik im NLP ist das **bewusste Visualisieren.** Es wird davon ausgegangen, was im Rahmen Ihrer Vorstellungskraft liegt, kann auch von Ihnen verwirklicht werden. Große Dinge beginnen mit kleinen Schritten. Egal ob es scheinbar verrückt wirkende Ziele sind, wie Millionär oder Leistungssportler zu werden oder eben die ganz große Liebe zu finden. Alles beginnt in Ihrer Vorstellung. Wenn Sie den Raum dafür kreieren, sind Sie in der Lage dazu, auf Ihr Großziel hinzuarbeiten und alle kleinen Schritte zu unternehmen, die dafür notwendig sind.

Perfektes Visualisieren erfolgt auf mehreren Ebenen. Es geht im Grunde darum, sich eine Situation vorstellen zu können. Je öfter und intensiver Sie sich dieses Geschehnis vorstellen, umso stärker steuern Sie alle Sie umgebenden Zusammenhänge auf dieses Ziel hin.

Es genügt jedoch nicht nur, zu denken: "Ich will gerne xy haben/ werden/ etc." Diese Satzstruktur impliziert einen Mangel, denn er geht in der gegenwärtigen Zeit davon aus, dass Sie es noch nicht haben und es unwahrscheinlich ist, es zu erreichen. Stellen Sie sich daher Großziele und Kleinziele vor. Das Großziel kann zum Beispiel sein, nach Australien/Island/Kanada/ Schweden etc. auszuwandern. Visualisieren Sie dieses Land und fühlen Sie die Empfindungen, die Sie mit der Schönheit der Landschaft und dem Lebensgefühl verbinden, welches aufkommt, wenn Sie an dieses Land denken. Träumen Sie sich so richtig in dieses Gefühl rein. Stellen Sie sich das Essen vor, schmecken Sie es auf Ihrer Zunge und stellen Sie sich die Gerüche und die zarte Brise des Windes dort vor. Spüren Sie ALLES, was Sie jemals damit verbunden haben. Reaktivieren Sie Ihre Reiselust, die Lust auf Abenteuer, die Ursprünglichkeit, die Ihnen dieses Land zurückgibt.

In Ihrem Kleinziel gehen Sie im Geiste wieder und wieder alle Schritte durch, die dafür notwendig sind, um Ihren Hauptwunsch, nämlich in Land xy auszuwandern, näherzukommen. Mit der **Visualisierungsübung** können Sie im Grunde alles erreichen, was Sie möchten. Dies kann man so großspurig behaupten, da es auch eine Technik ist, die beispielsweise von Hochleistungssportlern verwendet wird. Bevor beispielsweiße eine komplexe Übung durchgeführt wird, fokussiert sich der Sportler und fühlt bereits den Ablauf im Detail. In Kombination mit ganz viel Übung und der erlernten Technik gelingt ihm so die Ausführung in Perfektion!

Metaprogramme und das Milton- Modell

Als Metaprogramme werden **imaginierte Filter in unserem Bewusstsein** bezeichnet, die nach einem bestimmten Schema funktionieren. Sie filtern nach einem bestimmten Muster die Wahrnehmung der Informationen, die in unser aktives Bewusstsein gelangen.

Diese Metaprogramme sind durch frühe Erfahrungen erlernt und in unser Bewusstsein implementiert.

Ein Metaprogramm ist eine Art **selektive Wahrnehmung**. Dies bedeutet, dass eine Person innerhalb einer großen Menschengruppe beispielsweise hauptsächlich einen Menschen mit einem bestimmten Hobby wahrnimmt, da ihr Metaprogramm vielleicht auf die Teamsportart „Fußball" ausgerichtet ist. Alle anderen Leute, die diese Sportart nicht betreiben, rücken für die entsprechende Person eher in den Hintergrund, da ihr persönliches Metaprogramm auf

„Fußball" ausgerichtet ist. Dies geschieht, weil sie damit gewisse Attribute verbindet, die sie für sich als attraktiv empfindet. Diese Attribute könnten „Sportlichkeit", „körperliche Attraktivität" oder „Fairness" sein. Da das Metaprogramm dieser Person auf Fußball ausgerichtet ist, wird sie unbewusst auch hauptsächlich Menschen kennenlernen, die damit in irgendeiner Weise zu tun haben.

Ein populäres Modell von NLP ist das Milton-Modell, welches auf den Psychoanalytiker Milton H. Erickson zurückgeht. Die beiden NLP Begründer Bandler und Grinder beobachteten ihn während seiner therapeutischen Praxis und leiteten ab, wie Erickson Sprache verwendete. Während ihrer Beobachtungen modellierten sie seine Art, Sprache zu verwenden. Diese beobachteten Teile entwickelten sie zu zum Milton-Modell. Es zeigt auf, welche Sprachmuster Erickson zur Verfügung hatte und in welchen Kontexten er diese anwendete.

Durch die Entwicklung des Milton Modells entstand die NLP Technik des Modellierens. Dies bedeutet konkret, dass man die Art des Sprechens des Gegenübers minutiös beobachtet und in gewisser Weise selbst annimmt. So wird der Rapport (s. Kapitel NLP Techniken) zwischen beiden Gesprächspartnern gesteigert und auch die Distanz im Gespräch abgebaut, da sich beide Gesprächspartner weniger fremd fühlen. Sie schwingen gemeinsam auf einer bestimmten Ebene.

Tatsächlich ist die Technik des Modellierens besonders im Leistungssport sehr verbreitet, da auch hier in diesem Falle Bewegungsabläufe mental zerlegt werden und man sich genau vorstellt, wie die nächste Bewegung ausgeführt wird. Häufig geschieht auch im Sport die eigene Leistungssteigerung durch die Beobachtung und schließlich die Imitation von Sportlern, die besser sind als man selbst. So wird deren Perfektion in Bewegungsabläufen genau studiert und schließlich selbst nachgeahmt.

Die Technik des Modellierens im NLP verfolgt in Bezug auf eine **authentische Kommunikation**, die schließlich das Ziel ist, sogar einen noch extremeren Ansatz. Um die Perfektion der zu beobachteten Person, die eine gewisse Verhaltens- oder Kommunikationsweise hat, wirklich aufzugreifen, ist der erste Schritt, wirklich in die Person einzutauchen. Wie fühlt sich diese Person? Wie ist ihre Aura, wenn sie einen Raum betritt? Was sind typische Gesten, Stimmlage und Mimiken? Es wird davon ausgegangen, dass dieser komplette Wirkzusammenhang vieler einzelner Faktoren den Gesamterfolg dieser Person ausmacht.

Insofern ist die erfolgreiche Kommunikation dieser Person dann nur der letzte logische Schritt aus ihrer kompletten Wirkung als Mensch. Wenn Sie erfolgreich modellieren können, sind Sie in der Lage, sich alles anzueignen, was Sie möchten. Fake it till YOU make it!

Die Säulen des NLP

Das Konzept von NLP hat bestimmte Grundpfeiler, die für Anwendung und Verständnis fundamental sind. Es gibt sechs Grundprinzipien als Säulen des NLP.

Sie - Ihre emotionale Verfassung und Ihre Fähigkeiten

Im NLP ist die Person mit all ihren Fähigkeiten der zentrale Aspekt. Alles ist davon abhängig, wie Ihre Einstellung ist und ob Sie sich dieser sowie Ihren Emotionen bewusst werden. Die Wirksamkeit sämtlicher Methoden und Techniken des NLP hängt davon ab, was Sie daraus machen.

Vorannahmen - Prinzipien des NLP

Bei den Vorannahmen geht es um die Annahmen des NLP. Sie sind von elementarer Bedeutung und sollten als gegeben angesehen und akzeptiert werden, wenn man NLP anwendet.

Rapport

Rapport spielt eine große Rolle, wenn es um die Qualität zwischenmenschlicher Beziehungen geht und auch um Ihr Gelingen, solche Beziehungen herzustellen. Rapport kann in kürzester Zeit aufgebaut werden, zum Beispiel mithilfe der richtigen Körpersprache. Nach Rapport folgt idealerweise Vertrauen.

Ziele

Definieren Sie Ihre eigenen Ziele, machen Sie sich sie bewusst und finden Sie auch heraus, was die Ziele anderer sind. Halten Sie sich stets vor Augen, dass Sie ein bestimmtes Handeln an den Tag legen, um ein Ziel zu erreichen.

Feedback

Wie können Sie feststellen, ob Sie Ihr Ziel erfolgreich ansteuern? Je geschulter Ihre Wahrnehmung diesbezüglich ist, desto eher können Sie Ihr Ziel schnell erreichen und dabei auch ein positives Feedback Ihrer Umwelt erwarten.

Flexibel sein

Wenn Sie flexibel sind, können Sie Ihre Vorgehensweise überdenken und neu ausrichten, sollten Sie nicht die gewünschten Resultate erzielen. Je mehr Lösungsstrategien Sie parat haben, um Ihr Ziel zu erreichen, desto wahrscheinlicher ist es, eine passende zu finden, mit der Sie es letztendlich sicher erlangen. Neben der Eigenschaft der Flexibilität sollten Sie auch ökonomisch handeln, das heißt, Sie sollten effizient vorgehen, wenn es um das Erreichen Ihrer Ziele geht.

B.A.G.E.L - Modell

Das von Robert Dilts begründete B.A.G.E.L Modell ist ein Einblick in das Verständnis verschiedener menschlicher Typen und bestimmte physische Charakteristika, die diese jeweils bestimmten. Es wird benannt, dass gerade in Bezug auf die Anwendung der Modeling Technik häufig nicht nur die Adaption von Sprache ausschlaggebend ist, sondern die komplette Erfassung einer physischen Erscheinung. Das B.A.G.E.L Modell benennt fünf Punkte, um dies zu erfassen.

Body Posture - Körperhaltung

Es gibt den visuellen, auditiven und kinästhetischen Typ. Jeder Typus hat eine bestimmte Betonung auf das genannte Merkmal. Während der visuelle Typ in einer in sich ruhenden Haltung verweilt, ist der auditive Typ eher mit verschränkten Armen aufrecht sitzend zu sehen, während der kinästhetische Typ mit gesenktem Blick und nach vorne gerollten Schultern nach vorne geneigt sitzt.

Accessing Cues - Zugangshinweise

Dieser Punkt gibt Aufschluss über die Nutzung des Stimmorgans. Der visuelle Typ spricht eher in hoher Tonlage, in einem relativ schnellen Sprechtempo und einer schnellen Brustatmung. Wesentlich gesetzter und ruhiger artikuliert sich der auditive Typ mit einer resonanten Stimme bei gleichmäßiger Atemfrequenz. Der kinästhetische Typ spricht mit tiefer Stimme, langen Sprechpausen und atmet in einer tiefen Bauchatmung.

Gestures - Gesten

Der visuelle Typ nutzt Gestiken des oberen Bereiches des Körpers, während der auditive Typ eher kleine Bewegungen, nämlich des Kopfes und Körpers, ausführt und beim Sprechen häufig Mund, Ohren oder Hals berührt. Der kinästhetische Typ fällt eher durch Verwendung von Gestiken auf Höhe der Bauchregion auf.

Eye movements - Augenbewegungsmuster

Die Blickrichtung des visuellen Typs ist nach oben gerichtet, der auditive Typ schaut eher horizontal und der kinästhetische Typ tendiert dazu, den Blick nach rechts unten zu senken.

Language Patterns - Sprachmuster

Der visuelle Typ nutzt eine sehr bildhafte Sprache und bedient sich einer klaren Wortwahl. Der auditive Typ kreiert hauptsächlich über die eigene Stimmfarbe, neigt zum Diskutieren und hat eine große Varianz in der eigenen Stimme. Einer gefühlsbetonten, ruhigen und intuitiv genutzten Sprache bedient sich der kinästhetische Typ.

Core Transformation

Die Core Transformation ist eine der **tiefgreifendsten NLP Techniken**, da sie mit eigenen Gefühlen arbeitet und innere Muster und Prägungen ergründet. Die Hauptfrage in der Core Transformation ist: „Was kann ermöglicht werden?“

So wird ungeliebten Verhaltensweisen an sich selbst oder unerwünschten Gefühlen und Reaktionen auf den Grund gegangen. Diese werden identifiziert und dazu genutzt, um an die eigenen positiven, inneren Ressourcen zu kommen. Negative Gefühle bieten also ein willkommenes Feld, um den eigenen Geist zu ergründen und sich über Möglichkeiten und Potentiale bewusst zu werden.

Ebenfalls bietet die Technik der Core Transformation die Möglichkeit, selbstzerstörerische Verhaltensweisen oder Gefühle umzuwandeln, die uns im Leben normalerweise behindern würden.

Die Core Transformation bietet dann die Möglichkeit, sich bei aufkommenden Krisen jedes Mal bewusst dem eigenen Inneren zuzuwenden und so in eine Form der Introspektion (Innensicht) zu gelangen.

Dies sind Anzeichen, woran Sie erkennen können, dass Sie mit dem sogenannten „Core-Selbst“ verbunden sind, also Ihrem ganz wesensursprünglichen Selbst entsprechen:

Sie fühlen Ganzheit, inneren Frieden, ein Wohlsein und Liebe.
Sie fühlen sich lebendig.
Sie fühlen sich in Ihrem Körper zentriert und eins mit ihm.
Sie sind sich bewusst über Ihren Körper und Ihre Emotionen.
Sie nehmen das Umfeld ganz klar wahr.
Sie wissen, was Sie wollen.
Sie verhalten sich entsprechend Ihren Wert- und Moralvorstellungen.
Sie respektieren sich selbst und andere.
Sie haben ein positives Selbstgefühl.

Weiterhin gibt es fünf Grundzustände, die das Verbundensein mit dem Core signalisieren.

Ruhen im Sein
Innerer Friede
Liebe
Okay-Sein
Einssein

Die Core Transformation kann in Bezug auf alle essentiellen Lebensbereiche angewendet werden. Als besonders bewährt hat sie sich im Einsatz im emotionalen Bereich, bei zwischenmenschlichen Beziehungen und im Bereich Sucht- und Abhängigkeit.
Im emotionalen Bereich ist die Core Transformation hilfreich, wenn Sie sich regelmäßig von Ihren Gefühlen überrannt fühlen. Emotionen **wie Panik, Zorn, Aggression** sind dann elementar und werden als so präsent erlebt, dass es dem Betroffenen schwerfallen kann, sich von diesen Emotionen wieder zu distanzieren. Wenn Sie also häufiger das Gefühl haben, von Ihren Gefühlen komplett beherrscht zu sein und diese Ihnen in Ihrem Leben sogar manchmal Probleme machen, dann könnte die Technik der Core Transformation das Richtige für Sie sein. Die Idee dahinter ist, dass hinter jeder negativen Emotion eigentlich ein Bedürfnis steht, was zu lange übergangen wurde. Durch die Anwendung der Technik können Sie diesem Bedürfnis und schließlich der Ressource auf die Spur kommen.
Ein anderer Bereich, in dem die Core Technik Anwendung findet, ist **jeglicher Bereich von Süchten**. Egal ob Themen wie Essen, Alkohol, Nikotin, Medien oder Geld vielleicht Ihr Leben beherrschen und diesbezüglich bereits wirklich eine Problematik besteht. Hinter jeder Sucht steht eigentlich eine SehnSUCHT nach etwas und drückt ein tieferes Bedürfnis aus. Häufig sind Essen, Alkohol oder Drogen ein Mittel, um sich selbst in ein rauschhaftes oder geborgenes Gefühl zu bringen. Drogenproblematiken werden besonders häufig von Menschen mit dysfunktionalen Elternbeziehungen und den damit verbundenen Bindungsschwierigkeiten entwickelt. Jegliche Form von Sucht nach Rausch und dem entstehenden Wohlgefühl kann also auf die Sehnsucht nach einem gewissen Geborgenheitsgefühl zurückgeführt werden. Besonders Menschen mit schwach ausgeprägtem Selbstwertgefühl sind häufiger von massiven Alkohol- und Drogenproblematiken betroffen, da der Konsum der Droge einerseits auch ein Identitäts- oder Gemeinschaftsgefühl vermittelt, aber auch für kurze Zeit eine Steigerung der Selbstsicherheit hervorruft.
In Bezug auf Beziehungen stehen folgende Fragestellungen im Fokus der Core-Transformation: Fühlen Sie sich schlecht, wenn eine Tätigkeit besser von jemand anderem ausgeführt worden

ist oder fällt es Ihnen schwer, jemanden um einen Gefallen zu bitten? Ist der Fokus Ihrer Aufmerksamkeit häufig darauf gerichtet, anderen zu gefallen und zögern Sie auch meistens nicht, anderen einen Gefallen zu tun, auch wenn dies dann für Sie selbst auf Ihre eigenen Kosten geht? Unterstellen Sie anderen Menschen häufig negative Motive und gehen von negativen Absichten aus? Haben Sie Verlassenheitsängste? All dies kann ein Anzeichen sein, dass in Ihren alltäglichen Beziehungen ein Ungleichgewicht herrscht, was letztendlich durch eine mangelhafte Beziehung zu sich selbst verursacht wird. Bedenken Sie, Ihre Beziehungen sind immer nur eine **Projektionsfläche der eigenen Beziehung** zu sich selbst.

Die Core Transformation ist außerdem auch besonders interessant, falls Sie schon länger unter **körperlichen Beschwerden** leiden, von denen Sie die Vermutung haben, dass hier eventuell ein **psychosomatischer Zusammenhang** besteht. Häufig werden körperliche Leiden wie chronische Magenschmerzen, andauernde Müdigkeit oder andere Krankheiten durch mentale Prozesse ausgelöst und beibehalten.

Die Technik der Core Transformation wendet sich nun also genau diesen genannten Baustellen zu und sieht sie zunächst einmal als eine Art Ventil oder Zugangsstelle für die Entfaltung von Potentialen.

Diamond – Technik

Die Diamond Technik entstand 1996 im Rahmen eines NLP Seminars während der eigentlichen Anwendung der Core Transformation. Aus diesem Prozess heraus wurde gefragt, inwiefern neben der Eröffnung neuer Perspektiven auch das Verschwindenlassen eines Problems erarbeitet werden könnte.

Das Problem verschwindet in der Anwendung der Diamondtechnik durch den linguistischen und mentalen Bearbeitungsprozess, in dem genannte Problematiken uminterpretiert werden, sodass diese schließlich verschwinden.

Die zentralen Leitfragen der Diamondtechnik sind, was durch das Problem ermöglicht wird und was es verhindert.

Erste Ebene der Diamond Technik:

Schritt 1: Glaubenssatz

Hier soll vom Teilnehmer eine Selbstüberzeugung oder ein Glaubenssatz formuliert werden.

Schritt 2: Gegensatz

Im zweiten Schritt soll der entsprechende Gegensatz gebildet werden, indem der zuvor getätigte Glaubenssatz umformuliert oder verneint wird. Aus „Ich fühle mich klein“ könnte also werden: „Ich fühle mich groß“ oder „ich fühle mich nicht klein“.

Schritt 3: Gemeinsamkeiten finden: „Sowohl – als – auch“

In diesem Schritt soll gefragt werden, was sowohl Satz als auch Gegensatz gemeinsam haben. Es kann auch nach dem gemeinsamen Hintergrund beider Sachverhalte gefragt werden, um eine Ähnlichkeit zu erfragen.

Während des Bearbeitungsprozesses dieses Schritts wirken Satz und Gegensatz für den Anwender noch komplett konträr und es ist schwer möglich, Gemeinsamkeiten zu finden. Durch die Frage nach dem gemeinsamen Hintergrund soll jedoch ermöglicht werden, aus dem relativ engen Rahmen, den die eigene Denkweise bildet, herauszutreten. Der gemeinsame Hintergrund aus „ich fühle mich klein“ und „ich fühle mich groß“ ist z.B. die Bewertung der eigenen Person in zwei Extremen. Durch die eigene Denkweise findet also eine Polarisierung, eine einseitige Darstellung der eigenen Person in die jeweilige Richtung statt. Dieses fällt in diesem Fall entweder absolut überhöht oder maßlos untertrieben aus. Die Diamond Technik ermöglicht ein Verlassen des Rahmens der Bewertung, wodurch die Frage, ob man sich nun klein oder groß findet, relativiert wird.

Schritt 4: Weder – noch

In diesem Schritt wird gefragt, mit was sowohl der Glaubenssatz als auch der Gegensatz nichts zu tun haben. Mit dieser Vorgehensweise soll der Blick auf das Neue geöffnet werden und das Heranziehen neuer Betrachtungsweisen ermöglicht werden. Weder mit dem einen noch mit dem anderen haben beispielsweise die Begrifflichkeiten „Wertneutralität sich selbst gegenüber“ zu tun. Neutral in der Haltung sich selbst gegenüber zu sein schließt aus, sich klein oder groß zu fühlen.

Schritt 5: Ermöglicht und verhindert

In diesem Schritt soll nun gefragt werden, was durch die jeweilige Überzeugung ermöglicht und auch verhindert werden kann. Es soll aufzeigen, dass beide Überzeugungen auch einen positiven Effekt haben können, aber auch einschränkend wirken. Die Mehrdimensionalität einer relativ einseitigen Überzeugung wird also geschaffen.

Ermöglicht wird zum Beispiel mit der Überzeugung „ich fühle mich klein“, sodass die betreffende Person auch in der Lage ist, sich in bestimmten Situationen in ihrer eigenen Person zurückzustellen. Das ist erstmal positiv. Verhindert wird durch diese Überzeugung, in passenden Situationen für sich Raum einnehmen zu können und zum Beispiel Dinge für sich einzufordern.

Dieses Vorgehen kann auch mit dem Gegensatz und den anderen beiden Schritten wiederholt werden.

Schritt 6: Veränderter Ausgangssatz

In diesem Schritt soll die Frage nach der Veränderung des Ausgangsatzes erfolgen. Zentral sind hier die Erkenntnisse, die nun aus diesen Fragen genommen wurden. Der Betroffene soll erklären, wie das Thema nun neu formuliert klingt. Damit nimmt er eine Metaperspektive ein und schafft so Distanz zwischen sich und seinen persönlichen Überzeugungen und macht sie so zu dem, was sie sind: Gedanken.

Nun soll der Befragte hinter dem Hintergrund all dieser Erkenntnisse sein Anliegen, oder seine persönliche Thematik umformulieren. Dieser neu formulierte Satz ist der Gegensatz der nächsten Ebene „G2".

Zweite Ebene

Nun wird der Arbeitsprozess von einer zweidimensionalen in eine dreidimensionale Struktur gelenkt. Hier bildet sich die sogenannte zweite Ebene des Diamonds.

Nun werden der erste Glaubenssatz und der erarbeitete Gegensatz notiert. Danach werden die Schritte eins bis sechs notiert und diesbezüglich ein Ergebnis (G3) erarbeitet. Dieses Ergebnis, also der Erkenntnissatz, ist entweder eine reine Erkenntnis oder ein alternatives Ziel. Dieser Schritt kann mit allen Ergebnissen beliebig oft weitergeführt werden und es ist deshalb so spannend, da es Aufschluss über die eigenen Gedankenmuster, ja sogar die Arbeitsweise des Denkens gibt.

Überzeugungskraft

Bestimmt sind Sie unter anderem an NLP interessiert, weil Sie Ihre Überzeugungskraft, mit der Sie anderen Menschen gegenübertreten, steigern wollen. Vielleicht haben Sie einen neuen Job oder sind in einer anderen, sich verändernden Lebenssituation, in der Sie auch einfach mal neustarten wollen. Oder wissen Sie vielleicht, dass Sie demnächst in Situationen sein werden, in denen Sie einfach alles geben müssen? Gehaltsverhandlungen, Konfliktgespräche oder andere Situationen, in denen sich Positionen und Gegebenheiten neu sortieren?

Der Schlüssel, um diese Überzeugungskraft zu entwickeln, ist Authentizität.

Authentizität bedeutet auch Wahrhaftigkeit und steht dafür, wie sehr Sie Dinge verkörpern, die Sie vertreten. Sie wirken also schnell unauthentisch, wenn Sie beispielsweise behaupten, wie selbstbewusst Sie sind, jedoch ständig mit herunterhängenden Schultern umhergehen und einen gesenkten Blick haben. Man könnte auch von Kongruenz, also einer Deckungsgleichheit sprechen. Man kennt dies aus dem Geometrieunterricht und der Begriff Kongruenz wurde oft im Zusammenhang mit der Deckungsgleichheit von geometrischen Figuren verwendet. Wie sehr decken sich also Ihre Ansichtsweisen, die Sie täglich äußern, mit dem was, Sie tatsächlich tun?

Um sich Ihrer Authentizität klarzuwerden, verschaffen Sie sich zunächst einen groben Überblick über Ihre eigenen Überzeugungen. Welche Werte vertreten Sie und was können und wollen Sie für sich umsetzen? Manche Dinge sehen von außen vielleicht ganz gut aus, sind Ihnen im Grunde aber zu radikal. Dies ist in Ordnung, wenn Sie eben hinter Ihrer Meinung stehen können.
Wo beginnt nun aber Überzeugungskraft?
Überzeugungskraft schaffen Sie mit Hilfe Ihrer eigenen Authentizität auf drei Ebenen:

Körperebene
Verbal-sprachliche Ebene
Mentale Ebene

Diese **drei Ebenen** stehen miteinander im **Zusammenhang** und können in einer authentischen Art nicht isoliert voneinander entwickelt und gelebt werden.
Wenn Ihr Körper das aussagt, was in Ihnen vorgeht, können Sie die passenden Worte finden.
Um nun auch überzeugend zu sein ist es hilfreich, mit inneren Bildern und einer positiven Grundüberzeugung zu arbeiten.
Gehen Sie immer vom Besten aus! Sie halten dies vielleicht für blauäugig? Nach den Regeln der NLP ist es absolut notwendig, von dem auszugehen, also dies zu visualisieren, was Sie erreichen möchten.
Falls Sie nun also in eine Gehaltsverhandlung gehen, ist es essentiell, sich bereits vor dem Gespräch auf allen drei Ebenen auf eine bestimmte Tatsache einzustellen.
„Ich habe es verdient und meine Arbeitskraft ist es wert, angemessen honoriert zu werden!"

Körperebene:
Sie werden aufrechter in Ihrer Haltung, Ihre Schultern straffen sich nach hinten und Ihr Brustkorb hebt sich leicht an. Ihre Haltung signalisiert innere Ruhe und Souveränität.

Verbal-sprachliche Ebene:
Sie verwenden positive Ich-Botschaften, schaffen eine angenehme Konversationsatmosphäre und greifen auf die hier vorgestellten Techniken zurück.
Beispiel am Milton Modell:
„Ich habe im letzten Jahr durch Weiterbildungen Fähigkeiten xy erworben und konnte dadurch meinen Verantwortungsbereich erweitern."
Durch die Verwendung von Konjunktionen wie „und" sowie dem Adverb „dadurch" können kausal-logische Verknüpfungen hergestellt werden. Die getätigte Weiterbildung ist ein unbestreitbarer Fakt, was die Basis für Ihre Ausführung bietet. Von hier aus stehen Sie inhaltlich gesehen auf sicherem Boden. Durch Ihren Einsatz ist dies geschehen und zusätzlich konnten Sie auf Grundlage dessen mehr Verantwortung im Betrieb übernehmen. Sie haben

durch diese Verbindung sprachlich einen logischen Zusammenhang geschaffen, auch wenn die Tatsache, dass Sie mehr Verantwortung übernommen haben, keine automatische Folge aus Ihrer getätigten Weiterbildung ist.

Mentale Ebene:
Sie erschaffen sich innere Bilder von Kompetenz, Stärke und Souveränität. Modellieren Sie eventuell eine erfolgreiche Person Ihrer Wahl und arbeiten Sie auch hier mit Techniken der NLP.

NLP an sich selbst anwenden

Erfolgreicher sein durch Kommunikation mit sich selbst
Ein Schlüssel zum Erfolg ist eine gelungene Kommunikation mit sich selbst. Werden Sie Ihr eigenes Team und coachen Sie sich zu Höchstleistungen!
Werden Sie sich bewusst, dass Sie sich Ihrer mentalen Ebene bedienen können und Ihr Körper dieser mentalen Programmierung über kurz oder lang folgen wird.

Hierfür gibt es einige Grundprinzipien:
Glauben Sie an den positiv möglichsten Ausgang jeder Situation, denn Sie sind ein positiver Mensch, der etwas Positives in die Welt bringt.
Unbequeme Situationen sind nur eine Prüfung oder ein vorrübergehender Zustand, der dazu da ist, Sie eine bestimmte Lektion lernen zu lassen und Ihre mentale Stärke zu entwickeln.
Mit positiven Intentionen setzen Sie einen positiven Ausgang für JEDE Situation.

Ängste überwinden durch NLP

Ängste im Allgemeinen, und dazu gehören generell auch **Panikattacken,** sind zunächst eine vollkommen gesunde Reaktion unseres Körpers und unserer Psyche. Sie schützt uns vor unbedachten Handlungen und möglichen Gefahren, die durch uns selbst oder unsere Umwelt verursacht werden können. Das aus der Biologie bekannte „Fight or Flight Syndrom", welches Säugetiere dazu veranlasst, sich entweder der Gefahr zu stellen und zu kämpfen oder blitzschnell die Flucht zu ergreifen, ist auch in unserem Körper genetisch verankert. Wir sind also darauf programmiert, in unbekannten oder furchteinflößenden Situationen Adrenalin auszuschütten, um vollkommen wach und klar reagieren zu können. In der Steinzeit hat uns dies beispielsweise davor bewahrt, von Löwen gefressen zu werden oder steile Klippen hinunterzustürzen. Die Angst als solche war also als lebenswichtig zu bezeichnen und erfüllte wichtige Funktionen.
Angst im modernen Alltag äußert sich auf der Körperebene aber auch durch **lähmende Mechanismen** wie Schwindel- und Übelkeitsgefühle, rasender Puls, Atemnot oder Taubheitsempfinden. In der psychischen Dimension wirkt Angst ebenfalls unproduktiv:

Rasende Gedanken, das Einbilden von Horrorszenarien, das Gefühl wahnsinnig zu werden und eine Bewegungslosigkeit auf mentaler Ebene. Insofern sind diese Mechanismen nicht als lebenswichtig, sondern eher als höchst störend zu bezeichnen.

Eine der verbreitetsten Ansichten ist es, dass Ängste in Form von Neurosen und Panikattacken durch Gruppengesprächstherapie gelöst werden können. Vor dem Hintergrund aller Erkenntnisse der NLP sowie der Neurowissenschaft ist es jedoch absurd zu glauben, dass sich Ängste auflösen, wenn man diese regemäßig mit anderen angstbehafteten Menschen mit den gleichen Problemen diskutiert.

Viel sinnvoller ist es, modellhaft zu lernen und sich Menschen anzuschauen, die ein bestimmtes Problem nicht haben. Wie sind deren Strategien, sich in Situationen zu verhalten und auf Dinge zu reagieren, die einer anderen Person Angst machen?

Ebenfalls sind Konfrontationstherapien, also regelmäßige Schocksitzungen, um beispielsweiße einen klaustrophobischen Menschen zweimal wöchentlich in räumlich-beengte Situationen zu bringen aus Sicht der NLP nicht wirklich wirksam, da er sich hier nur mit seiner Angst, aber nicht mit einer besseren Strategie beschäftigt.

Um Ängste aktiv zu beseitigen, sollten Sie sich eher Techniken wie der **Core Transformation** (s. Kapitel Core-Transformation) zuwenden, um bestimmte Gefühle von innen heraus zu aktivieren und so Ihren Alltag zu erleichtern.

Selbstbeherrschung & Selbsthypnose

Selbstbeherrschung entsteht durch einen erfolgreichen Dialog mit dem eigenen Selbst. Wann verlieren Sie vollkommen die Beherrschung? In Bezug auf **Essen, Aggression oder anderen emotionalen oder instinktbehafteten Themen.** Unser Intellekt unterscheidet uns glücklicherweise von den meisten Tierarten, weshalb wir dazu in der Lage sind, aus bestimmten Situationen mental herauszutreten und eine Weile zu reflektieren.

Verschaffen Sie sich in überbordenden Situationen Zeit und treten Sie in den Dialog mit sich selbst.

Hilfreich ist das **Zurückgreifen auf bestimmte Ziele,** die Sie sich bereits gesetzt haben und im besten Fall irgendwo visualisiert griffbereit haben.

Sie sind gerade dabei abzunehmen, sind aber von der Schokolade verlockt? Anstelle von der Bekämpfung der Gelüste, visualisieren Sie Ihren leichten und schlanken Traumkörper.

Fühlen Sie sich hinein, wie es ist, dünn und leicht zu sein. Schließen Sie Ihre Augen und fragen sich, womit Sie diesen zarten Körper nun am besten nähren könnten. Anstatt sich der Völlerei hinzugeben, wird Ihr Körper, ausgelöst durch Ihre inneren Bilder, leichte und gesunde Nahrungsmittel einfordern, anstatt sich mit Ungesundem und Fettigen zu lähmen.

NLP im Alltag & Job

Bei den **allgemeinen Herausforderungen im Alltag & Job** ist es ein ideales Übungsfeld, NLP zu nutzen! Es geht darum, Optimierung ganz bewusst auf jeder Ebene zu schaffen und dadurch unabhängiger, freier und schließlich auch erfolgreicher zu werden. Dieses Kapitel zeigt verschiedene „Anwendungsgebiete“ von NLP und soll auch eine neue Perspektive auf Lebenskrisen und Stressbewältigung geben.

NLP im Beruf

In den vergangenen Kapiteln wurden bereits einige Themen aus dem Berufsalltag aufgegriffen. Gerade im Beruf geht es häufig um die Frage: „Wo stehe ich derzeit und wo möchte ich hin?“

Letztendlich betreiben Sie im Berufsalltag durch Ihre Körpersprache, Ihre Kleidung und Ihre Sprache ständig eine gewisse Form der Selbstvermarktung. All diese Elemente geben Aufschluss über Ihr momentanes Befinden und andere schätzen auch häufig Ihre Kompetenz durch Ihre Ausstrahlung und auch äußerlich wahrnehmbare Merkmale ein.

Besonders entscheidend für einen erfolgreichen Stand im Beruf ist der Beginn jedes einzelnen Tages. **Der Morgen** setzt bereits **die Intention** für den gesamten Tag und Sie haben die besten Voraussetzungen, um über diesen Tag selbst zu bestimmen.

Setzen Sie sich daher jeden Morgen Ziele in Form von positiven Affirmationen.

Diese Ziele könnten sein:

„Ich fühle mich leistungsstark und erfolgreich und moderiere souverän die Teamsitzung. Es macht mir Spaß, vor anderen Leuten zu sprechen und das Adrenalin pusht meine Leistung auf ein ganz neues Level!“

Oder:

„Stressige Situationen sind für mich eine Herausforderung und ich nehme es gerne an, diese zu meistern und meine mentale Stärke unter Beweis zu stellen!“

Legen Sie sich bereits am Vorabend Ihre Kleidung heraus, in der Sie sich so fühlen, wie Sie dem Bild von sich selbst, welches Sie verfolgen wollen zu sein, entsprechen. Sie **WOLLEN** sich erfolgreich fühlen und vielleicht sogar Ihre berufliche Position steigern? Dann kleiden Sie sich genau dieser Position entsprechend, die Sie anstreben. Kleidung ist gerade je nach Kontext und Branche im Beruf unterschiedlich, aber Sie kennen sicher Ihr Metier. Sie hilft Ihnen jedoch maßgeblich, vor allem mental bereits schon in die Position zu schlüpfen, die Sie anstreben. Kennen Sie das Zitat: „Der Geist geht voraus und der Körper wird folgen“? In diesem Fall trifft das Zitat nicht zu. Sie stimmen sich äußerlich schon auf ein gewisses Ziel ein und verkörpern so bereits optisch etwas, was von anderen wahrgenommen wird. Dementsprechend erzeugen Sie bei Geschäftspartnern und Kollegen bestimmte Assoziationen, die wiederrum Gefühle und Reaktionen auslösen.

Diese Reaktionen spiegeln sich wiederrum in Ihrem eigenen Agieren und helfen Ihnen dabei, Ihre berufliche Identität zu finden. Dies hat nichts mit Oberflächlichkeit zu tun, vielmehr ist es eine Tatsache, dass Sie so bei Ihren Mitmenschen Reaktionen auslösen und diese Reaktionen auch unmittelbar Ihr eigenes Selbstgefühl beeinflussen.

Werden Sie sich bewusst über die Macht Ihrer eigenen Ausstrahlung!

Vor allem auf sprachlicher Ebene können Sie im Job einiges bewirken. Sie möchten Ihre Position stärken oder wollen, dass Ihr Fachwissen wahrgenommen wird?

Setzen Sie **Anker** (s. Kapitel NLP Techniken), die in Ihren Kollegen bestimmte Gefühle und innere Bilder auslösen. Diese Anker sollten auf fachliche Inhalte bezogen sein und Sie können diese Anker hin und wieder setzen, um Ihre Position der „fachlichen Kollegin“ zu stärken. Eignen Sie sich ebenfalls eine bestimmte Kompetenz an und werden Sie in diesem einen Gebiet zum Experten. Gehen Sie ruhig großzügig mit Ihrer Hilfe um, aber scheuen Sie sich auch nicht davor, Ihre Kompetenz und Ihre Leistungen zu zeigen.

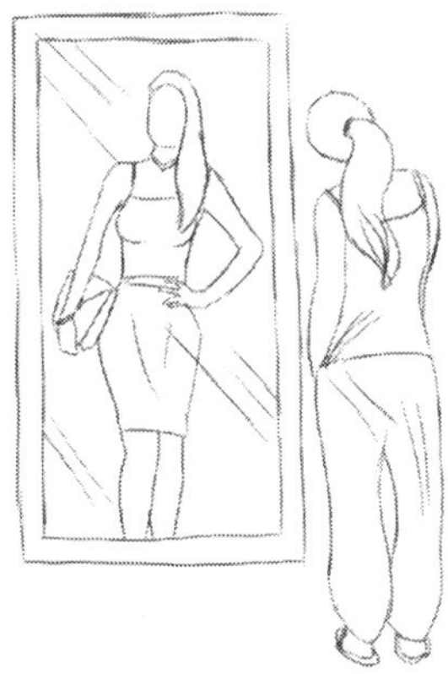

Sie werden auf diese Art als unersetzlich wahrgenommen. Verwenden Sie außerdem in größeren Gesprächsrunden Leading Strategien (s. Kapitel NLP Techniken), um so einen gewissen Stand in der Gruppe zu demonstrieren. Verwenden Sie die Technik jedoch sehr subtil und vermeiden Sie jeglichen Hang zur Prahlerei. Als erfolgreiche Person haben Sie dies nicht nötig! Die gekonnte Anwendung der Varianz verschiedener NLP Techniken ist vollkommen ausreichend.

NLP und Gesundheit

Gesundheit ist das höchste Gut, was wir besitzen. Sofern alles in Ordnung ist, wird diese Gesundheit gemeinhin als relativ selbstverständlich wahrgenommen. Sobald der Körper jedoch bestimmte, normale Funktionen einstellt oder deren Qualität nachlässt, wird uns auf einmal bewusst, dass dieser Normalzustand von Gesundheit auch abweichen kann. Allein Kopfschmerzen, an sich ein sehr harmloses Phänomen, können so beeinträchtigend wirken, dass es uns daran hindert, unseren normalen Tätigkeiten uneingeschränkt nachzugehen. Kennen Sie das Gefühl, dass Gesundheit eigentlich kein Thema für Sie ist und sobald Sie etwa Ohrenschmerzen bekommen, Ihnen schlagartig bewusst wird, wie wunderbar das Gefühl eigentlich ist, beschwerdefrei zu sein? Erst dann nehmen Sie diesen Luxus wahrscheinlich wirklich wahr und sehen sich förmlich nach dem Zustand, leicht und ohne physische Einschränkungen zu sein.

Wie mächtig NLP auf **mentale Prozesse** wirken kann, liegt aufgrund vorangegangener Darstellungen quasi auf der Hand. Alles dreht sich um die Beeinflussung, ja die **Programmierung neuronaler Prozesse**, um das alltägliche Handeln und Denken zu verbessern. Tatsächlich ist NLP jedoch auch in Bezug auf **physische Symptome** genauso wirksam. Wie kann das jedoch sein? Die Tatsache der unauflösbaren Verbindung von Körper und Geist ist gut belegt und auch schon relativ lange bekannt. Nichtsdestotrotz haben die westlichen Zivilgesellschaften die Tendenz, diesen Zusammenhang nicht anzuerkennen und körperliche Symptome und mentale Zustände streng isoliert voneinander zu behandeln. Wenn Sie beispielsweise Kopfschmerzen haben, ist natürlich der erste Impuls, zur Kopfschmerztablette zu greifen. Mit Sicherheit wird die Kopfschmerztablette diesen Zustand lindern, jedoch fragt diese Herangehensweise nicht nach dem Ursprung und der Logik hinter dem Kopfschmerz. Zunächst ist erstmal von einer gewissen Intelligenz des eigenen Körpers auszugehen, was bedeutet, dass Veränderungen im System logisch und folgerichtig sind. Symptome entwickeln sich als Reaktion auf einen gewissen Umstand. Dieser Umstand soll durch dieses Symptom entweder gelindert oder verstärkt werden.

Dieser Annahme zufolge ist es also auch möglich, nicht nur durch äußere Maßnahmen wie Tabletten zu intervenieren, sondern auch wie in allen anderen Bereichen, in denen NLP Anwendung findet, die Dynamik der neuronalen Programmierung zu nutzen.

Wenn Sie gesund sind, machen Sie sich meistens keine drastischen Gedanken über Gesundheit. Wenn Sie krank sind, sieht das jedoch anders aus. Die Gedanken kreisen ständig um das Kranksein, die Krankheit an sich und die Heilung. Es gibt unglaublich viele Menschen, deren Interessensgebiet einfach im „Healing"-Bereich liegt. Es gibt eine ganze Szene von Menschen, die sich das Thema „Healing" auch im medialen Bereich auf die Fahne geschrieben haben und dies auf allen Ebenen bearbeiten. Interessanterweise sind genau diese Menschen auch ständig von allen möglichen Wehwehchen oder schlimmeren Krankheiten betroffen, die durch alle Formen von Tees, Ernährung und Supplementen geheilt werden soll. Die berechtigte Frage ist natürlich, ob diese Krankheiten hier einem Selbstzweck dienen.

Aber auch aus der Perspektive der NLP ist die **Krankheit** eine logische Folge, wenn der Geist ständig mit den Themen der „Heilung“ beschäftigt ist. Rein logisch betrachtet impliziert das Thema Heilung ja eine vorrausgegangene Krankheit oder zumindest eine Krankheit, die in naher Zukunft bevorsteht. Sie finden es zynisch und denken, dass wir implizieren, dass diese Menschen keine Heilung wollen, obwohl sie dies doch thematisieren?

Mit Sicherheit ist Heilung angestrebt, doch zwischen wollen und umsetzen liegen bekanntlich Welten.

Funktional und im Sinne von NLP ist es nicht, einen schlechten Zustand bewusst zu transformieren. Die Änderung kann erst dann beginnen, wenn Sie sich JETZT schon vorstellen, einen gesunden und leistungsfähigen Körper zu haben. Wenn Sie ständig das Thema Heilung vor Augen haben, werden mit Sicherheit Punkte eintreten, die eine Heilung notwendig machen.

Auch mit Beeinträchtigung fokussieren Sie sich auf die Eigenschaften Ihres Körpers, die funktionieren. Sie haben Probleme mit einem Körperteil und haben sich daher bereits von allen möglichen Freizeitbeschäftigungen zurückgezogen? Trainieren Sie gerade deswegen alle anderen Bereiche Ihres Körpers, die um diesen Bereich herum liegen und halten Sie sich vor Augen, dass das Training dieser Bereiche den „kranken Bereich“ optimiert und unterstützt. Nicht umsonst wird bei Knieproblemen dazu geraten, **Muskulatur aufzubauen**, um die schwachen Bänder zu stützen. Je leistungsfähiger die Muskulatur ringsherum ist, umso stärker wird das Bein im Ganzen sein. Umso weniger wird das Knie dann auf den Halt der Bänder, welche sich irgendwann ganz natürlich abnutzen, angewiesen sein, da es sich eben auf eine kräftige Stützmuskulatur verlassen kann.

Gerade bei stressbedingten Symptomen wie Kopfschmerzen oder Übelkeit kann NLP hervorragende Dienste leisten. Beispielsweiße gibt es eine **Atemtechnik,** die durch das bewusste Hineinatmen in den Schmerz im Bauchbereich Krämpfe und Verspannungen lösen kann. Nicht umsonst werden beispielsweise gebärende Frauen, die nun wirklich unglaublichen Schmerzen ausgesetzt sind, bestimmte Atemtechniken beigebracht, um die Belastung zu lindern. Dies können diese Frauen ganz durch ihren eigenen Einsatz und ohne die Anwendung von Tabletten erreichen!

Haben Sie nun also überlastungsbedingt plötzlich auftretende Druckkopfschmerzen, so können Sie sich Linderung verschaffen.

Falls die Schmerzen wirklich stark sind, ist es schwierig, komplizierte innere Bilder zu erschaffen. Daher raten wir auch in diesem Fall zur Anwendung von einer **Kombination aus Atem- und NLP Technik**. Stellen Sie sich vor als würden Sie im Falle von Druckkopfschmerzen bei jeder Einatmung den Schmerz durch einen kleinen Schlauch einsaugen, diesen bündeln und bei jeder Ausatmung den Schmerz in einem kleinen Knöllchen durch ein Ventil an Ihrer Stirn hinauspressen. Durch die Kombination der fokussierten Atmung sowie dem inneren Bild

und dem Loswerden des Schmerzes, können Kopfschmerzen in kürzester Zeit gelindert werden.
Liegen andere Krankheiten vor oder möchten Sie sich einfach davor schützen, krank zu werden, fokussieren Sie sich folgendermaßen:
Sie stellen sich Ihren Körper in seinem fittesten und bestmöglichsten Zustand vor. Ihre Haut strahlt und glänzt, Sie sind perfekt hydriert und auf allen Ebenen leistungsfähig. Um Zweifel zu überbrücken, denken Sie an diese erholten, sportlichen und vitalen Rentner, die trotz Alter in einem wunderbaren Zustand allen möglichen Sportarten nachgehen und einfach nur unglaublich gut aussehen. Wenn diese relativ alten Menschen es geschafft haben, so fit zu sein, so dürften Sie (wahrscheinlich noch jenseits der 70) dies auch schaffen!
Je genauer Sie das Gefühl dieses fitten Körpers visualisieren, umso stärker aktivieren Sie die Energie Ihres Körpers. Sie wollen tiefe Atemzüge von frischer Luft nehmen und Ihren Körper beanspruchen und fordern.
Je klarer Sie dieses Bild von diesem sportlichen Körper und Ihrer großen Willenskraft modellieren, umso kürzer ist die Distanz zu dem Punkt, dies auch zu erreichen!

Stress- und Krisenbewältigung

Häufig finden wir uns in Zuständen oder Situationen wieder, die wir als alles andere als zufriedenstellend wahrnehmen. Häufig fragt man sich dann: „Warum ist mir das nun gerade passiert? Kann das nicht einfach vorbeigehen?" Letztendlich stehen wir meistens vor genau den Herausforderungen, die wir im momentanen Zustand bewältigen können. **Krisen** werfen Fragen auf und stellen uns vor Rätsel. Häufig gilt es, die Fragestellung zu ergründen, Antworten zu finden, Lösungsansätze zu erarbeiten und ganz wichtig: in die Aktion treten. Verharren wir passiv in bestimmten Zuständen und denken nur über das Problem nach, verschlimmern wir es häufig nur. Werden wir **aktiv**, ist der erste Schritt schon getan. Sie kommen aus der Opferrolle heraus, da Sie nicht mehr über sich entscheiden lassen, sondern aktiv Verantwortung für sich übernehmen. Krisen, die im Leben auftreten, kennzeichnen häufig gewisse Entwicklungsphasen. Bekannte Krisen sind die Krise der **Adoleszenz**, also die Krise der Jugend aber auch der Übergang von der Phase der Jugendlichkeit zum jungen Erwachsenen.

Auch hier hat eine Krise häufig mit **Angst, schmerzlichen Verlusterfahrungen und Ungewissheit** zu tun. Da das Leben uns in dieser Zeit aufgrund des jungen Alters aber in so kurzer Zeit nach vorne pusht und sich naturgegebenermaßen ständig neue Dinge ereignen, sind Krisen in der Mitte des Lebens anders. Häufig entstehen Krisen in Übergangsprozessen. Das können Übergänge in verschiedene Altersstufen aber auch Entwicklungsschritte in andere Lebenssituationen sein. Häufig geschehen diese Krisen, wenn wir unsere bisher eingeübte Rolle aufgeben müssen. Wenn Erwachsene beispielsweise in die Arbeitswelt einsteigen, zu Eltern werden, die Kinder aus dem Haus gehen, Jobwechsel oder bei plötzlicher Arbeitslosigkeit. Jedes Mal wird unser **Selbstkonzept** komplett aus den Angeln gehoben, hinterfragt uns als Person und wir sind gezwungen, uns wieder neu zu definieren. Das ist anstrengend und erfordert viel Kraft. Und dies ist etwas, was uns definitiv von den Steinzeitmenschen unterscheidet: Aufgrund unserer viel längeren Lebensspanne erleben wir mehrere, länger andauernde und damit häufig intensivere Lebensphasen.

Die Krise der Adoleszenz ist häufig **von Autonomie- und Individuationskonflikten** geprägt. Das bedeutet, dass Jugendliche in ihrer Entwicklung und in Interaktionsprozessen mit anderen ständig darum kämpfen, selbstständig(er) in ihrer Persönlichkeit zu werden und gewisse Erfahrungsräume zu erobern. Es geht außerdem darum, sich selbst zum ersten Mal auch auf einer **intellektuellen Ebene** als Persönlichkeit zu definieren. Zu welcher Musik/Sub/Popkultur gehöre ich? Kann ich mich darüber überhaupt definieren? Fühle ich mich mit anderen Menschen wohl oder bin ich eher ein Einzelgänger? Wie weit ist es gut für mich, zwischen meinen Eltern und mir eine körperliche und mentale Distanz zu schaffen und mich abzukapseln? Welche Verlustgefühle entstehen dabei und welche Ängste gilt es zu bewältigen?

Diese Krise ist mit den obigen Fragestellungen relativ rational zusammengefasst. Aus eigener Erfahrung wissen wir aber, dass sich diese Krise kaum rational anfühlt und in der Realität oft von Ohnmachtsgefühlen und Ausweglosigkeit geprägt ist. Trotz allem ist diese Krise ein Möglichkeitsraum, die eigene Entwicklung in Gang zu stoßen und zum ersten Mal im Leben mehr oder weniger **Autonomie** zu erlangen. Häufig sehen Menschen Bilder von sich aus ihrer Teenager Zeit und sind ziemlich erschrocken. Nicht nur über den Klamottenstil oder andere Äußerlichkeiten, sondern häufig, weil sie die massive Entwicklung sehen, die sie durchlaufen haben. Generell ist diese Krise von Entwicklungssprüngen und aus distanzierterer Sicht auch von extrem **beschleunigten Ereignissen** geprägt. Bedingt durch dieses zeitliche Erleben sind natürlich auch extreme Entwicklungen möglich. Anders sieht es in Krisen aus, die sich in der Mitte des Lebens abspielen. Hier wurden essentielle Stationen der eigenen Biographie schon durchlaufen und das „Lebenstempo" ist häufig etwas entschleunigter. Hinzu kommt, dass die meisten schon durch eine gewisse Sesshaftigkeit weniger flexibel agieren können und so eher in der Lage dazu sind, mit dem „zu arbeiten, was schon da ist".

Durch diese Rahmenbedingungen werden Krisen häufig eher als **stagnierend als entwicklungsfördernd** erlebt. Um einen nach außen hin sichtbaren Wandel zu schaffen, denken die meisten, sie müssen zu dramatischen Maßnahmen greifen, beispielsweise sich von ihrem Partner trennen oder andere radikale Abbrüche herbeiführen. Oder aber sie finden sich mit ihrer Situation ab und gehen über in eine gewisse Lethargie. Doch auch hier sind Krisen keine Endstationen, auch wenn sie häufig so erlebt werden. Auch wenn sich Rahmenbedingungen geändert haben und sich damit häufig die mentale Einstellung auch in manche Richtungen verfestigt hat, sind sie immer noch nach wie vor dazu in der Lage, (wieder) bewegungsfähig zu werden und aktiv für ihr Wohlbefinden und Glück einzutreten. Der Unterschied zu Krisen in der Jugend ist tatsächlich, dass es etwas schwieriger ist, in Bewegung zu kommen, da viele Dinge nicht mehr so extrem durch äußere Einflüsse gepusht werden und wirklich selbst initiiert werden müssen. Das Schöne daran ist, dass Veränderungen dann tatsächlich auch bewusster geschehen.

Zusammenfassend ist also zu sagen:
Krisen sind ein Anzeichen für Bewegung und Übergänge.
Krisen sind eine Quelle von Wachstum und sich anbahnender Flexibilität.

NLP in der Beziehung

Obwohl mit NLP sehr an der ich-fokussierten Ebene gearbeitet werden kann, ist dies kein Grund, warum dies Ihrer Beziehung nicht helfen sollte. Sie befinden sich ständig in Interaktion mit Ihrem Partner, doch seien Sie sich bewusst, dass die Beziehung jeden Tag aufs Neue bei Ihnen beginnt! Durch Ihre Gesten, Ausstrahlung, schlicht und einfach gesagt Ihrem **Mindset**, beeinflussen Sie Ihren Partner ständig.
Im optimalen Falle sind beide Partner bereits so bewusst, dass Ihnen beiden diese **automatisierte Interaktion** klar ist. Die Kunst einer funktionierenden Beziehung ist es, mit seinen Emotionen und manchmal überbordenden Gefühlen bei sich zu bleiben. Dies bedeutet, die Verantwortung der eigenen Gefühle zu sich zu nehmen. In Anbetracht all der Beziehungsratgeber unserer Zeit wirkt dies wie eine abgedroschene Phrase.
Doch auch NLP in der Beziehung beginnt zunächst ganz bei Ihnen allein! Trotz Partner! Sie gestalten durch Ihr Denken die Qualität dieser Beziehung und richten den Fokus der Beziehung durch Ihr Tun und Handeln aus.
Häufig entstehen Probleme in der Beziehung durch eine **negative Kommunikation** mit der eigenen Person und dieser Konflikt entlädt sich letztendlich in **der Zweierkombination.**
Ein häufiges Streitthema in Beziehungen ist Eifersucht. An diesem Beispiel sieht man besonders eindrucksvoll, wie die Kommunikation mit sich selbst (s. Kapitel „Erfolgreicher sein durch die Kommunikation mit sich selbst“) auf die Beziehung wirkt.

Vielleicht sind Sie in der Beziehung der etwas eifersüchtigere Partner und Ihr Gegenüber hat dies bereits in seine gedankliche Schublade so einsortiert. Dies bedeutet, dass er vielleicht schon eine gewisse Erwartung Ihnen gegenüber hat, wie Ihre Reaktion in verschiedenen Situationen ausfällt. Im Grunde ist NLP in Beziehungen die gelungene Kommunikation mit sich selbst und ein gehöriger Schuss Selbstbeherrschung, der durch die NLP Techniken ermöglicht wird.

Folgende Situation: Ihr Partner (die Geschlechter sind natürlich beliebig zu variieren!) berichtet beiläufig, dass diese oder jene Person in der Vergangenheit Interesse an ihm bezeugt hat. Unwillkürlich schnürt sich Ihre Kehle zu und plötzlich ist sie da, die Eifersucht. Naheliegend ist es, pampig zu reagieren, zu streiten oder sich vielleicht beleidigt zurückzuziehen. Dies ist eine Reaktion, weil Sie sich in Ihrem eigenen Wert herabgewürdigt fühlen. Machen Sie sich bewusst, dass es Ihr Ego ist, welches gekränkt reagiert aber diese Information, die Ihr Partner Ihnen gerade gegeben hat, bei weitem kein Urteil über Ihre Person fällt.

Um sich also zu schützen, nun rasend zu werden, arbeiten Sie auch hier mit einem inneren Bild. Machen Sie sich klar, dass durch die bereitgestellte Information Ihr Ego gekränkt wurde und Sie sich dadurch schlecht fühlen. Ziehen Sie sich nun vor Ihrem inneren Auge eine funkelnde Krone auf und fühlen Sie, dass Sie für Ihren Partner der unangefochtene Held/ die mächtige Königin sind. Nichts kann Ihnen etwas anhaben. Durch Ihren schillernden Anmut und Ihrer unglaublich langmütigen Liebenswertigkeit sind Sie unverwundbar. Sie strahlen von innen heraus. Glauben Sie mir, in der Sekunde, in der Sie dieses innere Bild fühlen, wird Ihr Partner diese Veränderung wahrnehmen. Er wird Sie nicht länger als ein bedürftiges und verletzliches Wesen sehen, sondern wird sich im Angesicht Ihrer inneren Ruhe vielleicht eher noch komisch vorkommen, Ihnen diese unnütze Information überhaupt mitgeteilt zu haben.

Viele Menschen beklagen sich außerdem über einen **Mangel an Zuwendung** in der Beziehung. In Wahrheit ist dieser wahrgenommene Mangel an Zuwendung des Partners jedoch ein Mangel an der Liebe, die Sie aktuell selbst bereit sind, nach außen zu geben. Wenn Ihnen dieser Mechanismus nicht bewusst ist, ist es wirklich leicht, in eine negative Spirale aus abgelehnten Gefühlen und negativen Emotionen zu kommen. Dabei möchte man doch nur geliebt werden und es soll alles gut sein!

An dieser Stelle können wir Ihnen raten: Bereinigen Sie zunächst alle Angelegenheiten, die nur **SIE als Person** betreffen. Vielleicht haben Sie gerade ein finanzielles Problem oder ein Konflikt mit einer anderen Person. Diese Angespanntheit wird natürlich von Ihrem Partner wahrgenommen und je nach Sensitivität wendet sich dieser nun von Ihnen ab oder reagiert in anderer Form auf Sie. Natürlich fühlen Sie sich nun noch viel schlimmer! In Wahrheit hat der Partner jedoch nur auf Ihr Signal, nämlich **Stress und Ablehnung**, also Gefühle die eigentlich abseits Ihrer Beziehung produziert wurden, reagiert.

Natürlich reagieren auch Sie auf die Reaktion des Partners und fühlen sich eventuell ungeliebt und reagieren Ihrerseits mit Rückzug, Ignoranz oder Traurigkeit. Machen Sie sich bewusst: Sie sind der Erschaffende in Ihrer Beziehung und Sie haben die Macht, die Beziehung zu leben, die

Sie möchten. Gestehen Sie auch Ihrem Partner zu, dass er auf Sie reagiert und sich den eigenen Signalen nicht immer bewusst ist.

Sobald Sie daher **eine Schwankung in der Atmosphäre Ihrer Beziehung wahrnehmen**, atmen Sie erstmal durch und verorten Sie das Gefühl. Es ist sehr verleitend, dann die Verantwortung an den Partner abzugeben und zu sagen: „Er/Sie ist ja auch immer so (...), kein Wunder, dass ich mich dann schlecht fühle." Fragen Sie sich stattdessen: „Wie fühle ich mich, woher kommt das unter Umständen?" Entscheiden Sie dann ganz klar und bestimmt, dass Sie Energie/ Freude/ Spaß in Ihr Leben ziehen und in Bezug auf Ihre Beziehung eine Quelle der Liebe sein möchten. Es wird Sie erstaunen, wie leicht es mit diesem Ziel vor Augen fällt, innerhalb der Beziehung entspannt zu sein. Auch Ihr Partner wird dies wahrnehmen und Ihre entspannte Haltung ebenfalls mit Gefühlen von Zuneigung und dem Wunsch nach Verbindung zu Ihnen eingehen wollten. So haben Sie auf ganzer Ebene einen wichtigen Stein ins Rollen gebracht. Dies hat auch damit zu tun, da Sie damit eine aktive Rolle in der Beziehung einnehmen und nicht das Gefühl haben, ein Opfer der Umstände zu sein.

Natürlich sind Probleme in Beziehungen sehr vielfältig und können unmöglich universell in einem Kapitel abgehandelt werden. Jedoch gilt ganz pauschal und damit auf jeden Fall universell:

Nehmen Sie Ihre Gefühle zu sich und werden Sie sich der **eigenen Macht** in Ihrer Beziehung bewusst!

Wie erkenne ich, ob an mir NLP angewendet wird

Kennen Sie das? Eine Situation oder eine Person nimmt Sie vollkommen ein, Sie werden nervös, fühlen sich unwohl und glauben, manipuliert worden zu sein? Dies ist gar nicht so unwahrscheinlich. Aber herzlichen Glückwunsch, Sie haben also diese negative Energie erfolgreich wahrnehmen können. Besonders in Gesprächen mit nahestehenden Personen, fühlen wir uns häufig schnell eingewickelt, provoziert oder im Zugzwang, reagieren zu müssen. Dies hat mit der emotionalen Verstrickung zu tun, die Sie innerhalb dieser Beziehung mit der Person oder dem Thema teilen.

Ich möchte Ihnen hier einige Indikatoren aufzählen, an denen Sie erkennen können, ob NLP an Ihnen angewendet wird.

Plötzliche und extreme Übereinstimmung in Gesprächen

Sie sind in einem Gespräch, in dem Sie in der Position sind, dass Ihr Gegenüber etwas von Ihnen möchte oder Sie von irgendetwas überzeugen möchte. Es ist zu Beginn relativ klar, dass Ihre Positionen höchst konträr sind. Falls Sie nun an einem Gesprächspunkt ankommen, wo Sie plötzlich bemerken, dass eine geradezu übernatürliche Übereinstimmung und ein derart hohes Verständnis der anderen Person besteht, die inhaltlich gesehen eigentlich nicht begründet ist, können Sie davon ausgehen, dass sich Ihr Gegenüber an **NLP Techniken** bedient.

Sie haben das Gefühl, Sie schwingen mit der Person und es fühlt sich sehr vertraut an? Das ist zunächst nichts Schlimmes, schließlich ist das Ziel des Gespräches ja, eine Übereinstimmung zu finden. Seien Sie sich nur bewusst, dass es wahrscheinlich ist, dass dieses plötzliche „Wohlgefühl" unter Umständen durch die Anwendung von Pacing entstanden ist.

Sie haben das Gefühl, dass Entscheidungen getroffen wurden, denen Sie so niemals zugestimmt haben

Ein weiteres bekanntes Phänomen ist die Anwendung von **Leading Strategien** im Gespräch. Falls Sie also ein Gespräch mit einer Partei haben, die darauf angewiesen ist, Ihre Zustimmung zu erlangen, wird diese Person zunächst versuchen, mit Ihnen „auf eine Wellenlänge" zu kommen. Dies entsteht unter anderem durch Anwendung von oben beschriebenen Mechanismen. Doch Achtung, es gibt einen Wendepunkt in diesem Gespräch. Wenn Sie plötzlich das Gefühl haben, dass das Tempo der Entscheidungen ansteigt und im wahrsten Sinne des Wortes „Nägel mit Köpfen" gemacht werden, hat Ihr Gegenüber wahrscheinlich die **Technik des Leadings** angewandt. Der Rapport zwischen Ihnen wurde zunächst vertieft und gepflegt und schließlich hat Ihr Gegenüber das Ruder übernommen. Sie haben zunächst das Gefühl bekommen, an Entscheidungsprozessen beteiligt zu sein und ein elementares Glied dieser Prozesse zu sein. Wahrscheinlich hat die Person Ihnen viele interessierte Fragen gestellt, Sie vielleicht sogar kleinere Dinge entscheiden lassen und hat Sie so auf ihre Seite gezogen. Sie fühlen sich wichtig und zugehörig und Sie sind daher also in einer Ausgangssituation, mit der Person zu kooperieren.
In dem Moment, in dem plötzlich das Geprächstempo angezogen wird und Ihr Gegenüber vielleicht sogar noch aus Ihren Aussagen Schlussfolgerungen zieht, die zu Ihrem Anliegen passen, befindet Sie sich ganz klar in der Leading Position.
Besonders **das Milton-Modell** (s. Kapitel Metaprogramme und das Milton Modell) hat herausgestellt, welche Systematik der Sprache zu Grunde liegt, um bestimmte Anliegen zu erreichen. Dies geschieht in erster Linie auf einer morphosyntaktischen Ebene. Dies bedeutet, dass bestimmte Satzglieder und Konjunktionen wie und, weil und deshalb so angeordnet werden, um die eigenen Aussagen besonders logisch und glaubhaft zu machen.

Eine kurze Übung zur Auflösung der Wirksamkeit bei Erkenntnis

Um aus der Reaktion heraus und schließlich zum Agieren zu kommen, stellen Sie sich folgendes Bild vor:
Sie sitzen im gleichen Raum mit dieser Person und stellen ein Seil als Verbindung zwischen Ihnen und der Person fest. Nehmen Sie eine Schere und durchtrennen Sie dieses feste, schwere Seil. Stellen Sie sich dann eine große Käseglocke vor, die über Sie gelegt wird und in der Sie nur für sich sind. Durch dieses Glas hindurch beobachten Sie Ihr Gegenüber. Alles was

er sagt, prallt zunächst an dieser Glocke ab und wird zunächst von Ihnen betrachtet und angeschaut, bevor Sie reagieren.
Dies ist eine wirksame Visualisierungsübung, mit der Sie ungewollte emotionale Verbindungen kappen können.

Manipulationstechniken

Die hohe Wirksamkeit von NLP wurde natürlich bereits nicht nur **von Kommunikationswissenschaftlern und Neurolinguistikern** erkannt, sondern stellte sich relativ schnell als absatzsteigerndes Mittel in der Produktplatzierung heraus. Die ganze Werbe,- Film- und Schönheitsindustrie arbeitet damit!
Besonders in diesem Bereich wird sehr häufig mit **Ankern** gearbeitet. Kennen Sie den extrem starken Geruch von Fast Food Restaurants, selbst wenn Sie über eine belebte Einkaufsstraße laufen? Nun, das hat nichts damit zu tun, dass das Essen generell stärker riecht als die Speisen von anderen Restaurants. Dieser Geruch wird bewusst eingesetzt, um quasi denselben Anker auszuwerfen, wie in Pawlows Hundeexperiment! Wir verbinden diesen Geruch mit dem schnellen Genuss von fettreichen Essen und so kann alleine dieser Reiz schon ausreichen, um tatsächlich ein plötzlich einsetzendes, sehr starkes Hungergefühl auszulösen.
Warum sind in der Werbung für Shampoos, Make-Up und anderen Produkten so häufig nicht nur hübsche, sondern auch noch relativ leicht bekleidete Frauen zu sehen? Sollte dies nicht eher auf Männer anregend wirken? Sinnlichkeit ist **universell und geschlechterunabhängig!** Hier wurde ganz bewusst der Anker für eines der erstrebenswertesten Gefühle geworfen. Sinnlichkeit und Wohlbefinden. Natürlich konnte hier kein Mann genommen werden, da das meiste Make-Up eben immer noch von Frauen getragen wird und hier auch noch der Faktor des Strebens nach Schönheit und Perfektion dazukommt. Sehen Sie als Frau besonders glatte Haut, zarte Lippen und glänzende Haare, fühlen Sie sich dadurch genauso angesprochen!
In fast jedem Action Film ist mindestens eine weibliche Rolle mit einer überdurchschnittlich attraktiven Frau besetzt. Diese Frau hat meistens eine anziehende, aber den Männern im Film gegenüber immer noch eine relativ passive Rolle. Hier wird genau der Anker geworfen, den viele Männer häufig nicht haben - Die super attraktive, junge, sexy Frau, die zwar engagiert ist, aber immer noch nicht zu engagiert und ihnen nicht den Rang abläuft, sondern im Zweifelsfall eher noch gerettet werden muss. Die perfekte Symbolik für den seichten Konsum am Samstagabend! Bleiben Sie also aufmerksam, wenn es darum geht, wer in welcher Form auch immer an das kommen möchte, was derjenige am liebsten von Ihnen hätte: Ihr Geld!

Wiederholung

Auch in diesem Fall ist Beharrlichkeit eine Wunderwaffe. Falls es im **Konfliktgespräch** nur schwer möglich ist, eine Einigung zu erzielen oder ein Mensch einen anderen auf langfristige Sicht gesehen von etwas überzeugen will, ist die Technik der Wiederholung ein Mittel der Wahl. **Aussagen und Ansichten**, die vielleicht nicht unbedingt richtig sind, werden so lange wiederholt, bis der Manipulierte sie tatsächlich selbst glaubt. Besonders wirksam ist es, wenn die Wiederholung von Fakten oder Aussagen in unterschiedlichen Kontexten verwendet wird. Der Sprecher stellt so Referenzen her und trifft Aussagen wie: „Genauso wie in Situation xy sieht man auch hier, dass ... passiert/ so ist/ geschehen wird." Durch diese unterschiedliche Rahmung ist die Wiederholung außerdem besonders wirksam, da der Manipulierte selbst beginnt, Bezüge herzustellen. Die bereits bekannte Information löst eine Art Anker im Unterbewusstsein des Manipulierten aus und er denkt sich: „Hey, das habe ich doch schon mal gehört!". Die präsentierte Information wirkt durch den Kontextwechsel in gewisser Weise omnipräsent, also allgegenwärtig und steigt für den Manipulierten so in ihrem Wahrheitsgehalt.

Lügen und Verheimlichen

Die Lüge, also die bewusste Unwahrheit, die das Gegenüber dazu veranlassen soll, etwas Bestimmtes zu tun, ist eine relativ einfache Maßnahme, um ein gewünschtes Ergebnis zu erzielen. Dies kann im Job genauso wie in familiären und freundschaftlichen Kontexten geschehen.

Zunächst muss klar sein, dass jeder Mensch sich kleineren und größeren Lügen bedient. Dies ist zunächst auch nichts Schlimmes, da häufig kein Schaden für eine andere Person entsteht. **Kleine Notlügen** im Alltag oder auch ein einfaches „Gut" auf die Frage nach dem persönlichen Befinden, auch wenn es nicht der Wahrheit entspricht, ist in den meisten Fällen erstmal nichts Dramatisches. Das bewusste Lügen, um einen wirklichen Vorteil zu erzielen und im weiteren Fall auch noch, um einer anderen Person bewusst zu schaden, ist jedoch schon von anderem Kaliber.

Die Königsklasse in Bezug auf Unwahrheiten ist jedoch das **Verheimlichen**. Der Verheimlicher selbst befindet sich im Vergleich zum klassischen Lügner auf relativ sicherem Terrain, da er zunächst nur Informationen weglässt und nichts erfindet. Dies kann im Zweifelsfall schwieriger nachgewiesen werden, da es leichter ist, eine grundsätzliche Unwahrheit von faktischen Dingen aufzuzeigen.

Der Verheimlichende kann jederzeit auf das Motiv der Unwissenheit zum Zeitpunkt der getätigten Aussage zurückgreifen. Er wirkt daher im Zweifelsfall eher unwissend als gemeingefährlich. Mit Hilfe dieser Technik gelingt Manipulation auf höchstem Niveau und es gelingt auch sehr nachhaltig, da der **Verheimlichende** im Vergleich zum Lügner eher sein Gesicht wahren kann.

Die Beharrungsfalle

Die Beharrungsfalle ist mit dem **„Foot-in-the-door Trick“** zu vergleichen und wird häufig von Verkäufern genutzt. Ein typisches Beispiel ist ein Stand in einem Warenhaus, der Ihnen natürlich umsonst ein tolles Hairstyling-Gerät zeigen möchte. Sobald Sie sich erstmal darauf eingelassen haben, sind Sie auch schon eingewickelt. Der Hairstylist stylt Ihnen dann unter Umständen nur den halben Kopf und beharrt darauf, dass Sie nun für einen ganz besonders niedrigen Preis das entsprechende Produkt erwerben müssen! Er hat Ihnen quasi eine kleine Gefälligkeit geleistet und fordert nun direkt eine Gegenleistung ein.

Der Freundschaftstrick

Der Freundschaftstrick wird ganz häufig in der **Manipulation** gegenüber Mitarbeitern von ihrem Arbeitnehmer eingesetzt. Der Arbeitnehmer setzt hier auf eine hohe Mitarbeiterbindung. Diese wird durch bestimmte Goodies, eine persönliche Bindung und ein scheinbar gesteigertes Interesse am einzelnen Mitarbeiter erzeugt. Die Mitarbeiter fühlen sich wertgeschätzt und sehen sich irgendwann in einer sozialen Verpflichtung gegenüber ihrem Chef. Der Chef versucht dann häufig, den Mitarbeitern die Zugehörigkeit zum Unternehmen nicht nur durch finanzielle Vorteile aufzuzeigen, sondern bindet die Mitarbeiter durch das Konzept der Freundschaft auch sehr stark auf einer persönlichen Ebene.

So fällt es leichter, entsprechende **Manipulationstechniken** einzuleiten, da die Mitarbeiter schnell das Gefühl entwickeln, ihrem Arbeitgeber etwas schuldig zu sein, da sie ja eben auch „Freunde“ sind. So werden rapide Überstunden gesammelt, außerhalb der Arbeitszeit betrieblichen Tätigkeiten nachgegangen und andere kleine Gefälligkeiten abgeleistet. Die Mitarbeiter haben so häufig eine derart hohe Loyalität zu ihrem Chef und zu dessen Betrieb, dass sie es überhaupt nicht in Frage stellen, ob das denn überhaupt ok ist, so derart stark beansprucht zu sein. Besonders Menschen, die in ihrem Privatleben weniger soziale Kontakte pflegen oder vielleicht gerade aus einer Paarbeziehung kommen, sind für diesen **Manipulationstrick** sehr anfällig. Sie verfügen meistens über die zeitlichen Ressourcen, sich derart einspannen zu lassen und sind häufig auch froh über Ablenkung, um sich nicht mit sich selbst beschäftigen zu müssen. Dies kann eine Zeit lang eine sehr starke Ich-Identität stiften. Problematisch wird es häufig, wenn dieser sich aufopfernde Mitarbeiter sich plötzlich dafür entscheidet, sich neben seinem Job wieder einem normalen Freizeitleben zuzuwenden und er sich auf einmal in die Situation versetzt sieht, **Arbeits- und Berufsleben** wieder etwas zu trennen.

Emotionaler Trick- schlechtes Gewissen erzeugen

Ein Trick, der besonders im **Familien- und Freundeskreis,** also dort wo enge menschliche Verbindungen herrschen, funktioniert, sind jegliche Formen von emotionalen Tricks.
Die meisten menschlichen Beziehungen sind von gewissen **Abhängigkeitsverhältnissen** oder **Machtgefällen** gekennzeichnet. Häufig im familiären Rahmen gibt es „unausgesprochene Verträge", die hohe emotionale Abhängigkeiten erzeugen. Bestimmt fällt Ihnen auch dazu ein persönliches Beispiel ein. Diese „unausgesprochenen Verträge" sind häufig transgenerational, das heißt, sie werden innerhalb einer Familie zwischen unterschiedlichen Generationen geschlossen. Das Erzeugen von schlechtem Gewissen gelingt besonders bei Personen, die das Gefühl haben, aufgrund von möglicherweise zu Unrecht empfangenen Sachleistungen oder emotionaler Zuwendung, in der Schuld des Gebenden zu stehen. Den betroffenen Personen fällt es schwer zu sagen: "Ich habe verdient, dies oder jenes zu bekommen." Sie haben häufig ein eher schwaches Selbstwertgefühl und zweifeln so an, ob sie es wert sind, bestimmte Dinge wie Aufmerksamkeit, Zeit, Liebe oder finanzielle Mittel zu bekommen.
Der Gegenstand eines solchen Vertrages könnte zum Beispiel das **gegenseitige Versorgungsverhältnis** sein. Bei Eltern könnten beispielsweise die (erwachsenen) Kinder in der Gunst stehen, die sich ihren Eltern gegenüber am aufopferungsvollsten verhalten. Sie werden dann vermeintlich in vielen Punkten bevorteilt, da die Eltern diese Kinder unbewusst für ihr aufopferungsvolles Verhalten belohnen wollen, um dies weiterhin aufrecht zu erhalten.
Die Kinder stehen so vielleicht in einer **finanziellen und emotionalen** Gunst und bewegen sich, so lange alles funktioniert, in einem sicheren Rahmen.
Während sie sich entsprechend den Wünschen der Eltern verhalten, funktioniert insgesamt alles relativ gut. Sobald sie jedoch „aus der Reihe tanzen", greift der emotionale Trick. Die Eltern sind in der Lage, ein schlechtes Gewissen zu erzeugen und entziehen darüber hinaus noch ihre Begünstigungen gegenüber dem Kind.
Was unter Familien und ungesund eng verstrickten Freunden funktioniert, ist unter objektiven Gesichtspunkten manchmal nicht nachvollziehbar, wird jedoch schlicht und einfach durch emotionale Verbindungen ermöglicht. In diesen Beziehungen kann also in alle möglichen Richtungen ein schlechtes Gewissen erzeugt werden.

Killerphrasen

Killerphrasen sind auch als **„Totschlagargumente"** bekannt und sind Aussagen, die wirklich keinen Platz für Verhandlungsspielräume mehr lassen. Mit der Verwendung dieser Sätze beabsichtigt der Sprecher, eine Diskussion im Keim zu ersticken und anderen auch die Möglichkeit zu nehmen, sich adäquat zu artikulieren. Diese Killerphrasen werden häufig von Chefs in Teamsitzungen aus Zeitersparnisgründen benutzt oder um aufkommende Kritik abzuschwächen. Eine typische Killerphrase ist beispielsweise: **„Weil es so ist!"**

Ein bestimmter Umstand wird ohne weitere Erklärung und ohne das Zulassen von anderen Perspektiven als die ultimative Wahrheit dargestellt, über die es nach Meinung des Sprechers auch **nichts mehr zu diskutieren** gibt. Diese Killerphrasen sind häufig, ohne den Sprecher und seine Absicht komplett in Frage zu stellen, nur schwer zu entkräften. Gerade in einem **hierarchischen Verhältnis** behalten Leute damit häufig die Oberhand, da sich die Untergeordneten häufig aus Angst vor Konsequenzen nicht dagegen auflehnen.

Manipulation durch Erzeugen von Angst

Ein relativ harmloses Beispiel ist folgendes Szenario: Mutter und fünfjähriges Kind fahren zusammen Auto. Das Kind schnallt sich immer wieder selbst ab. Die Mutter sagt zu ihm: „Wenn du dich nicht anschnallst, dann kommt die Polizei!"

Dieses sehr banal wirkende Beispiel zeigt hervorragend, wie mit der **Manipulation** durch Erzeugen von Angst gearbeitet wird. Menschen wird eingeredet, dass ihre Handlungen oder Denkweisen eine automatisierte Konsequenz unmittelbar nach sich zieht. Die **Logik, Zufall oder Zeit** und Ort wird dabei völlig ausgeblendet. Dies erklärt auch, warum Menschen häufig in regelrechte Panik verfallen, wenn ihnen ein Missgeschick passiert. Sie sind häufig bereits so konditioniert, dass sie eine direkte Konsequenz oder eine Strafe für ihr Verhalten befürchten. Diese **antrainierte Konditionierung** wird häufig auch im Arbeitsleben oder in sozialen Beziehungen gerne genutzt, um Menschen klein zu halten und ihnen die Möglichkeit zu nehmen, sich gegen herrschende Umstände aufzulehnen. Eine Umerziehung erfolgt auch durch das klassische Verhängen von Strafen. Die klaren Worte auf Autostrafzetteln bei gröberen Verstößen, das bei nicht umgehendem Begleichen die Zahlung in Form von Gehaltspfändung oder ähnlichen drastischen Maßnahmen vollstreckt wird, hat abgesehen davon, dass dieser Fall wirklich eintritt, auch eine sehr abschreckende Wirkung auf das gesamte Vergehen an sich. So wirkt das „zu schnell fahren" gleich noch viel krimineller, da es eben mit diesen massiven Phrasen behaftet ist.

Der Herdentrieb

Die Bezeichnung dieses Phänomens ist aus dem Tierreich entlehnt und trifft jedoch auf Menschen genauso zu wie Pferde oder Schafe.

Was haben diese drei Arten miteinander gemein? Sie sind soziale Wesen und suchen Sicherheit, Schutz und Geborgenheit in der Gruppe. Während dies bei Tieren auf das direkte Zusammenleben bezogen ist, kann der Mensch seinen sozialen Aspekt auch in Form von Gruppierungen wie religiösen Gruppen, Weltanschauungen, Freizeitaktivitäten oder der Arbeitswelt legen.

Überall wo Menschen zusammentreffen, entsteht eine gewisse **Herden- bzw. Gruppendynamik**. Innerhalb der Gruppe zeichnen sich passive und aktive Akteure ab und es entstehen **Formen von Hierarchie**. Ein Gesetz des Herdentriebs ist es, dass der Schwächere Schutz beim Stärkeren sucht und die Bewegung der Herde über dem Bedürfnis des Einzelnen steht.

Ein Manipulationstrick Ihres Chefs oder von Kollegen könnte eine Aussage sein wie: "Das Team findet auch, dass du deine Aufgabe besser hättest erledigen können." Durch die soziale Komponente, die in dieser möglicherweise erfundenen Aussage steht, verleiht die Einzelperson durch den Gruppenaspekt ihrer Aussage mehr Gewicht. Gleichzeitig wird die angesprochene Person auch unter Druck gesetzt, da sie nun durch ihre Minderleistung eine soziale Ausgrenzung zu befürchten hat.

Ein historisches Beispiel für das Wirken des Herdentriebs ereignete sich in den 70er Jahren in den USA. In dem Dörfchen Jonestown hatte der religiöser Führer Jim Jones die Macht übernommen und brachte über 900 Menschen dazu, gemeinsam einen Giftcocktail zu trinken, der sie in den sicheren Tod bringen würde.

Er hatte es geschafft, trotz offensichtlicher Konsequenzen eine **derartige Gruppendynamik** herzustellen, dass die meisten Menschen den Giftcocktail aufgrund einer von Jones implementierten Überzeugung freiwillig tranken.

An dieser Stelle hat ebenfalls der Herdentrieb gegriffen. Trotz besserem Wissen und eventueller individuellen Überzeugungen des Einzelnen war der Herdentrieb innerhalb der Gruppe so groß, dass sich letztlich alle für einen Weg entschieden haben.

Foot-in-the-door Trick

Der **„Foot-in-the-door“ Trick** ist ein überaus wirksamer Trick, um an die Dinge zu kommen, die man gerne möchte. Die Theorie dahinter geht davon aus, dass man eine Person, von der man etwas möchte, zunächst um etwas Kleineres bittet. Es wird davon ausgegangen, dass man so mit der betreffenden Person schon in einer Art **Verhandlungsmodus** ist. Das zuerst Erbetene muss zumindest so vorhersehbar sicher funktionieren, dass man schon im Vorfeld davon ausgehen kann, dass die Person einwilligt. Ist die Person der ersten Bitte nachgekommen, so ist es dann ein Leichtes, auch noch das eigentliche Anliegen anzusprechen und mit der gleichen

„Gewinnerintention“, also mit der Gewissheit, dass die Person einwilligt, das eigentliche Anliegen vorzutragen.

Wichtig ist auch hierbei, dass die erste kleinere Bitte im Gespräch insgesamt mehr Raum und **eventuell Diskussion einnimmt**, da man so besser abschätzen kann, wie die Person eventuell reagiert. Hat man dies gut für sich eingeschätzt, ist es nur noch ein kleiner Schritt, die eigentliche Bitte vorzutragen und den Wunsch ermöglicht zu bekommen.

NLP Übungsteil für Glück, Erfolg & gute Laune

Im Folgenden soll Ihnen abschließend ein kurzer NLP Übungsteil für mehr Glück, Erfolg und gute Laune zur Verfügung gestellt werden.

Glück im Alltag

Zeit ist ein kostbares Gut. Wir dürfen sie nicht verschwenden, denn das ist das, woraus das Leben besteht.

Um Glück und Zufriedenheit weitergehend begreifen und damit „arbeiten“ zu können, müssen wir uns zunächst einem Aspekt widmen, der äußerst wichtig ist: der Zeit.

Zusammengewürfelt besteht unser gesamtes, bisheriges Leben aus vielen kleinen Wimpernschlägen, Augenblicken, Sekunden und Momenten. Häufig gehen wir recht inflationär mit diesen Momenten um, nutzen sie nicht, genießen sie nicht oder verbringen viele, viele kleine Momente mit Dingen, die uns nicht weiterbringen oder keine Bedeutung haben. In der Summe haben all diese Momente jedoch eine große Bedeutung: Alle Entscheidungen, Tage und Wochen, die wir auf diese oder jene Art verbracht haben, kreieren unser Leben. Es zählt alles! Wirklich alles! Und hier beginnen wir schon mit der ersten Übung:

Schreiben Sie 3 schöne Dinge auf, mit denen Sie gerne Ihre Zeit verbringen und bei denen Sie sich glücklich fühlen:

Und nun fragen Sie sich einmal ganz offen und ehrlich, wie viel Zeit Sie diesen Dingen einräumen. Priorisieren Sie sie? Haben Sie einen Platz in Ihrem Alltag? Um Ihnen das bewusst zu machen, ergänzen Sie die Zeit, die Sie diesen Dingen aktuell widmen und wie viel Zeit Sie Ihnen in Zukunft widmen möchten.

Tätigkeit	Reelle Zeit	Sollzeit

1.

2.

3.

Häufig nutzen wir unsere Zeit mit schlechten Angewohnheiten und verringern so die Möglichkeit, die Dinge zu tun, die uns eigentlich gut fühlen lassen und uns weiterbringen. Dies kann exzessives Fernsehschauen sein, Rauchen, Zeit am Smartphone oder sozialen Medien oder Sorgen machen.

Im Laufe des Lebens macht jeder Mensch ca. 2-3 mittelschwere Krisen durch. Häufig berichten Leute, dass sie erst seit einem bestimmten Ereignis ihr Leben mehr schätzen, bewusster leben oder bestimmte Dinge verändert haben. Frei nach dem Motto: **„Was dich nicht umbringt, macht dich nur stärker“**. Eine wichtige Eigenschaft, die glücklichen Menschen zugeschrieben wird, ist die Resilienz. Es ist die Fähigkeit, Krisen zu überwinden und trotz widriger Umstände, emotional nicht zusammenzubrechen und „weiterzumachen“. Wie kann man sonst erklären, dass manche Menschen trotz widrigster und alles anderen als idealen Entwicklungsbedingungen ein Ziel verfolgen und das Beste aus sich herausholen? Das Stichwort ist Resilienz! Man könnte es auch als eine Art Krisenfestigkeit bezeichnen. Und auch Sie haben bestimmte Eigenschaften mit Ereignissen erworben, indem Sie sich damit auseinandergesetzt haben und Sie sind schließlich daran gewachsen oder auch einfach „aus bestimmten Phasen herausgewachsen.“

Nichts ist so schlecht, dass es nicht für irgendetwas gut ist. -unbekannt

Schreiben Sie 2 schwierige Phasen Ihres Lebens auf und benennen Sie, was Sie daraus gelernt haben oder wie es Sie entwickelt hat!

Über Trennung, Depression, Scheidung der Eltern oder Tod eines nahen Verwandten kann alles möglich sein. Häufig sehen wir in Angesicht schlimmer Ereignisse nur das Ereignis an sich, was kurzfristig gesehen auch logisch ist. Häufig leben wir danach jedoch bewusster, sagen öfter „ich liebe dich", hören mehr auf uns selbst.
Keine Erfahrung geht spurlos an uns vorüber und wenn Sie es schaffen, die Werkzeuge zu sehen, die Sie aus diesen Krisen geformt haben, sind Sie ein riesen Stück weiter!

Potentialentfaltung im Alltag

Sie haben einen ganz einzigartigen Mix aus **Fähigkeiten und Eigenschaften**, der Sie ausmacht. Häufig werden diese Potentiale aber durch negative Selbstüberzeugungen überlagert. Selbstüberzeugungen sind Sätze, die wir von anderen über uns gehört haben oder über uns selbst denken. Und da wir alle in unserem Leben schon häufig be-urteilt oder auch ver-urteilt haben, haben sich diese Sätze wie Botschaften in unser Gehirn gebrannt. Das Problem ist, dass sie uns runterziehen und häufig daran hindern, das zu tun, was wir eigentlich gut können. Stattdessen konzentrieren wir uns darauf, uns gebetsmühlenartig die Sätze innerlich aufzusagen, die uns nicht weiterhelfen. Dies können Sätze sein wie „ich bin so hoffnungs-/orientierungs-/erfolglos", „ich bin so klein/ dumm/ unscheinbar".
Um Ihre persönlichen negativen Selbstüberzeugungen herauszufinden, machen wir eine Übung. Ich möchte, dass Sie Ihre negativen Selbstüberzeugungen vergegenwärtigen und visualisieren. Dies ist keine einfache und schöne Übung, aber sie verschafft Ihnen unheimlich viel Klarheit.

Schreiben Sie 3 negative Selbstüberzeugungen auf.

1.

2.

3.

Wenn Sie das geschafft haben, können Sie wirklich stolz auf sich sein! Es ist nicht einfach, sich diese negativen Selbstüberzeugungen vor Augen zu führen. Sie belasten, lassen sich klein fühlen und werden Ihrer Gesamtheit als Mensch einfach nicht gerecht. Um sie zu entlarven und später auch wirkungslos zu machen, ist es jedoch nötig sie zunächst anzuschauen.

Wenn Verdecktes ausgesprochen wird, verliert es seine Macht.

Finden Sie zu diesen 3 negativen Selbstüberzeugungen nun 3 positive Umkehrungen und bilden Sie dazu Erweiterungen!

Statt: Keiner kann mich leiden → Ich bin ein liebenswerter Mensch!
Erweiterung: Was Sie künftig realisieren wollen: → Ich komme gut mit anderen klar und viele mögen mich

Negative Selbstüberzeugung	Positive Umkehrung	Erweiterung

1.

2.

3.

Auch wenn Sie nun noch nicht das Gefühl haben, dass Sie voller Kraft sind, wenn Sie sich häufig schwach fühlen, müssen Sie die Dinge zunächst laut aussprechen, häufig hören und sich selbst sagen, bevor Sie im nächsten Schritt zu Ihrer Überzeugung werden. Doch was sind eigentlich diese positiven Überzeugungen? Positive Selbstüberzeugungen sind dafür verantwortlich, dass Sie sich Dinge zutrauen, dass Sie in der Lage sind zu lernen und Fortschritte zu machen. Viele erfolgreiche und glückliche Menschen erreichen Dinge, bevor Sie sich wirklich davon überzeugt haben, sie zu können.
Durch den Glauben an sich selbst kreieren Sie einen Möglichkeitsraum, alles schaffen zu können, was häufig zur Folge hat, dass Sie Ihre Vorhaben tatsächlich erfolgreich in die Tat umsetzen. Dieser Annahme liegen auch viele sportwissenschaftliche Erkenntnisse zugrunde. Visualisieren ist also eine Methode, die Sportler verwenden. Sie stellen sich die Übung vor, kurz bevor sie sie ausführen. Der Handstand findet also erst in ihrem Kopf perfekt statt und der Körper folgt schließlich dieser Vorstellung. So finden kontinuierlich Verbesserungen statt.

All diese Erkenntnisse und auch Methoden aus der NLP dürfen Sie also für Ihren Alltag erfolgreich nutzen und anwenden!

Sie können alles schaffen, wenn Sie nur an sich glauben!

Fazit

Wahrscheinlich haben Sie durch dieses Buch viele, neue Informationen aufnehmen können. Zusätzlich konnten Sie hoffentlich mit Hilfe des Buches einige Ihrer eigenen, inneren Verhaltens- und Gedankenmuster überdenken und durchschauen, vielleicht sogar schon an ihnen arbeiten.

Schlussendlich ist NLP ein sehr umfangreiches Thema, welches uns alle durchgehend betrifft. Wir kommen tagtäglich in Berührung damit. Umso wichtiger ist es, die in dem Buch beschriebenen Themenbereiche der Kommunikation mit NLP zu kennen und von deren Wirkungsweise Bescheid zu wissen, um das alltägliche Leben zielgerichteter und erfüllender zu gestalten.

Nutzen auch Sie Ihr erlerntes Wissen und bringen Sie Ihrem Leben einen Hauch Leichtigkeit & Erfolg entgegen!

TEIL 4: Selbstbewusstsein

Einleitung

Wer kennt sie nicht, Menschen, die außerordentlich erfolgreich sind und denen das scheinbar ganz ohne Anstrengung gelingt? Sie sind charismatisch, eloquent, durchsetzungsstark und selbstbewusst. Hier stellen sich viele Personen nicht zu Unrecht die Frage, weshalb diese Menschen solche Überflieger sind. Sie selbst werden vermutlich von sich nicht behaupten können, dass Ihnen Dinge, wie das freie Sprechen vor einer Personengruppe, besonders leichtfallen.

Vielleicht mag es den Anschein erwecken, dass es solchen Siegertypen „mit links" gelingt, sicher aufzutreten und andere zu überzeugen. Doch beachten Sie, dass Sie den tatsächlichen Lebensweg der Bühnenmenschen, die Sie bewundern, nicht kennen, beziehungsweise nicht erkennen können. Wissen Sie, welche Erlebnisse derjenige in seiner Vergangenheit hatte? Können Sie einschätzen, welche Rückschläge er sammeln musste, um so zu sein, wie er nun ist? Nein, das können Sie nicht! Es ist davon auszugehen, dass auch diese charismatischen, selbstbewussten Erfolgsmenschen sich das, was sie können, erst aneignen mussten.

Im folgenden Ratgeber erhalten Sie eine Bandbreite an Informationen darüber, was Sie unternehmen können, um tatsächliche Verhaltensänderungen bei sich zu bewirken. Die Stärkung des Selbstbewusstseins, der Selbstsicherheit und der eigenen Selbstliebe sind nur einige wenige Aspekte, die hierbei relevant sind. Selbstbewusstsein ist ein Indikator, der wichtig ist, damit Sie in verschiedenen Lebensbereichen erfolgreich und auch tatsächlich glücklich sein können. Aufgrund dessen werden die relevanten Lebensbereiche eines

Menschen, neben allgemeinen Theorien zum Thema Selbstbewusstsein, erläutert. Dabei achte ich auf viele psychologische Hintergrundinformationen, Beispiele und eine praktische Note. Sie werden dazu aufgefordert, Ihre Stärken zu würdigen, weiter auszubauen und Ihre Schwächen zu analysieren. Akzeptieren Sie sich und ziehen Sie aus verhaltenstechnischen Veränderungen den höchstmöglichen Nutzen, um Ihr persönliches Wachstum, Ihre eigene Reife und Ihren verdienten Erfolg zu erzielen! Selbstbewusstsein kann man lernen und zwar jederzeit!

Was ist eigentlich Selbstbewusstsein?

Das Selbstbewusstsein ist einer der Begriffe, die in den vergangenen Jahren eine Art inflationäre Verwendbarkeit gefunden haben. Es gibt in diesem Rahmen eine Vielzahl an Möglichkeiten und Erklärungsansätzen, die sich anbieten. Der Definitionskreis orientiert sich im Regelfall an der Art der Begriffserklärung und des Blickwinkels. So gibt es unterschiedliche Ansätze der Definition, je nachdem, ob eine Beschreibung aus dem philosophischen oder psychologischen Blickwinkel vorgenommen wird. Wichtige Ausgangsvoraussetzungen, um den Begriff des Selbstbewusstseins zu erfassen, sind die Themengebiete des Selbstwertgefühls sowie des Selbstvertrauens oder auch die schlichte Selbstachtung und Selbstliebe. Einige von Ihnen werden vermutlich bei diesen Begriffen schmunzeln und zu bedenken geben, dass es sich hierbei um weiche Faktoren des Selbst handelt. Dennoch sind diese Parameter von unschätzbarem Wert und einer enormen Wichtigkeit, um erfolgreich und selbstbewusst das eigene Leben zu gestalten. In den nachfolgenden Unterkapiteln finden Sie dazu weiterführende Informationen, die Ihnen dabei helfen, das Themengebiet zu verstehen und für sich besser einzuordnen.

Selbstbewusstsein, Selbstwertgefühl & Selbstvertrauen

Grundsätzlich spricht die Bezeichnung Selbstbewusstsein als ein sehr ausdrucksstarker Begriff für sich. Im Grunde geht es darum, dass sich entweder ein Individuum oder auch eine Gruppe als bewusst und stringent wahrnimmt. Doch bei genauen Beobachtungen anderer Personen oder das Hineinhorchen in sich selbst zeigen sich in diesem Kontext schnell deutliche Schwierigkeiten. Im Regelfall kennen wir uns selbst nicht gut genug, obwohl wir jeden Tag mit uns verbringen. Die Emotionen, die Gedanken und somit auch ein gewisses stereotypisches Handeln automatisieren sich im Zuge des Lebens. Haben Sie sich nicht schon häufig dabei erwischt, wie Sie gewisse Handlungen, Annahmen oder Denkweisen vollkommen automatisiert durchführen, ganz ohne darüber nachzudenken und Ihre eigenen Verhaltensweisen zu hinterfragen? Reflektieren Sie sich und Ihre engen Beziehungen zu Menschen in Ihrem Umkreis regelmäßig, um für sich festzustellen, ob diese bestehende Infrastruktur für Sie so noch zielführend ist oder Sie glücklich macht? Wenn Sie das in Summe nicht glücklich macht, sollten Sie einmal dringend und vor allem nachhaltig über Ihr eigenes, bewusstes Wahrnehmen nachdenken! Sie brauchen sich an dieser Stelle nicht schlecht fühlen, denn viele Menschen benötigen jahrelange Lebenserfahrung, um eine solch bewusste Selbstwahrnehmung zu erlangen und das eigene Leben hierauf erfolgreich auszurichten.

Menschen tendieren dazu, dass sie lieber in einem stetigen Kreislauf an Selbstzweifeln verharren und sich dem entsprechenden Empfinden hingeben, denn diese Verhaltensattitüden sind oftmals einfacher, als ein Leben außerhalb der Komfortzone zu gestalten und Veränderungen herbeizuführen. Wenn ein Mensch ein gewisses Maß an Selbstbewusstsein aufgebaut hat, hat er ein realitätsnahes Selbstbild erschaffen. Derjenige kann die eigenen Emotionen aktiv steuern und mit ihnen reflektiert umgehen. Wenn Sie ein selbstbewusster Mensch sind, werden Sie strikte Entscheidungen in Ihrem Leben treffen, nur Menschen in Ihr persönliches Umfeld lassen, die Ihnen guttun und Hobbys sowie einen Beruf wählen, die ebenso gut für Sie sind.

Menschen mit einem hohen Selbstbewusstsein strahlen eine enorme und tiefe Zufriedenheit mit dem eigenen Leben aus. Unsichere Menschen strahlen diese Zufriedenheit nicht aus.

Selbstbewusste Menschen ziehen scheinbar ganz mühelos privaten sowie beruflichen Erfolg in ihr Leben.

Bedeutet ein hohes Selbstbewusstsein auch ein hohes Selbstvertrauen?

Die Begriffe Selbstvertrauen und Selbstbewusstsein werden häufig synonym verwendet. Dennoch haben sie grundsätzlich zwei unterschiedliche Bedeutungen. Selbstvertrauen ist ein gewöhnlicher Aspekt des Selbstbewusstseins, denn ein Individuum, das reflektiert mit sich selbst umgeht, ist scheinbar auch spielend dazu in der Lage, die eigenen Stärken und Schwächen wahrzunehmen. Ein selbstbewusster Mensch kennt folglich die eigenen Grenzen sehr gut und hat ein hohes Vertrauen in die eigenen Fähigkeiten. Die Kombination aus einem ausgeprägten Selbstbewusstsein sowie einem hohen Selbstvertrauen schaffen die Grundlage für ein erfülltes und glückliches Leben in ganz verschiedenen Lebensbereichen. Auch in diesen Bereichen gilt, wie so häufig: Es kommt auf die wahren und existierenden inneren Werte an, die dafür sorgen, ob ein Mensch auch tatsächlich sattelfest und erfolgreich ist und nicht bei den kleinsten Problematiken mit einem künstlich aufgeblähten Selbstbewusstsein zu Fall gebracht wird.

Doch wie genau entwickelt sich das Selbstbewusstsein eines Menschen?

Wer kennt sie nicht, die typisch erfolgreichen Menschen, die vor Charisma und Selbstvertrauen nur so strotzen? Ihnen ist scheinbar der Erfolg bereits in die Wiege gelegt worden. Doch lassen Sie sich nicht irritieren, denn Sie kennen zumeist nur die Anteile der Lebensgeschichte, die man Ihnen auch preisgibt. Halten Sie sich vor Augen, dass Sie den Weg dieses charismatischen Menschen wohl kaum bis ins Detail kennen. Sie wissen nicht, welche Erfahrungen hinter dem jetzigen Auftreten des Menschen stecken. Zumeist können Menschen mit viel Arbeit, Kontinuität und Durchhaltevermögen eine Reihe dieser charismatischen Charaktereigenschaften aufbauen. Das Basis-Selbstbewusstsein eines jeden Individuums findet den Grundbaustein in der Kindheit. Kinder werden in den ersten Lebensjahren geprägt und programmiert. Frühkindliche Erfahrungen sind die Grundlage für das bestehende Selbstbewusstsein eines Menschen. Ein weiterer Baustein sind Erlebnisse in der Kindheit, der Jugend und auch im Erwachsenenalter. Verhaltenspsychologen sind in diesem Zusammenhang jedoch voller Hoffnung, denn nichts ist gesetzt und starr! Auch wenn Sie eine schwierige Programmierung in der Kindheit erfahren haben und aufgrund dessen Problematiken mit Ihrem Selbstbewusstsein haben, können Sie mit gezielten Aktivitäten und verhaltenspsychologischen Komponenten eine Weiterentwicklung dieser Faktoren vornehmen, sodass Sie auch zu einem späteren Zeitpunkt eine enorme Entwicklung durchlaufen können. Schaffen Sie eine gute Basis der Selbstliebe und des persönlichen Erfolgs! Vergessen Sie hierbei jedoch nicht, dass Entwicklungsschritte in diesem Bereich eine Weile benötigen. Lernen Sie sich kennen und identifizieren Sie Ihre Schwachstellen sowie Stärken, sodass Sie eine Basis haben, auf der Sie aufbauen können! Sie können nur gegen den inneren

„Feind“ ankämpfen, wenn Sie ihn auch kennen. Andernfalls verschwenden Sie viel Zeit in Aktivitäten, die Ihnen zur Weiterentwicklung Ihres Selbstbewusstseins oder der Erschaffung Ihres Selbstvertrauens bzw. der Stärkung Ihres Selbstwertgefühls nicht helfen. Selbstreflektion und der Wille, sich nicht nur selbst wahrzunehmen, sondern auch an sich zu arbeiten, sind in diesem Zuge ein entscheidender Erfolgsindikator.

Selbstannahme, Selbstachtung & Selbstliebe

Die Selbstannahme spiegelt den Grad an Selbstbewusstsein eines Menschen wider. In der Literatur findet man eine Reihe von Synonymen hierfür. In erster Linie versteht man darunter, dass es sich um einen dynamischen Prozess eines Individuums handelt, der darauf abzielt, dass man sich selbst kennenlernt, wahrnimmt und auch akzeptiert. Hierzu gehören alle Seiten der Wahrnehmung, sowohl die guten Seiten als auch die schlechten Seiten. Kein Mensch ist unfehlbar. Es liegt nur an jedem Menschen selbst, mit dieser Thematik umzugehen und eine Selbstakzeptanz zu entwickeln. Man ist am Ende des Tages nur so gut, wie man sich selbst auch findet. Mit Selbstannahme, Selbstachtung und Selbstfürsorge ist es möglich einen Idealzustand zu schaffen.

Aufgrund dieser charakteristischen Merkmale wird deutlich, dass es sich um einen Prozess handelt, der nicht zu unterschätzen ist. Finden Sie Ihren inneren Frieden und Ihre Balance, um Ihre Zukunft zu verändern! Hierbei hilft es sicher nicht, der Einäugige unter den Blinden zu sein, um die eigene Zukunft zu verändern und bei sich zu bleiben. Vielmehr muss das Ziel eine realitätsbezogene Wertschätzung der eigenen Person sein, um Veränderungen stringent herbeizuführen. Selbstannahme, Selbstachtung und Selbstliebe sind zur Erschaffung eines komplexen Selbstbewusstseins eine der wichtigsten Säulen, die Sie beachten sollten.

TEST: Wie ausgeprägt ist Ihr Selbstbewusstsein?

Um sein Selbstbewusstsein zu prüfen, bietet es sich an, einen Test durchzuführen. Das ermöglicht eine schnelle Einschätzung, ob ein belastbares oder eher fragiles Selbstbewusstsein vorhanden ist. Aufgrund der Testergebnisse werden Sie für sich einschätzen können, wie selbstbewusst Sie tatsächlich sind.

Nachfolgend finden Sie einen Test mit 30 Fragen. Bitte antworten Sie objektiv und wahrheitsgemäß! Im Anschluss daran bewerten Sie Ihre Ergebnisse gemäß der angefügten Legende mit dem vorgegebenen Punktwert und zählen Sie die sich hieraus ergebenen Punkte zusammen. Die Erläuterung zu den Testergebnissen finden Sie unten.

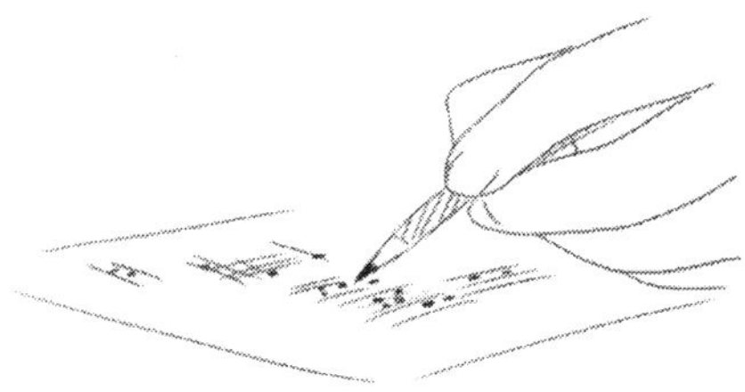

1. Fallen Ihnen auf der Stelle drei Stärken von Ihnen ein?
(a) vollkommen zutreffend
(b) teilweise zutreffend
(c) überhaupt nicht zutreffend

2. Für meine Zukunft haben ich riesige Pläne, nur mit der Umsetzung gerate ich ins Stocken.
(a) vollkommen zutreffend
(b) teilweise zutreffend
(c) überhaupt nicht zutreffend

3. Machen Sie sich oft Gedanken darüber, was andere Menschen von Ihnen denken?
(a) vollkommen zutreffend
(b) teilweise zutreffend
(c) überhaupt nicht zutreffend

4. Lieben Sie es, im Mittelpunkt zu stehen?
(a) vollkommen zutreffend
(b) teilweise zutreffend
(c) überhaupt nicht zutreffend

5. Haben Sie Angst, vor Menschen zu sprechen und Präsentationen zu halten?
(a) vollkommen zutreffend
(b) teilweise zutreffend
(c) überhaupt nicht zutreffend

6. Beschweren Sie sich im Restaurant, wenn Ihnen das Essen nicht schmeckt?
(a) vollkommen zutreffend
(b) teilweise zutreffend
(c) überhaupt nicht zutreffend

7. Fällt es Ihnen schwer, auch einmal Nein zu sagen?
(a) vollkommen zutreffend
(b) teilweise zutreffend
(c) überhaupt nicht zutreffend

8. Vermeiden Sie es, Kontakt mit neuen Menschen einzugehen?
(a) vollkommen zutreffend
(b) teilweise zutreffend
(c) überhaupt nicht zutreffend

9. Sind Sie entspannt, wenn Sie mit anderen Menschen diskutieren?
(a) vollkommen zutreffend
(b) teilweise zutreffend
(c) überhaupt nicht zutreffend

10. Fällt es Ihnen leicht , Ihre Meinung zu äußern?
(a) vollkommen zutreffend
(b) teilweise zutreffend
(c) überhaupt nicht zutreffend

11. Bekommen Sie schnell Schuldgefühle?
(a) vollkommen zutreffend
(b) teilweise zutreffend
(c) überhaupt nicht zutreffend

12. Reagieren Sie mit Verschlossenheit, wenn Sie mit fremden Menschen aufeinandertreffen?
(a) vollkommen zutreffend
(b) teilweise zutreffend
(c) überhaupt nicht zutreffend

13. Denken Sie häufig darüber nach, wie Sie sich verhalten könnten, damit andere Menschen Sie mögen?
(a) vollkommen zutreffend
(b) teilweise zutreffend
(c) überhaupt nicht zutreffend

14. Möchten Sie es anderen immer recht machen?
(a) vollkommen zutreffend
(b) teilweise zutreffend
(c) überhaupt nicht zutreffend

15. Ist der Großteil Ihrer Gedanken negativ?
(a) vollkommen zutreffend
(b) teilweise zutreffend
(c) überhaupt nicht zutreffend

16. Ergreifen Sie häufig die Initiative in der Interaktion mit anderen Menschen?
(a) vollkommen zutreffend
(b) teilweise zutreffend
(c) überhaupt nicht zutreffend

17. Stehen Sie fest hinter Ihren Entscheidungen?
(a) vollkommen zutreffend
(b) teilweise zutreffend
(c) überhaupt nicht zutreffend

18. Werden Sie schnell unsicher, wenn Sie mit vermeintlichen Autoritäten sprechen?
(a) vollkommen zutreffend
(b) teilweise zutreffend
(c) überhaupt nicht zutreffend

19. Machen Sie bereits Kleinigkeiten schnell wütend?
(a) vollkommen zutreffend
(b) teilweise zutreffend
(c) überhaupt nicht zutreffend

20. Macht es Ihnen etwas aus, offen über Ihre Schwächen zu sprechen?
(a) vollkommen zutreffend
(b) teilweise zutreffend
(c) überhaupt nicht zutreffend

21. Haben Sie Hemmungen, fremde Menschen nach dem Weg zu fragen?
(a) vollkommen zutreffend
(b) teilweise zutreffend
(c) überhaupt nicht zutreffend

22. Fällt es Ihnen leicht, andere Menschen zu loben?
(a) vollkommen zutreffend
(b) teilweise zutreffend
(c) überhaupt nicht zutreffend

23. Neigen Sie dazu, sich schnell zu entschuldigen?
(a) vollkommen zutreffend
(b) teilweise zutreffend
(c) überhaupt nicht zutreffend

24. Fällt es Ihnen leicht, andere Menschen um einen Gefallen zu bitten?
(a) vollkommen zutreffend
(b) teilweise zutreffend
(c) überhaupt nicht zutreffend

25. Laufen Sie auf der Straße eher mit einem gesenkten Kopf?
(a) vollkommen zutreffend
(b) teilweise zutreffend
(c) überhaupt nicht zutreffend

26. Fallen Ihnen auf der Stelle drei Schwächen von Ihnen ein?
(a) vollkommen zutreffend
(b) teilweise zutreffend
(c) überhaupt nicht zutreffend

27. Stellen Sie bei bestehenden Ungewissheiten Fragen?
(a) vollkommen zutreffend
(b) teilweise zutreffend
(c) überhaupt nicht zutreffend

28. Beharren Sie auf Ihrer Meinung?
(a) vollkommen zutreffend
(b) teilweise zutreffend
(c) überhaupt nicht zutreffend

29. Stehen Sie zu Ihrer Meinung?
(a) vollkommen zutreffend
(b) teilweise zutreffend
(c) überhaupt nicht zutreffend

30. Können Sie sich gut von anderen Menschen abgrenzen?
(a) vollkommen zutreffend
(b) teilweise zutreffend
(c) überhaupt nicht zutreffend

Auswertung

1. a=2; b=1; c=0
2. a=0; b=1; c=2
3. a=0; b=1; c=2
4. a=2; b=1; c=0
5. a=0; b=1; c=2
6. a=2; b=1; c=0
7. a=0; b=1; c=2
8. a=0; b=1; c=2
9. a=2; b=1; c=0
10. a=2; b=1; c=0
11. a=0; b=1; c=2
12. a=0; b=1; c=2
13. a=0; b=1; c=2
14. a=0; b=1; c=2
15. a=0; b=1; c=2
16. a=2; b=1; c=0
17. a=2; b=1; c=0
18. a=0; b=1; c=2
19. a=0; b=1; c=2
20. a=2; b=1; c=0
21. a=0; b=1; c=2
22. a=2; b=1; c=0
23. a=0; b=1; c=2
24. a=2; b=1; c=0
25. a=0; b=1; c=2
26. a=2; b=1; c=0
27. a=2; b=1; c=0
28. a=0; b=1; c=2
29. a=0; b=1; c=2
30. a=0; b=1; c=2

Ihre Punktzahl: ______von 60 Punkten

Ergebnisse:

0-12: Sehr niedriges Selbstbewusstsein

Sie verfügen über ein sehr niedrig ausgeprägtes Selbstbewusstsein. Aufgrund dessen werden Sie immer wieder mit einer Vielzahl von Problematiken bezüglich der Selbstliebe und Ihrem Selbstwert zu tun haben. Hier sollten Sie zwingend mit einem Fachmann in Kontakt treten, um innere Blockaden zu lösen, den Ursachen auf den Grund zu gehen und tim Verhalten Modifikationen zu initiieren.

13-24: Niedriges Selbstbewusstsein

Ihr Wert des Selbstbewusstseins befindet sich in der Rubrik „Niedriges Selbstbewusstsein". Vermutlich werden Sie in Ihrer Kindheit mit Aussagen konfrontiert worden sein, wie: „Du bist nichts wert." Auch bei Ihnen sollten dringend Veränderungen in Ihrem Selbstbild veranlasst werden, damit Sie Ihr Selbstbewusstsein verbessern können. Nur so werden Sie erfolgreicher und selbstsicherer in Ihrem Leben sein.

25-36: Durchschnittliches Selbstbewusstsein

Sie sind im Mittelfeld der Auswertungen. Ein Großteil der Menschen befindet sich im Übrigen in diesem Bereich. Hieraus können Sie erschließen, dass Sie dennoch eine Reihe von Verbesserungspotenzialen in sich tragen. Ihr Selbstbewusstsein hat Entwicklungspotenzial, das genutzt werden sollte. Eine Zusammenarbeit mit einem geübten Coach oder Verhaltensexperten kann Ihnen an dieser Stelle zu einer nachhaltigen Weiterentwicklung verhelfen.

37-48. Gutes Selbstbewusstsein

Sie sind in der Rubrik „gutes Selbstbewusstsein“ anzutreffen. Sie blicken vermutlich auf eine solide berufliche Karriere zurück. Dennoch haben Sie das Empfinden, dass das besser geht und Sie mit mehr Überzeugungskraft und mit noch mehr innerer Stabilität einfacher durch Ihr Leben gehen können. Hier haben Sie vermutlich recht! Nutzen Sie Ihre objektive Selbsteinschätzung und führen Sie eine Ist-Analyse durch, die Ihnen dazu verhilft, noch besser zu werden und bestehende Defizite aufzulösen! Der Weg, dass aus Schwächen auch Stärken werden können, ist kein Lippenbekenntnis, sondern Realität.

49-60: Sehr gesundes Selbstbewusstsein

Herzlichen Glückwunsch! Sie sind in der Rubrik „Sehr gesundes Selbstbewusstsein“ angekommen. Das ist eine gute Nachricht für Sie! Sie haben einen Weg für sich gefunden, sich selbst zu akzeptieren und konnten an bestehenden Schwächen arbeiten. Selbstakzeptanz ist einer der wichtigsten Schlüssel zu Erfolg und Glück. Achten Sie dennoch darauf, dass Sie andere Menschen nicht mit Ihren Erfahrungen und inneren Einstellungen überfordern! Bedenken Sie, dass nur ein kleiner Teil der Menschen vermutlich Ihre Stabilität erreicht hat und mit Ihnen und Ihrem Wesen, dass sich in einer inneren Balance befindet, erst zurechtkommen muss.

Wie sich das Selbstbewusstsein entwickelt

Selbstbewusstsein zu entwickeln, als autarkes Individuum, ist eine Möglichkeit, dem Leben mehr Eigenwert zu bieten. Doch genau an diesem Punkt stellt sich die Frage, inwiefern das überhaupt jedem einzelnen Menschen möglich ist und wie sich das menschliche Selbstbewusstsein entwickelt. Grundsätzlich beginnt die Entwicklung des eigenen Selbstbewusstseins in der direkten Interaktion mit anderen Personen. Hierzu zählen im ersten Schritt vor allem enge Bezugspersonen, wie etwa Mutter oder Vater. Immer dann, wenn ein Baby weint, spiegelt die Mutter das Verhalten des Kindes. Die Mutter wird zunächst recht besorgt auf das Weinen reagieren, um im Anschluss darauf die Situation durch Heiterkeit und Beruhigung zu stabilisieren. Das Kind bemerkt dieses Verhalten und nimmt es unterbewusst wahr. Ein Säugling realisiert, dass es noch andere Menschen gibt, die auf sein Verhalten reagieren. Hier erfolgt eine erste Ich- und Du-Unterscheidung.

Das Selbstbewusstsein hat seinen Platz in drei Bereichen im Gehirn. Die sogenannten Spiegelneuronen sorgen dafür, dass ein Mensch durch Beobachtung lernt. Auf diese Weise entstehen Gewohnheiten mit allen Fehlern und Erfolgen.

Bedenken sollte man zudem, dass Eindrücke der Umgebung nicht nur bewusst, sondern auch unterbewusst aufgenommen werden können. Hierzu gehört beispielsweise auch panisches Verhalten anderer Menschen. Ist die Mutter beispielsweise immer wieder voller Panik oder Angst, wird sie dieses unentspannte Verhalten auf das Kind übertragen und es im Kern darauf programmieren, ähnliche Verhaltensaspekte auszubilden. Diese benannten Reize, die von den nahen Bezugspersonen, allen voran der Mutter, ausgehen, bilden die Grundlage des frühen Selbst des Kindes. Ein Kind bildet die grundlegende Infrastruktur hierzu im Alter zwischen 18 und 24 Monaten aus. Danach sammelt das Kind ab einem Alter von circa drei Jahren eigene Erfahrungen.

Um ein stabiles Selbstbewusstsein ausbilden zu können, benötigt jeder Mensch vor allem einen gefestigten Kern, die Kompetenz, einen Perspektivwechsel vorzunehmen sowie Ermutigung und Bestärkung von außen. Ein gefestigter Selbstkern ist hierbei der wichtigste Indikator zur Ausbildung eines starken Selbstbewusstseins. Dieser Kern entsteht immer dann, wenn es eine sogenannte Kleinkind-Resonanz gibt, die zeitnah sowie eins zu eins abgehandelt wird. Verhaltenspsychologisch bedeutet das, dass nahe Bezugspersonen dem Kind die volle Aufmerksamkeit und eine liebevolle Umgebung bieten. Wenn das Kind beispielsweise schreit, dann ist eine sofortige Reaktion notwendig. Hierdurch lernt es, ein stabiles Selbstbewusstsein auszubilden. Sollte das nicht geschehen, entwickeln sich Menschen, die Autonomie-, Sicherheits-, Bindungsprobleme sowie wenig Mut aufweisen.

Menschen lernen im Zuge des Heranwachsens weitere Parameter kennen und bilden die eigene Identität vor allem in der Jugend aus. Experten sind sich mittlerweile einig darüber, dass ein gestörtes Selbst vor allem in den ersten Lebensjahren entsteht. Verhaltensauffälligkeiten wie Depressionen, Esssucht, Kaufsucht etc. sind hier nur Symptome, um das eigene, leere Ich-Selbst auszugleichen.

In den nachfolgenden Abschnitten erfahren Sie mehr über die genauen psychologischen Prozesse, die es in diesem Kontext gibt sowie über die Optionen, die Ihnen dabei helfen, Ihren Willen einzusetzen, um Veränderungen zu bewirken.

Psychologische Prozesse

Das Selbstbewusstsein des menschlichen Individuums ist insbesondere in der wissenschaftlichen Psychologie ein relevantes Konzept bezüglich der Persönlichkeitspsychologie. Die Psychologie versteht den Selbstwert in diesem Rahmen unter der Maßgabe von drei Komponenten. Man unterscheidet hierbei die affektive Komponente, die kognitive Komponente und die geistige Komponente. Die affektive Komponente beinhaltet die emotionale Ebene. Das Selbstkonzept des Menschen wird hingegen durch die kognitive bzw. geistige Komponente beschrieben und die konative Komponente bezeichnet den strebenden Part der Selbstdarstellung.

In Summe bezieht sich das Selbstbewusstsein hierbei auf folgende Parameter:

- Die eigenen Fähigkeiten
- Die eigene Persönlichkeit
- Das gesamte Ich-Empfinden
- Das gesamte Selbstempfinden
- Die gemachten Erfahrungen

Psychologische Prozesse zur Modifikation des individuellen Selbstbewusstseins

Die Modifikation beziehungsweise die Änderung einer Selbstwertproblematik lässt sich vor allem bei tiefergreifenden psychischen Auffälligkeiten oder Beeinträchtigungen am effektivsten mit psychologischer Unterstützung initiieren. Um den Erfolg eines solchen Vorgehens jedoch sicherzustellen, ist es unabdingbar, dass Sie sich einem Fachmann zuwenden und hier neben einer enormen Portion Vertrauensarbeit auch drei Teilprozesse angewendet werden, die Ihnen dabei helfen, Ihr Selbstbewusstsein sowie den hiermit so dringend benötigten Eigenwert zu stärken. Um eine verhaltenstechnische Änderung zu erwirken, sollten nun folglich drei psychologische Teilprozesse durchgeführt werden.

Teilprozesse zur verhaltenstechnischen Modifikation:

- Der Prozess des Verstehens
- Der Prozess des Akzeptierens
- Der Prozess der Veränderung

Nachfolgend erfahren Sie nun einige weiterführende, grundlegende Informationen der einzelnen Teilprozesse, die bei Ihnen eine psychologische Änderung hervorrufen soll.

Der Prozess des Verstehens

Im ersten Schritt ist es wichtig, die bei Ihnen vorliegenden Probleme zu erfassen und im Anschluss daran zu verstehen. Sie sollten in diesem Zug der sprichwörtliche Experte Ihrer grundeigenen Problemstellungen werden. Haben Sie das erfolgreich erreicht, sind Sie ein enormes Stück näher am persönlichen Erfolg und vor allem an Problemlösungen, die Ihr Leben nachhaltig verändern werden. In diesem Prozess kann Sie ein psychologischer Fachmann oder Berater unterstützen, sich selbst zu reflektieren. Welche persönlichen Stärken haben Sie? Welche Schwächen führen immer wieder dazu, dass Ihnen ähnliche Probleme im Leben begegnen? Aus diesem Erkenntnisprozess werden Sie Möglichkeiten und Richtungen für sich erkennen, die später Ihr Leben maßgeblich vereinfachen werden.

Der Prozess des Akzeptierens

Wenn Sie den ersten Prozess erfolgreich durchlaufen haben, ist Ihnen bewusstgeworden, dass Sie nicht perfekt sind! Jeder Mensch hat Stärken und Schwächen. Einer der wichtigsten Schritte ist nun, dass Sie vor allem Ihre Schwächen nicht verteufeln, sondern als Teil von Ihnen akzeptieren. Der Prozess des Akzeptierens führt zwangsläufig dazu, dass Sie all Ihre Facetten erkennen. Sie müssen hiergegen nicht ankämpfen. Das Ankämpfen würde in Ihnen einen enormen Stress auslösen und Sie unter Druck setzen. Im Regelfall führen solche Verhaltensmaßgaben dazu, dass Sie sich einer Weiterentwicklung verwehren und nicht vorwärtskommen würden.

Der Prozess des Veränderns

Um für sich nun das bestmögliche Ergebnis aus der Selbsterkenntnis und Selbstakzeptanz zu generieren, ist der Prozess des Veränderns unabdingbar! Hier liegt eine Verhaltensänderung im Fokus, die erzeugt werden soll, um Ihnen Ihr Leben nicht nur einfacher zu gestalten, sondern Sie auch zu einem schöneren Leben zu führen. Grundsätzlich wird dieser Prozess auch als wichtigster Bestandteil einer Verhaltenstherapie verstanden. Hierfür wird der Experte, mit dem Sie gemeinsam arbeiten, die intensivste Zeit mit Ihnen verbringen. Zielsetzung ist eine klare und nachhaltige Auflösung einer Selbstwertproblematik. Für den Erfolg eines entsprechend psychologisch-therapeutischen Ansatzes ist es von immenser Bedeutung, dass zwei Kriterien erfüllt werden. Zum einen ist es fundamental wichtig, dass eventuell bestehende psychische Beeinträchtigungen wie etwa Angststörungen, abgeklungen sind und dass Sie mit dem Experten gemeinsam Zielsetzungen festgelegt haben, auf die Sie gemeinsam hinarbeiten werden.

Der Wille, sich zu verändern

Um Ihr Selbstbewusstsein steigern zu können, bedarf es Ihres Willens. Prinzipiell ist es in jedem Lebensalter möglich, das Level seines Selbstbewusstseins zu verändern. Es geht lediglich um den Willen, sich zu verändern. Man kann selbst Herr darüber werden und ist somit kein „Opfer" gelernter Verhaltensweisen und Annahmen, zum Beispiel aus der Kindheit. Denn für die Entwicklung des Selbstbewusstseins ist nicht nur das Außen zuständig, sondern auch man selbst.

Doch Veränderungen rufen im Menschen oftmals Skepsis und Ablehnung hervor. Immer dann, wenn der Leidensdruck eines Menschen in bestimmten Segmenten des eigenen Lebens zu hoch wird, sind Veränderungen willkommen. Sie kennen sicher Sprichwörter wie: „Einen alten Baum verpflanzt man nicht", was bedeutet, dass man für Veränderungen zu alt ist. Derartige Äußerungen sind in der Summe jedoch eher Schutzbehauptungen, um aus der eigenen

Komfortzone nicht herauszutreten und Veränderungen zu initiieren. Veränderung bedeutet sicherlich im ersten Augenblick etwas Neues in das eigene Leben zu lassen: neue Menschen, neue Lebensumstände, eine neue Liebe, einen neuen Job oder eine neue Umgebung. Veränderungen sind der Schlüssel für Abwechslung und Erfolg. Chancen können nur genutzt werden, wenn man sie sieht. Kontinuierliches Glück ist nur erreichbar, wenn Sie flexibel sind und Anpassungen auch vornehmen wollen. Das alles sind Maßgaben und Indikatoren, die bei Veränderungen und Change-Prozessen wichtig sind. Im nachfolgenden Abschnitt erfahren Sie, was der Wille zur Veränderung bewirken kann und was genau ein Veränderungsprozess bedeutet.

Die Veränderung

Oft möchten Menschen kleine Details in ihrem Leben verändern, die vom Grunde her keine großen Veränderungen bedeuten. Hierzu gehören Dinge wie: mehr zu reisen, weniger zu wiegen oder alte Freunde regelmäßig zu sehen. Was Sie sicherlich auch schon einmal bei sich selbst festgestellt haben oder aber bei anderen Personen in Ihrem Umkreis: der Beginn einer solchen Veränderung ist zumeist sehr aktiv und durchsetzungsstark. Im weiteren Verlauf eines Änderungsprozesses lässt der entsprechende Enthusiasmus jedoch meist schnell nach. Ein weiteres gutes Beispiel sind die Neujahrsvorsätze in jedem Jahr. Das führt im Regelfall dazu, dass die Anmeldung im Fitnessstudio zelebriert wird und man auch die ersten vier Wochen im Fitnessstudio anzutreffen ist. Danach verfällt man jedoch häufig wieder in alte Verhaltensmuster und die Veränderung ist im Keim erstickt.

Frustrierende Indikatoren in der Veränderung

Die Gründe für das Scheitern dieser Prozesse sind bunt und vielfältig. Bestehende Wirkfaktoren, die für das Scheitern dieser Prozesse verantwortlich sind, können auf den ersten Blick nicht immer zugeordnet werden. Vielmehr liegt die Wahrheit bei jedem einzelnen unter der Oberfläche. Unterscheiden sollten Sie fundamental zwischen einer Veränderung, die von außen initiiert wird und einer Veränderung, die mit einem inneren Wandel einhergeht. Dies erfolgt ähnlich dem wissenschaftlichen Ansatz der extrinsischen und intrinsischen Motivation eines Menschen. Modifikationen, die von innen hervorgehen, sind die Änderungen, die auch am schwierigsten umsetzbar sind, jedoch sind sie auch am nachhaltigsten. Wer Veränderungen hervorrufen möchte, muss an sich arbeiten.

Jeder Mensch ist von Natur aus ein „Gewohnheitstier“. Das ist keine Annahme, dieser Umstand ist eine genrealisierende Tatsache. So verwundert es auch nicht, dass Gewohnheiten sozusagen einen Fingerabdruck des Charakters darstellen. Im Durchschnitt sind circa 90 % der täglichen Aktivitäten schlichte, individuelle Gewohnheiten. Immer dann, wenn Sie eine Gewohnheit ändern, lösen Sie in Ihrem Gehirn einen kleinen Krieg aus, denn das Gehirn muss sich infolgedessen anpassen, um weiter funktionieren zu können. Um wahre Veränderungen in Ihnen auszulösen, benötigen Sie Raum, Aufmerksamkeit und auch Zeit. Prügeln Sie nicht innerlich auf sich ein. Das führt zu Stress und Versagensängsten. Auf diese Weise werden Sie keine nachhaltigen Verhaltensänderungen initiieren.

Der Rückschlag und die Veränderung
Wer sich in einigen Verhaltensbestandteilen ändern möchte, sollte hierbei dringend beachten, dass zu jeder Veränderung auch Rückschläge gehören. Vergessen Sie nicht, dass Sie kein Roboter sind und lassen Sie sich nicht entmutigen! Der Prozess ist nicht gradlinig. Rückschläge gehören einfach dazu. Steter Tropfen höhlt den Stein. Das gilt auch für Ihren individuellen Veränderungsprozess, der Willen und Durchhaltevermögen voraussetzt.

Ursachen eines geringen Selbstbewusstseins

Ein gesundes Selbstbewusstsein auszubilden, ist ein Unterfangen, das für viele Menschen aufgrund innerer Programmierungen kompliziert ist. Vielleicht kennen Sie es auch, dass immer dann, wenn Sie sich in bestimmten Lebenssituationen befinden, alte Verhaltensmuster in Ihnen durchbrechen, die Sie so an sich nicht mögen. Diese inneren Verhaltensstrukturen sind ein Teil von Ihnen. Sie zu erkennen, ist ein erster Ansatz, um sie zu bearbeiten. Die Rolle der Eltern und der nahen Bezugspersonen hat einen entscheidenden Anteil daran, wie sich Ihr eigenes Selbstbild entwickelt. Um Ihnen einen Überblick zu ermöglichen, welche Indikatoren dafür tatsächlich verantwortlich sind und wie genau Ihr Selbstbewusstsein sich zu dem entwickeln konnte, wie es ist, erhalten Sie in den nachfolgenden Unterpunkten. Es sind Informationen, die Ihnen dabei helfen, die Thematik für sich einzuschätzen.

Kindheit

Die Kindheit ist die prägendste Phase in unserem Leben. Hier werden Grundsteine des späteren Verhaltens sowie der inneren Einstellungen programmiert und das ganz ohne, dass Sie es auf den ersten Blick so wahrnehmen würden. Die ersten Lebensjahre und sogar die ersten Lebensmonate sind dafür verantwortlich, wie wir später von unseren inneren Einstellungen her „ticken".

In der Psychologie wird zwischen dem **Selbstwert** und dem **Selbstkonzept** unterschieden. Das Selbstkonzept besteht aus der Summe der Kognitionen, mit welchen sich ein Mensch selbst beschreibt. Hieraus werden Verhaltensaspekte wie Schüchternheit, Unabhängigkeit, Durchsetzungsfähigkeit oder auch Offenheit abgeleitet. Doch im Rahmen des Selbstkonzepts werden diese Kognitionen nur beschrieben, nicht gewertet. Der Selbstwert hingegen ist ein Parameter, der diese Kognitionen bewertet. Das Selbstwertgefühl entsteht also daraus, wie ein Mensch seine Kognitionen und sich selbst bewertet.

Fasst man Selbstwert und Selbstkonzept zusammen, so ergibt sich das **„Selbst"**. Der Begriff „Selbst" umfasst also diese beiden Anteile.

Eine gute Nachricht: Selbstwert und Selbstkonzept sind veränderbar, ein Leben lang. Auch ist das Selbstkonzept abhängig von Situation und Kontext, in welchen sich ein Mensch befindet und betrachtet.

Eine Bewerberin, die über ein nur geringes Selbstwertgefühl bzw. Selbstbewusstsein verfügt, wird eine Absage von einem Unternehmen als ihren Eigenwert infrage stellend eingruppieren. Sie hat nicht genügt und war somit nicht gut genug. Diese Person wird sich hinterher schlecht fühlen. Sie stellt nicht nur ihre Fähigkeiten, also Kompetenzen, in Frage, sondern auch ihre Wertigkeit als Mensch, da ihr Selbstwert gering ist.

Die Auswirkungen der Erfahrungen, die wir als Kind unterbewusst sammeln, haben Einfluss auf unser gesamtes Leben. Wenn Sie folglich Ihrem Kind einen stabilen Selbst- und Eigenwert für das spätere Leben mitgeben möchten, beachten Sie dringend, dass die Kindheit hier einen enormen Anteil an der inneren und natürlichen Stabilität hat. Bestärken Sie Ihr Kind, überlassen Sie es nicht seinem Schicksal, wenn es schreit oder trotzig ist, sondern bringen Sie Verständnis auf! Dieses Verhalten formt ein gesundes Selbstwertgefühl des Nachwuchses.

Erziehung und Prägung

Die Erziehung und das Verhalten der Eltern haben grundlegende Auswirkungen auf das Selbstbewusstsein eines Kindes. Hier sollten Eltern zwingend sehr selbstreflektiert in der Erziehung auftreten.
Typische Fehler, die Eltern in der Kommunikation zu Ihren Kindern machen, zeigen sich durch folgend formulierte Sätze im weiteren Verlauf des Abschnitts. Worte haben immense Auswirkungen auf die Psyche der Kinder. Sie adaptieren die Eltern, orientieren sich und lernen von ihnen. Nachfolgend finden Sie nun eine Reihe von Sätzen, die Sie Ihrem Kind in der Erziehung besser ersparen, wenn Sie möchten, dass es ein gesundes und stabiles Selbstbewusstsein bekommt.

„Deine Kompetenzen, die du in Mathematik aufweist, hast du einzig und allein deiner Mutter zu verdanken!"

Sie transportieren damit, dass Ihr Kind Ihnen dankbar sein muss, dass Sie ein gutes Zahlenverständnis haben und machen ihm deutlich, dass es sich als Kind und eigenständiges Individuum in diesem Bereich nicht weiter anstrengen muss, denn durch die Gene kann es froh sein, dass es überhaupt mit entsprechenden Zahlen umgehen kann. Erfolge, wie eine gute Note in Mathematik, sind nicht die Erfolge des Kindes, sondern einzig und allein auf die Genetik zurückzuführen. Mit dieser Aussage erschaffen Sie eine hohe Demoralisierung des Kindes, was zu Problematiken im Selbstwert führt.

„Die Noten deiner Schwester sind viel besser als deine Noten."

Auch hier liegt eine Aussage vor, die dem Kind sicher keine Freude macht. Grundlegend wird transportiert, dass es auf ganzer Linie ein Versager ist, im Vergleich zum Geschwisterchen. Es ist zudem wirklich ungünstig, einen möglichen Wettkampf und Vergleich der Kinder auszulösen, da auch das geschwisterliche Verhältnis damit zerstört wird. Besser ist es, das Kind zu bestärken und das unabhängig von den Leistungen, die es erbringt. Reagieren Sie hier nicht mit subtilen Abwertungen oder Anfeindungen, da das direkte Auswirkungen auf das Kind und das Selbstbewusstsein hat!

„Dieses Verhalten ist schon wieder vollkommen typisch für Dich."

Auch in diesem Satz steckt viel Potenzial, um das Kind zu schädigen, denn Sie stecken es in eine Schublade, aus der es so schnell nicht mehr herauskommt. Zudem geben Sie dem Kind zu verstehen, dass Selbst- und Eigenentfaltung schlecht sind. Es wird sich anders fühlen, nicht gut genug und vor allem nicht wertgeschätzt.

„Auf Dich kann man sich nie verlassen."

Eltern sollten bei diesen Verallgemeinerungen davon ausgehen, dass man dem Kind ein Label aufsetzt, das ein Schubladendenken hervorruft. Auch hier ist das Resultat, dass man Grenzen aufzeigt bzw. setzt und hierbei vollkommen außen vorlässt, dass diese Grenzen nicht die Grenzen des Kindes sind, sondern die eigenen Grenzen verkörpern. In Summe handelt es sich hierbei nicht nur um ein unfaires Auftreten dem Kind gegenüber, sondern vielmehr um ein vollkommen unreflektiertes eigenes Verhalten, das dem Kind explizit schadet. Stellen Sie sich infolgedessen grundlegend die Frage, ob solche Aussagen zielführend sind im Sinne Ihres Kindes!

„Du bist sowieso ein faules Kind."

Dieser Satz ruft bei jedem Psychologen ärgste Bedenken hervor, denn kein Kind ist grundlegend und immer faul. Die Zuweisung einer solchen Charaktereigenschaft ist anmaßend und Ausdruck der eigenen Unzulänglichkeit in der Motivation des Kindes. Das einstige Kind wird, sollte es solche Aussagen später nicht gezielt aufarbeiten, immer das Gefühl haben, faul zu sein in allem, was es macht, auch wenn das objektiv betrachtet nicht der Realität entspricht.

„Du bist eine Heulsuse."

Mit solchen Aussagen konditionieren Sie Ihr Kind darauf, keine Schwächen zuzulassen und sich unzulänglich zu fühlen, wenn es ihm schlecht geht. Kinder, die solchen brutalen Aussagen ausgesetzt sind, tendieren dazu, sich und die eigenen grundlegenden Bedürfnisse nicht wahrzunehmen und in jeglicher Situation über innere Warnstimmen hinwegzusehen.

Sie als Elternteil, der sicherlich möchte, dass es dem Kind an nichts fehlt und im Zuge der Kindheit ein profundes WIssen und auch Handlungskompetenzen erhält, um ein stabiles und selbstbewusstes Leben zu führen, sollten daran interessiert sein, hierfür eine Grundlage zu erschaffen. Hinterfragen und beachten Sie aufgrund dessen genau Ihre Aussagen und Erziehungsstile, die Sie Ihrem Kind zuteilwerden lassen.

Umwelt

Auch die nahe Umwelt nimmt im Zuge der Kindheit eine existenzielle Rolle ein. Nicht immer prägen ausschließlich die Eltern die ersten Lebensjahre eines Kindes, die für die grundlegende Entwicklung des Selbstwertes und des Selbstbewusstseins so wichtig sind, sondern auch andere Bezugspersonen oder nahestehende Menschen. Die Großeltern, die Geschwister oder auch die Erzieher in den Kindertageseinrichtungen haben im Regelfall ebenso einen großen Einfluss. Achten Sie Ihrem Kind zuliebe darauf, mit wem genau es Umgang hat! Vor allem im

Kindesalter liegt das grundlegend in der Verantwortung der Eltern. Handeln Sie im Sinne Ihres Kindes! Sollten Ihre Eltern beispielsweise unter Persönlichkeitsstörungen leiden und in ihrem Auftreten und Handeln ambivalent sein, hinterfragen Sie, inwiefern es tatsächlich für Ihr Kind Sinn ergibt, es bei seinen Großeltern unterzubringen und es somit schwierigen Verhaltensweisen auszusetzen.
Was Sie ebenfalls bedenken sollten, ist neben körperlicher die psychische Gewalt. Diese ist deutlich schwerer zu erkennen. Emotionaler Missbrauch ist auf den ersten Blick nicht immer erkennbar. Selbst Opfern ist es oft nicht bewusst, dass sie emotional missbraucht wurden. Emotionaler Missbrauch hat mindestens ebenso schwerwiegende Folgen für Betroffene wie physische Gewalt.
Zudem gehören zur Umwelt natürlich andere Kinder sowie Freundschaften. Auch diese nehmen in einem gewissen Maße Einfluss auf die Entwicklung des Kindes. So hat Mobbing zum Beispiel einen schlechten Einfluss auf die gesunde Entwicklung des Kindes.
Gehen Sie keine falschen Kompromisse zum Leid Ihres Kindes ein, denn auch die Umwelt nimmt eine Programmierung im Verhalten des Kindes vor. Falls Sie selbst im Kindesalter negativ programmiert wurden, erfahren Sie noch, wie Sie das aufheben und ändern können.
Im Übrigen können alle genannten Aspekte genauso auf Erwachsene Einfluss nehmen. Emotionalem Missbrauch, physischer Gewalt oder Mobbing können auch erwachsene Personen zum Opfer fallen, wobei Sie sich im Gegensatz zu Kindern natürlich generell besser davor schützen können. Die aufgezählten Punkte und somit jegliche Umwelteinflüsse können sich jederzeit auf das Selbstbewusstsein eines Erwachsenen auswirken, positiv oder negativ. So kann sich zum Beispiel das ständige Lob des Partners positiv auf eine Person auswirken, die dauerhafte destruktive Kritik des Vorgesetzten hingegen negativ.

Die Rolle der Eltern und Vorbilder

Kinder werden nachweislich in den ersten Lebensjahren programmiert und sehr stark beeinflusst, wie ich Ihnen bereits erklärt habe. Die Rolle der Eltern ist hierbei von einer immensen Bedeutung, denn Kinder orientieren sich primär an den eigenen Eltern. Ein Kind möchte geliebt werden und ist klar in der Formulierung der eigenen Bedürfnisse. Im Zuge der Erziehung lernt ein Kind jedoch, sich kulturell und umgebungsspezifisch anzupassen. Es adaptiert auf natürliche Weise die Eltern und nimmt Sie als Vorbilder, sowohl im positiven als auch im negativen Bereich, wahr. Neben den Eltern kann ein Kind zum Beispiel auch einen guten Freund, die Lehrerin oder den großen Bruder zum Vorbild haben.

Bedenken Sie als Elternteil Ihre immense Rolle, die Sie hierbei einnehmen! Leben Sie Dinge vor, die auch vertretbar sind! Wenn Sie schlecht mit sich selbst umgehen und sich nicht wertschätzen, wie soll Ihr Kind dann diese Verhaltensweisen erlernen und übernehmen? Bedenken Sie die Verantwortung, die Ihnen hier innewohnt, denn Sie beeinflussen Ihr Kind hierdurch mehr als Sie denken!

Da es sowohl positive als auch negative Vorbilder geben kann, sollten Sie Ihre Vorbilder genau reflektieren. Nicht immer ist man sich bewusst darüber, wer ein Vorbild ist. Verhalten wird oft auch unbewusst „abgeguckt". Als Erwachsener sind Sie vielmehr imstande, Vorbilder zu hinterfragen, als Sie das als Kind waren. Vorbildfunktion übernehmen nicht nur die Eltern, sondern dies können auch Freunde oder beispielsweise Personen, die in der Öffentlichkeit stehen, sein.

Das Selbstbild

Jeder Mensch weist eine eigene Persönlichkeit auf, die aus Stärken und Schwächen besteht. Das Selbstbild resultiert aus Erfahrungen und Erlebnissen der Kindheit, die sich schwerpunktmäßig in den ersten sieben Lebensjahren abgehandelt haben. Das Selbstbild wird insbesondere durch Verletzungen, Fehler, Niederlagen oder auch durch Erfolge geformt. Eine Besonderheit hierbei ist, dass Kinder in diesen Phasen noch keine grundlegend feste Meinung haben und für extrinsische Einflüsse sehr empfänglich sind. Das bedeutet jedoch im Umkehrschluss, dass das Selbstbild an sich eigentlich ein Fremdbild darstellt, denn Sie haben dieses Selbstbild nicht eigenständig gewählt. Vielmehr haben Sie es von außen übernommen, ohne es zu überprüfen. Aufgrund dessen ist ein Großteil der Menschen mit einem Selbstbild behaftet, dass an sich objektiv gesehen falsch ist.

Zusammensetzung des Selbstbildes:

- Wer sind Sie?
- Wie nehmen Sie Ihren Körper wahr?
- Welche genauen Talente und Fertigkeiten weisen Sie auf?
- Welche genauen Bedürfnisse haben Sie?
- Welche genauen Ziele und Wünsche haben Sie?
- Welche Wertvorstellungen weisen Sie auf?
- Welche Erfahrungen konnten Sie sammeln?
- Welchen Besitz können Sie vorweisen?
- Welche genauen Beziehungen haben Sie?
- Welche Interessen haben Sie?

Bedenken Sie, dass das Selbstbild viele Komponenten und Blickwinkel beinhaltet, die nicht immer auf den ersten Blick einschätzbar sind.

Innere Blockaden und psychische Störungen

Das Selbstbewusstsein und deren Ausbildung ist bei Menschen, die keine psychischen Beeinträchtigungen aufweisen, bereits eine Herausforderung. Doch nicht jeder Mensch ist gleich und bei jedem Individuum kann es im Zuge dessen vor allem in der Kindheit zu gravierenden Störungen kommen.

Das Selbstbewusstsein und der Narzissmus

Menschen mit einer narzisstischen Persönlichkeitsstörung sind vor allem dadurch zu identifizieren, dass sie sich in keiner Therapie befinden. Sie winden sich wie Aale davor, da sie unreflektiert sind und an sich selbst kein Problem sehen. „Schuld“ haben meist andere Personen, denn sie selbst sind sich keiner bewusst. Selbstverständlich trifft das nicht auf alle Narzissten zu, es gibt auch Ausnahmen, die sich bewusst über ihre Krankheit sind und diese heilen möchten.

Es gibt unterschiedliche Arten von Narzissmus. Eine Gemeinsamkeit liegt jedoch in der grundlegenden Problematik des eigenen Selbstbildes. Ein Narzisst wird sich selbst nach außen als wahrhaftig, groß und unwahrscheinlich selbstbewusst verkaufen. Doch tief im Inneren schwankt ein Narzisst immer wieder zwischen dem genialen und großen Selbst und einem enormen Mangel an Selbstbewusstsein und Selbstwert. Diese Störungen, die zu den Cluster-B-Störungen gehören, sind ernst zu nehmen, da Sie der Umgebung schaden. Vor allem Töchter, die in einer toxischen Umgebung groß geworden sind, neigen dazu, diese Verhaltensweisen zu übernehmen und hiergegen keine Resilienz aufzubauen. Das führt dazu, dass ein Narzisst das verzerrte und unglückliche Selbst an sich zwar wahrnimmt, aber die eigene Leere auf andere projiziert. Narzissmus ist neben dem Borderline-Syndrom oder auch der abhängigen Persönlichkeitsstörung, die oftmals auf eine bipolare Störung zurückzuführen ist, eine immense Problematik, die an sich dringend therapeutische Tiefenbehandlungen benötigen würde.

Das Borderline-Syndrom und das Selbstbewusstsein

Bei dem Borderline-Syndrom ist eine starke Abspaltung des eigenen Selbst in Verbindung mit einem Schwarz-Weiß-Denken gegeben. Oftmals verletzen sich Betroffene selbst, um sich zu spüren, da sie die Verbindung zu sich selbst vollkommen verloren haben. Auch hier liegen die Ursachen in einer krankhaften Verletzung des eigenen Ichs in der Kindheit, die eine schwerwiegende Selbstbewusstseinsproblematik hervorgerufen hat. Um diese Problematik ansatzweise zu lösen, sind auch hier nachhaltige therapeutische Ansätze und Therapien anzuwenden.

Die abhängige Persönlichkeitsstörung und das Selbstbewusstsein

Menschen, die besonders empathisch sind und sich in andere Menschen sehr stark hineinversetzen können oder Menschen, die in der Kindheit gelernt haben, dass sie immer nur auf die Bedürfnisse anderer Menschen achten sollen, verlieren im Regelfall die Verbindung zu sich selbst. Das kann sich beispielsweise in einem krankhaft altruistischen Verhalten äußern. Ein Mensch mit einer abhängigen Persönlichkeit weist zudem sehr häufig eine bipolare Störung auf. Depressionen oder Angstzustände gehen hiermit im Regelfall einher. Auch bei dieser Störung liegt eine grundlegende Selbstwertproblematik der Kindheit vor, die durch Therapien und Aufarbeitungen bewältigt werden können, um ein gesünderes Selbst zu entwickeln.

Wer sind Sie?

Wer sind Sie? Hinter dieser recht trivial anmutenden Fragestellung verbirgt sich eine enorme Tiefe. Kennen Sie sich wirklich? Können Sie Ihr eigenes Selbstbild objektiv erklären und fühlen Sie es? Die Selbsteinschätzung ist eines der Thematiken, die Menschen häufig an Ihre Grenzen stoßen lässt. In den nachfolgenden Unterpunkten erfahren Sie hierzu eine Reihe von Ansätzen. Um Ihnen eine möglichst große Infrastruktur zu bieten, erhalten Sie zusätzlich Fragen und Anregungen, die Ihnen bei einer entsprechenden Selbsteinschätzung helfen werden. Bedenken Sie, dass Sie nur an sich selbst arbeiten können, wenn Sie Ihre Defizite auch kennen.

Analyse der eigenen Stärken und Schwächen

Um ein gesundes Selbstbewusstsein und ein objektives Selbstbild von sich selbst wahrzunehmen, ist es von immenser Wichtigkeit, eine Selbstanalyse Ihrer Stärken und Ihrer Schwächen zu initiieren. Hierdurch werden Sie Ihre Potenziale und bestehenden Grenzen erkennen und sich selber weiterentwickeln.

Ihre Stärken

Bedenken Sie, dass Ihre Stärken Ihr ureigenes Kapital darstellen. Im verhaltenspsychologischen Kontext gab es eine Zeit lang die Tendenz, dass man sich auf die eigenen Schwächen konzentrieren sollte, um sie zu Stärken zu transferieren. In den letzten Jahren hat man von diesem Ansatz wieder etwas Abstand gewonnen. Konzentrieren Sie sich folglich nicht nur auf Ihre Schwächen, denn Sie werden wahrscheinlich nie die Effizienz in diesem Bereich erreichen wie im Umgang und im weiteren Ausbau Ihrer Stärken! Die Begabungen der Menschen sind unterschiedlich.

Um Ihre eigenen Stärken zu identifizieren, stellen Sie sich aufgrund dessen folgende Fragen:

1. Welche genauen Dinge fallen Ihnen leicht?
2. Wo genau erhalten Sie aus Ihrem Umfeld Anerkennung?
3. Was genau machen Sie gerne?
4. Wie bin ich anderen Menschen eine Hilfe?
5. Was sind Ihre größten Erfolge?
6. Mit welchen Fähigkeiten haben Sie Ihre größten Erfolge erreicht?
7. Mit welchen Menschen haben Sie eine ausgezeichnete Beziehung?
8. Weshalb haben Sie mit diesen Menschen eine enge Beziehung aufgebaut?
9. Was genau machen Sie, um die Beziehung zu diesen Menschen aufrechtzuerhalten?
10. In welchen Situationen sind Sie gut gelaunt?
11. Welche Hobbys und Aktivitäten machen Ihnen Freude?
12. Wann genau haben Sie den Eindruck, dass Sie 100 % geben?
13. Mit welchen Menschen verbringen Sie gerne Zeit?
14. Weshalb verbringen Sie mit diesen Menschen gerne Zeit?
15. In welchen Bereichen weisen Sie ein großes Fachwissen auf?
16. In welchen genauen Situationen können Sie Ihr Fachwissen nutzen?

Wichtig ist, dass Sie diese Fragen für sich korrekt und ungeschönt beantworten. Befassen Sie sich eingehend mit Ihren Stärken sowie deren Konsequenzen für Sie! Im nachfolgenden Schritt sollten Sie hieraus eine Liste für sich erstellen. Schauen Sie sich immer wieder die von Ihnen erstellte Liste an, wenn Sie Entscheidungen treffen möchten!

Ihre Schwächen

Schwächen sind Ihre persönlichen Merkmale, die Eigenschaften darstellen, die zu Ihrem Profil gehören. Auch in diesen Aspekten befinden sich Chancen und Herausforderungen. Um sich selbst effizient weiterzuentwickeln, ist es dringend anzuraten, dass Sie sich auf die Schwächen konzentrieren, die für Sie am meisten Potenzial haben, sich ins Positive zu entwickeln. Verschwenden Sie nicht Ihre Energie!

Um Ihre eigenen Schwächen zu erkennen, stellen Sie sich folgende Fragen:

1. Was sind Ihre größten Misserfolge in Ihrem Leben gewesen?
2. Weshalb sind diese Misserfolge geschehen?
3. Welchen Beitrag haben Sie zu diesen Misserfolgen geleistet?
4. Was machen Sie in Ihrem Leben am liebsten?
5. Welche Aktivitäten sind wahre Überwindungen für Sie?
6. Mit welchen Menschen kommen Sie regulär nicht gut aus?
7. Können Sie damit leben, diese Menschen nicht zu mögen?
8. In welchen Situationen sind Sie schlecht gelaunt?
9. Welche Menschen sorgen dafür, dass Sie schlechte Laune bekommen?
10. Welche Aktivitäten, Prozesse oder Abläufe sind für Sie schwierig und stellen eher eine Belastung dar?
11. Welche Ihrer Eigenschaften sorgt bei Ihnen immer wieder für Komplikationen?
12. Welche genauen Schritte wären notwendig, um diese Eigenschaften zu bearbeiten?
13. Möchten Sie Zeit hierfür investieren?

Um auch Ihren Schwächen Aufmerksamkeit zu widmen, ist es angebracht, eine Liste zu erstellen und diese Liste aktiv bei Entscheidungen zu nutzen.

Grundsätzlich kann Ihnen ein solches Vorgehen dabei helfen, Entscheidungen zu treffen, die Ihrer persönlichen Natur und Ihren persönlichen Eigenschaften am besten entsprechen.

Das Selbst- und Fremdbild

Das Selbstbild basiert grundlegend auf der eigenen Selbstwahrnehmung. Parallel hierzu wird das Fremdbild aus der Wahrnehmung dritter Personen erschaffen. Als dritte Perspektive gibt es in diesem Kontext das sogenannte Wunschbild, das darauf beruht, wie jemand gerne sein würde. Das Wunschbild unterliegt hierbei jedoch immer wieder stattfindenden Wandlungen und Änderungen.

Vielen Menschen ist nicht bewusst, wie sie nach außen wirken oder wie genau sie wahrgenommen werden. Es gibt hierbei eine enorme Kluft zwischen dem Eigen- und dem Fremdbild. Um diese Kluft zu verringern, ist es auch hier angebracht, praktische Übungen zu initiieren, um einen Ausgleich des Abstandes sicherzustellen.

Selbstbild – Fremdbild

Im nachfolgenden Abschnitt finden Sie einen Fragenkatalog. Suchen Sie sich drei eng vertraute Personen, die Sie wertschätzen und die Sie kennen! Im folgenden Schritt bitten Sie die Personen die Fragen zu beantworten! Nehmen auch Sie eine Beantwortung der Fragen unabhängig von diesen Personen vor. Bedenken Sie, dass es hierbei kein richtig oder falsch gibt!

Wie sachlich-nüchtern sind Sie?
a) trifft voll zu
b) trifft teilweise zu
c) trifft gar nicht zu

Wie selbstbewusst sind Sie?
a) trifft voll zu
b) trifft teilweise zu
c) trifft gar nicht zu

Wie aktiv sind Sie?
a) trifft voll zu
b) trifft teilweise zu
c) trifft gar nicht zu

Wie entschlossen sind Sie?
a) trifft voll zu
b) trifft teilweise zu
c) trifft gar nicht zu

Wie anpassungsfähig sind Sie?
a) trifft voll zu
b) trifft teilweise zu
c) trifft gar nicht zu

Wie selbstsicher sind Sie?
a) trifft voll zu
b) trifft teilweise zu
c) trifft gar nicht zu

Wie zuverlässig sind Sie?
a) trifft voll zu
b) trifft teilweise zu
c) trifft gar nicht zu

Wie aufgeschlossen sind Sie?
a) trifft voll zu
b) trifft teilweise zu
c) trifft gar nicht zu

Wie schlagfertig sind Sie?
a) trifft voll zu
b) trifft teilweise zu
c) trifft gar nicht zu

Wie kreativ sind Sie?
a) trifft voll zu
b) trifft teilweise zu
c) trifft gar nicht zu

Wie begeisterungsfähig sind Sie?
a) trifft voll zu
b) trifft teilweise zu
c) trifft gar nicht zu

Wie vielseitig sind Sie?
a) trifft voll zu
b) trifft teilweise zu
c) trifft gar nicht zu

Wie tolerant sind Sie?
a) trifft voll zu
b) trifft teilweise zu
c) trifft gar nicht zu

Wie kompromissbereit sind Sie?
a) trifft voll zu
b) trifft teilweise zu
c) trifft gar nicht zu

Wie impulsiv sind Sie?
a) trifft voll zu
b) trifft teilweise zu
c) trifft gar nicht zu

Wie autoritär sind Sie?
a) trifft voll zu
b) trifft teilweise zu
c) trifft gar nicht zu

Wie humorvoll sind Sie?
a) trifft voll zu
b) trifft teilweise zu
c) trifft gar nicht zu

Wie aggressiv sind Sie?
a) trifft voll zu
b) trifft teilweise zu
c) trifft gar nicht zu

Sind Sie fähig, andere zu beeinflussen?
a) trifft voll zu
b) trifft teilweise zu
c) trifft gar nicht zu

Wie unsicher sind Sie?
a) trifft voll zu
b) trifft teilweise zu
c) trifft gar nicht zu

Wie ausgeglichen sind Sie?
a) trifft voll zu
b) trifft teilweise zu
c) trifft gar nicht zu

Zum Schluss vergleichen Sie die Antworten der Personen mit Ihren Antworten. Einige Antworten werden Sie sicherlich überraschen und das ist gut so! Gehen Sie ins Gespräch mit den Menschen und lassen Sie sich zu einigen Eigenschaften ein Feedback geben. Hieraus werden Sie weitere Aspekte identifizieren können, die Ihnen dabei helfen, Ihr Eigen- und Fremdbild zu überprüfen.

Was ist Ihnen wichtig?

Um ein zufriedenes und glückliches Leben zu führen bzw. aufzubauen, ist es von fundamentaler Bedeutung, dass Sie für sich herausfinden, welche genauen Werte für Ihr Leben wichtig sind. Nur auf diese Weise können Sie auf Dauer ein erfülltes und zufriedenes Leben führen.
Doch den meisten Menschen ist nicht bewusst, dass es wichtig ist, auch in diesen Bereichen eine kleine Bestandsanalyse zu machen. Damit Sie einen Einblick erhalten, welche genauen Werte hierbei gemeint sind, finden Sie im folgenden Abschnitt nun eine kleine Auflistung hierzu:

1. Das Abenteuer
2. Die Abwechslung
3. Die Achtsamkeit
4. Die Beliebtheit
5. Die Berühmtheit
6. Die Bescheidenheit
7. Die Dankbarkeit
8. Die Disziplin
9. Die Ehrlichkeit
10. Die Eigenständigkeit
11. Die Einfachheit
12. Der Einfluss

13. Die Einzigartigkeit
14. Die Entspannung
15. Die Erfahrung
16. Die Familie
17. Der Fleiß
18. Die Flexibilität
19. Die Freude
20. Die Freunde
21. Die Freundlichkeit
22. Der Frieden
23. Die Gelassenheit
24. Das Geld
25. Die Genügsamkeit
26. Der Genuss
27. Die Gerechtigkeit
28. Die Geselligkeit
29. Der Glaube
30. Die Großzügigkeit
31. Die Güte
32. Die Harmonie
33. Die Heiterkeit
34. Die Herzlichkeit
35. Die Karriere
36. Die Klarheit
37. Die Lebendigkeit
38. Die Leidenschaft
39. Das Lernen
40. Der Luxus
41. Das Mitgefühl
42. Der Mut
43. Die Natur
44. Die Neugierde
45. Der Optimismus
46. Die Ordnung
47. Der Partner beziehungsweise die Partnerin
48. Der Reichtum
49. Das Reisen
50. Die Schönheit
51. Der Sport

52. Der Spaß
53. Die Spiritualität
54. Die Stille
55. Die Treue
56. Die Wahrheit
57. Die Weisheit
58. Die persönliche Weiterentwicklung

Finden Sie nun die 5 wichtigsten Werte heraus!

Eine ansprechende Übung hierfür ist nun, dass Sie im folgenden Verlauf die Werte für sich in eine Reihenfolge bringen und sich dabei fragen: Weshalb stehen die ersten fünf Werte in dieser bestimmten Reihenfolge?
Durch diese Vorgehensweise können Sie für sich erkennen, welche fünf Werte für Ihr persönliches Leben wirklich relevant sind. Zudem finden Sie heraus, was Ihnen hierbei nicht wichtig ist. Beachten Sie bitte bei der Beantwortung, dass Ihre Auswahl nicht davon beeinflusst wird, wie Sie erzogen wurden! Es soll sich um Ihre eigenen Werte handeln!
Wenn Sie nun Ihre fünf wichtigsten Werte gefunden haben, dann erstellen Sie ein prägnantes Bild mit ihnen und hängen Sie es gut positioniert in Ihrer nahen Umgebung auf! Somit verbildlichen Sie diese Werte nachhaltig für sich. Beachten Sie, dass sich Werte und Wertvorstellungen im Verlauf des Lebens auch ändern können! Somit ist es wichtig, sich diese Wertefragen immer wieder einmal zu stellen und für sich zu reflektieren, ob die Werte noch zu Ihnen passen.

Wo möchten Sie hin?

1. Die Definition der Ziele via SMART-Formel

Bei der SMART-Formel handelt es sich um ein effizientes Instrument, um persönliche und auch berufliche Ziele festzulegen. Sie können dieses Instrument für eine nachhaltige Zielsetzung in allen Lebensbereichen anwenden.

<u>Aufbau der SMART-Formel – Anleitung, um ein Ziel für sich zu definieren</u>

Die Buchstaben der SMART-Formel haben eine Bedeutung, die Sie kennen müssen, um für sich erfolgreich eigene Ziele festlegen zu können. Wenn Sie für sich folglich ein Ziel setzen möchten, dass Ihnen dabei helfen soll, Ihr Leben erfolgreicher zu gestalten, so wenden Sie bei der Formulierung dieser Ziele unbedingt jeden einzelnen Buchstaben an und setzen Sie die Inhalte um!

S – Spezifisch

Ziele, die Sie für sich festlegen, sollten spezifisch und so konkret wie möglich sein. Hierdurch nehmen Sie sich selbst Spielraum zur Interpretation und Auslegung. Definieren Sie Ihre Ziele aufgrund dessen so konkret wie nur möglich! Hierbei geht es durchaus auch um die einzelne Umsetzung.

Gutes Beispiel: Bau eines Einfamilienhauses mit 200 qm Wohnfläche mit einem Grundstück, das sich in Hanglage befindet und bis zum 31.12.2022 fertig ist.

Schlechtes Beispiel: Bau eines Einfamilienhauses

M – Messbar

Hier geht es tatsächlich um die Messbarkeit des Ziels. Achten Sie darauf, dass das Ziel auch machbar ist.

Gutes Beispiel: 5 kg abnehmen

Schlechtes Beispiel: möglichst viel abnehmen

A – Akzeptiert

Beachten Sie bei diesem Punkt, dass Ziele immer akzeptiert werden müssen. Das spielt eine Rolle, wenn Sie etwa in Ihrem Projektteam ein gemeinsames Ziel verfolgen,oder wenn Ihnen nahestehende Personen beziehungsweise Ihre Familie beteiligt sind. Betrifft das Ziel wirklich nur Sie und hat keinerlei Auswirkungen auf Ihr Umfeld, so genügt es natürlich, wenn es von Ihnen selbst akzeptiert ist.

R – Realistisch

Bedenken Sie, dass Sie Ziele auch erreichen möchten! Es nützt nichts, wenn Sie sie so hoch stecken, dass Sie sie nicht erreichen können. Bleiben Sie aufgrund dessen bitte realistisch!

T – Terminierbar

Die Nennung einer Zeitangabe ist ein Bestandteil, der wichtig sein kann, jedoch nicht sein muss, da sich nicht jeder Termin auch tatsächlich terminieren lässt. Dennoch sollten Sie, sofern möglich, eine Deadline für Ihr Ziel festlegen, zu dem es auf jeden Fall erreicht sein soll. Planen Sie hier auch Zeitpuffer ein, etwa für den Fall, dass mal etwas schiefgeht oder Sie für eine gewisse Zeitperiode verhindert sein sollten, an Ihrem Ziel zu arbeiten! Meilensteine eignen sich ebenfalls sehr gut, um Zwischenziele festzulegen. Sie teilen damit also Ihr großes Ziel in kleinere auf, die Sie nach und nach erreichen. Legen Sie dabei ein genaues Datum für Ihre Teilziele (also Meilensteine) sowie genaue Pläne zur Erreichung dieser fest.

2. Die Planung der Ziele

Welche genauen Zielsetzungen ein Mensch kurz-, mittel- und auch langfristig hat, ist eine wichtige Thematik. Genauso wichtig ist es, einen konkreten Plan zur Zielerreichung aufzustellen. Bedenken Sie, dass Sie Ihre Ziele immer nur dann effizient erreichen werden, wenn Sie eine Strategie für sich festgelegt haben. Dazu legen Sie fest, welche Mittel Sie benötigen oder was Sie tun müssen, um Ihre Ziele zu erreichen. Möchten Sie beispielsweise 5kg abnehmen, so müssen Sie Ihre Ernährung umstellen. Um hierzu nun einen konkreten Plan aufzustellen, eignet sich eine bestimmte Ernährungsweise, zum Beispiel die ketogene Diät oder das Intervallfasten sowie ein genauer Diätplan, was Sie wann essen und welche Nährwerte Ihre Nahrung haben sollte.

Beantworten Sie folgende Fragen:

- Was möchten Sie kurzfristig in den kommenden drei Monaten in den Lebensbereichen 1, 2 oder 3 erreichen und wie möchten Sie diese Ziele erreichen?

- Was sind Ihre Zielsetzungen in den Lebensbereichen 1, 2 und 3 in den kommenden zwölf Monaten und wie möchten Sie diese Ziele erreichen?

- Was sind Ihre Zielsetzungen in den Lebensbereichen 1, 2 und 3 in den kommenden 36 Monaten und wie möchten Sie diese Ziele erreichen?

- Was sind Ihre Zielsetzungen in den Lebensbereichen 1, 2 und 3 in den kommenden fünf Jahren und wie möchten Sie diese Ziele erreichen?

- Was sind Ihre Zielsetzungen in den Lebensbereichen 1, 2 und 3 in den kommenden zehn Jahren und wie möchten Sie diese Ziele erreichen?

Wichtig ist in diesem Kontext, dass Sie Ihre Ziele kennen und genaue Handlungsfelder festlegen. Dazu empfiehlt sich auch eine intensive Recherche. Häufig fassen Menschen Entschlüsse, haben Träume und Hoffnungen, vergessen jedoch dabei, dass sie hierfür Vorgehensweisen festlegen müssen, um ihre Ziele auch wirklich zu erreichen. Die **langfristige Durchführung und das hartnäckige Verfolgen** entsprechender Aktivitäten hierfür machen den Unterschied und entscheiden zwischen Erfolg oder Misserfolg.

3. Ziele regelmäßig messen

Es ist wichtig, Ihre Ziele regelmäßig zu messen und zu überprüfen, inwiefern diese erreicht wurden. Wie bereits in der SMART-Formel erklärt, sollten Ihre Ziele gut messbar sein. Überprüfen Sie dies nicht nur zum Schluss, wenn Sie Ihr Ziel bereits erreicht haben sollten, sondern auch zwischendurch! Wenn Sie bemerken, dass einzelne Parameter der SMART-Formel, beispielsweise in der Terminierung, angepasst werden müssen, dann machen Sie das. Sie können selbstverständlich Deadlines und Fristen verschieben, das sollte aber nicht zur Gewohnheit werden und nur bei triftigen Gründen passieren.

4. Die Zielüberprüfung

Es ändern sich nicht nur die Werte eines Menschen im Lauf des Lebens, sondern auch einzelne Zielsetzungen. So kann es sein, dass mittel- oder auch langfristige Ziele überprüft werden müssen. Unter Umständen müssen Sie nach einer Zeit aufgrund von Änderungen angepasst werden. Eine Planänderung ist hierbei keine Schande, sondern ein guter Weg, um langfristig dennoch erfolgreich zu sein. Auch kann es helfen, bestehende Hauptziele durchzusetzen, selbst wenn man hiermit einhergehende Nebenziele modifizieren muss. Der Weg ist das Ziel. Halten Sie sich diese sprichwörtliche Aussage bitte vor Augen, denn sie ist wahr! Legen Sie nach ein paar Monaten noch einmal eine Reflektionsphase ein und überprüfen Sie all Ihre Ziele! Sind es immer noch Ihre Ziele? Wie wichtig sind Sie Ihnen? Haben Sie die gleiche Priorität für Sie wie vor einem halben Jahr oder haben sich eventuell neue Ziele entwickelt?

5. Visualisierungen helfen bei der Zielerreichung

Unterschätzen Sie nicht die Macht der Visualisierung. Es hat verhaltenspsychologisch einen deutlichen Mehrwert, wenn Sie Ihre gesetzten Ziele sowohl kurz-, mittel- sowie langfristig für sich benennen und diese dann auch visualisieren. Schreiben Sie sie auf und hängen Sie diese in Ihrer Umgebung auf, sodass Sie mit den Zielen immer und immer wieder im täglichen Leben konfrontiert werden! Schreiben Sie, malen Sie, heften Sie! Wählen Sie die Methode, die Ihnen am ehesten entspricht! Sie werden auf diese Art in Ihrem Unterbewusstsein immer wieder mit Ihren Zielen konfrontiert und verlieren Sie so nicht aus den Augen. Das Weiterverfolgen und am Ball bleiben wird hierdurch forciert. Beispiel: Kleben Sie eine Collage, die genau den Wunschzustand, also Ihr erreichtes Ziel, verbildlicht. Oder stecken Sie das Foto Ihres Lieblingsautos, für das Sie sparen, in Ihren Geldbeutel! So haben Sie es immer im Blick und stets dabei.

Sich selbst motivieren

Motivation ist der Schlüssel zum Erfolg! Diese Aussage kann auch im Zusammenhang mit dem Aufbau des eigenen Selbstbewusstseins vonstattengehen. Doch wie genau entsteht eigentlich die Motivation und wie kann man sie nutzen, um langfristig erfolgreich und zufrieden zu sein?

Was ist Motivation?

Die Motivation eines Menschen beschreibt, ob das Verhalten zielstrebig oder zielgerichtet ist. Im psychologischen Kontext wird davon ausgegangen, dass es hierbei nicht um das tatsächliche Verhalten, sondern vielmehr um die Bereitschaft des Individuums geht. Das Verhalten des Menschen wird in Summe jedoch nicht nur durch die Motivation beeinflusst, sondern auch über die bloße Bereitschaft und die bestehenden Fähigkeiten hierfür. Es geht schwerpunktmäßig um die Richtung, die Intensität und die Ausdauer der Motivation.

Motive der Motivation

In der Wissenschaft unterscheidet man zwischen einem sogenannten primären Motiv sowie sekundären Motiv. In Summe gibt es eine immense Anzahl an Motiven. Die primären Motive sind biologisch vorgegeben bzw. angeboren. Zu den sekundären Motiven der Motivation zählen die erworbenen bzw. sozialen Komponenten. Sie können in einer Vielzahl gegeben sein. Die primären Motive sind selbsterklärend, denn sie zielen beispielsweise auf den Fortbestand ab. Sex, Hunger und Durst gehören in diese Kategorie.

Die sekundären Motive fokussieren sich jedoch auf ganz individuelle Gegebenheiten des Menschen. An sich sind diese Motive nicht von Bedeutung, um zu überleben, jedoch sind sie für eine persönliche Entwicklung wichtig.

Grundsätzlich können Sie zwischen einer intrinsischen und einer extrinsischen Motivation unterscheiden. Die intrinsische Motivation ist in jedem Menschen selbst und wird nicht von außen durch Dritte oder Situationen herbeigeführt. Die extrinsische Motivation wird immer dann erschaffen, wenn man mit Anreizen von außen arbeitet, die dazu führen, dass Menschen ein Ziel erreichen. Das kann eine Belohnung oder auch eine Bestrafung sein, zum Beispiel eine Gehaltserhöhung wie auch angedrohter Liebesentzug der Mutter. Nachdem Sie für sich Ihre Werte festgelegt haben, können Sie sich ein Stück weit besser kennenlernen.

Belohnungswerte plus Vorgehen zur inneren Programmierung

Belohnungswerte erleben eine größere Beliebtheit in den vergangenen Jahren, vor allem verhaltenspsychologisch. Ursprünglich stammen die Überlegungen zu dieser Thematik aus der Neurowissenschaft. Wer kennt es nicht? Der innere Schweinehund hält den Menschen immer wieder von Tätigkeiten ab. Doch es gibt eine Methode, um dennoch die Ziele zu erreichen und motiviert vorzugehen.

1. Das innere Aufräumen und Sortieren

Damit ist das Auseinandersetzen mit den eigenen Schwachstellen gemeint. Eine innere Inventur zu machen, ist zumeist nicht schön, dennoch geht es nicht ohne dieses Vorgehen.

<u>Beispiel: Vorhaben, regelmäßig zum Sport zu gehen</u>

Oft hat man nach einem langen Arbeitstag keine Lust mehr, das Fitnessstudio zu besuchen, und verbringt den Abend lieber mit dem Partner vor dem TV.

Der erste Weg, um diese Situationen zu ändern, ist das Erkennen dieser Mechanismen. Machen Sie bitte hierzu eine Liste, welche Situationen es gibt, in denen Ihr innerer Schweinehund das Zepter führt.

Nachdem Sie eine Identifizierung der Situationen vorgenommen haben, können Sie nun damit beginnen, sich Belohnungen für sich selbst zu überlegen, wenn Sie dennoch am Ball bleiben und Verhaltensänderungen motiviert anstoßen.

2. Belohnungswerte festlegen

Belohnungswerte sind individuell und von Mensch zu Mensch unterschiedlich. Überlegen Sie sich verschiedene Belohnungen, wie zum Beispiel einen Friseurbesuch, einen Tag im Wellnessbad, ein Paar neue Schuhe und so weiter. Wenn Sie für sich eine ausgiebige Liste möglicher Belohnungen erstellt haben, die Ihre Motivation ankurbeln und aufrechterhalten, dann vergeben Sie Punkte von 1-10. Dabei ist 1 ein geringer Wert und 10 der höchstmögliche. Vielleicht wünschen Sie sich schon sehr lange das neue Paar Schuhe, haben es sich bislang aber noch nicht gegönnt. Wohingegen der Besuch im Wellnessbad für Sie keine übermäßig hohe Belohnung darstellt. Somit vergeben Sie dem Paar Schuhe einen höheren Belohnungswert. Auf diese Weise können Sie wunderbar herausfinden, welche Belohnungen sich dafür eignen, sich zu motivieren und welche Sie demnach nutzen können, um Ihr Ziel zu erreichen und dranzubleiben.

3. Nun geht es darum, sich aktiv immer wieder mit den positiven Aspekten einer entsprechend motivierten Handlung zu konfrontieren.

So ergibt sich als positiver Aspekt eine natürliche Verhaltensänderung, die Ihnen helfen wird, Ihr Leben zu verbessern und zum Beispiel fitter zu sein oder Ihr Wunschgewicht zu erreichen, damit Sie endlich wieder in Ihre Lieblingsjeans passen.

Sie wissen nun ganz genau, was Ihnen wichtig ist, um ein glückliches Leben zu führen. Motivieren Sie sich selbst! Wenn Ihnen beispielsweise Abenteuer und Freiheit wichtig sind, dann belohnen Sie sich mit einer kleinen Reise, wenn Sie ein Ziel erreicht haben! Gönnen Sie sich etwas, das Ihrer Seele guttut und Sie dabei unterstützt weiterzumachen, um das nächstgelegene Ziel zu erreichen! Bedenken Sie bitte, dass Sie sich kleinere Ziele setzen sollten, um sich nicht selbst zu überfordern! Das hält die Motivation aufrecht und führt dazu, dass Sie Erfolgserlebnisse beibehalten, die Sie weiter motivieren und Ihr Selbstbewusstsein stärken.

Gefühle annehmen und Emotionen regulieren

Wer kennt es nicht, wenn die Gefühle die Oberhand über die Handlungen gewinnen? Tendenziell entstehen hierdurch jedoch oftmals Situationen, die teilweise unerfreuliche Ergebnisse nach sich ziehen. Einige Menschen in unserem Umfeld sind immer wieder in der Lage, gewisse Punkte in uns zu triggern, die Komplikationen in der Gefühlswelt hervorrufen. Wenn Sie nun in der Lage sind, diese Gefühlsfernbedienung für sich selbst zu bedienen, können Sie durch eine gebotene Resilienz eine nachhaltige Gefühlskontrolle bei sich erzeugen.

Was genau bedeutet die Regulierung von Emotionen?

Die Regulierung der Emotionen zielt nicht auf eine vollkommene Unterdrückung der Emotionen ab. Vielmehr sollen hierdurch positive Anreize geschaffen werden, mit unerfreulichen Situationen anders umzugehen. Es ist von einem unschätzbaren Wert, die eigene Emotionsregulierung in der Hand zu behalten, denn immer dann, wenn wir die volle Kontrolle über die eigenen Emotionen und Gefühle haben, können wir handlungs- und auch denkfähig bleiben. Resiliente Menschen sind beispielsweise in der Lage, Gefühle wie Wut, Angst oder Trauer zu neutralisieren und hier gegebenenfalls sogar positive Gefühle zu integrieren. Somit wird das eigene Wohlbefinden gestärkt und unschöne Situationen können einfacher durchlebt werden.

Wer nun jedoch erhofft, die eigenen Gefühle vollkommen beeinflussen zu können, der täuscht sich, denn Sie können sie nicht vollkommen beeinflussen. Die Grundaussage hierbei ist jedoch, dass Sie es schaffen, mit Ihren Gefühlen umzugehen und sich eine eigene Gefühlsfernbedienung zu kreieren.

Um dieses Vorgehen in der Praxis durchzuführen, sollten folgende Schritte vollzogen werden:

1. Stärken Sie Ihre Selbstwahrnehmung
2. Legen Sie mentale Pausen ein
3. Wertschätzen Sie Ihre Gefühle

<u>1. Stärken Sie Ihre Selbstwahrnehmung</u>

Die Thematik der Selbstwahrnehmung ist eine der wichtigsten Säulen zur Emotionsregulierung und Resilienz, denn hiermit wird eine tiefgreifende Bindung zum eigenen Körper erschaffen. Gefühle können im Regelfall durch physische Anzeichen vernommen werden, wie etwa Herzklopfen oder auch schwitzende Hände. Achten Sie auf diese Anzeichen bei sich! Zudem ist es ratsam, auch um sich selbst besser kennenzulernen, dass Sie lernen, Ihre Gefühle zu beschreiben.

2. Legen Sie mentale Pausen ein

Vor allem in hitzigen Diskussionen vergessen die meisten Menschen, einmal kurz innezuhalten, um auch mental bei sich zu bleiben. Sie überfordern sich mit diesem schnellen Verhalten sehr stark, ohne das zu realisieren. Vor allem in akuten Stresssituationen kann es für Sie nur von Vorteil sein, eine Minute innezuhalten. Hierzu empfehlen sich Ansätze des Klopfens oder Meditationen, um Entspannung herbeizuführen.

3. Wertschätzen Sie Ihre Gefühle

Emotionen sind einer der wichtigsten Bestandteile des Lebens, da sie dafür geschaffen sind, Ihre Werte und Ziele zu schützen. Es gibt keine Emotion, die körpereigen die Ausrichtung hat, Sie selbst zu schädigen. Wenn Sie folglich lernen, sich selbst wahrzunehmen und sich dabei auch noch selbst wertzuschätzen, sind Sie ein großes Stück gewachsen auf dem Weg, auch mit schwierigen Situationen angemessen umzugehen.

Die Emotionsregulierung nach James J. Gross

Es gibt zur Emotionsregulierung unterschiedliche Modelle und Ansätze, die Ihnen einen Leitfaden bieten, wie genau Sie Ihre Emotionen selbst regulieren können. Das Modell des Psychologen James Gross sieht die Emotionsregulierung als einen ganzheitlichen Prozess an, der unterschiedliche Punkte aufgreift. Vier Parameter lösen hierbei die tatsächlichen Emotionen aus.

Hier erkläre ich Ihnen das Modell anhand eines Beispiels einer Firmenfeier, die zu einer emotionalen Herausforderung für einen Arbeitnehmer wird:

Punkt 1: Die Situationsauswahl

Die betreffende Person hat prinzipiell zwei Optionen zur Auswahl: zum einen kann er eine Konfrontationsstrategie wählen, indem er einfach hingeht. Zum anderen kann er eine Vermeidungsstrategie wählen, denn er kann auch einfach nicht hingehen.

Punkt 2: Die Situationsmodifikation

Der betroffene Arbeitnehmer könnte in diesem Kontext zur Feier gehen und durch das Beisammensein mit befreundeten Arbeitskollegen die eigenen Gefühle kontrollieren. Er macht die Situation für ihn selbst erträglich.

Punkt 3: Die Aufmerksamkeitslenkung

Der schüchterne Arbeitnehmer könnte die Ängste herunterschlucken und sich auf eine andere Angelegenheit fokussieren, um seine eigenen Ängste nicht wahrzunehmen.

Punkt 4: Eine kognitive Neubewertung

Hierbei findet auf einer rationalen Ebene eine Art Reframing statt. Die Feier wird nun als Option zum Netzwerken neu bewertet. Potenziale werden erkannt und er weiß, dass er auch diese Situation überleben wird.

Punkt 5: Eine Modulation der gegebenen emotionalen Reaktion

Die Person bemerkt nun auf der Feier, dass sich beispielsweise eine Panikattacke ankündigt. Hier steuert er mittels erlernter Atemtechniken entgegen und kontrolliert die Situation.

Die fünf Phasen einer Emotionsregulierung

1. Die eigentliche Situation: das Ereignis tritt ein!
2. Die Aufmerksamkeit: Sie nehmen den Tatbestand wahr und nehmen eine Informationssammlung vor.
3. Die Bewertung: Sie nehmen eine Bewertung der Situation vor.
4. Die Gefühlsreaktion: Das Verhalten der Umgebung löst nun eine Reaktion in Ihnen aus.
5. Die Emotionsregulierung: Sie werden vermutlich Ihre innere Reaktion nicht nach außen zeigen, da Sie die Situation kontrollieren und weiterhin gelassen nach außen bleiben möchten.

Allgemeine Aktivitäten zur Regulierung der Emotionen

Mittlerweile weiß man, dass eine erfolgreiche und nachhaltige Emotionsregulierung ein wahrer Erfolgsfaktor ist. Es geht nicht um Selbstverleugnung, sondern vielmehr um eine clevere Herangehensweise im Umgang mit den eigenen Emotionen.

1. Wenn Sie bemerken, dass die Emotionen größer werden, bewegen Sie sich!
2.

Sie werden Sport als gutes Mittel zum Stressabbau zu schätzen wissen. Durch den Sport können Sie sich auf Ihre Leistung und sich selbst konzentrieren.

2. Seien Sie kreativ!

Wenn Sie Ihre Energie, die überschüssig ist, auf kreative Vorhaben konzentrieren, sorgen Sie ganz gezielt für eine innere Ablenkung.

3. Nutzen Sie Entspannungsübungen!

Entspannungstechniken, wie das bekannte autogene Training, können Ihnen helfen, die eigenen Emotionen zu kontrollieren und die innere Mitte wiederherzustellen.

Selbstbewusst durch den Alltag

Es gibt unterschiedliche Bereiche, in denen Sie selbstbewusst durch das Leben gehen sollten. Leider hemmen viele Menschen ganz verschiedenartige Umstände daran, auch im Alltag selbstbewusst aufzutreten. In den nachfolgenden Unterpunkten erhalten Sie hierzu Übungen und Handlungsempfehlungen, wie Sie mit Ihrer eigenen Schüchternheit umgehen oder erfolgreich Small-Talk-Aktivitäten durchführen können. Arbeiten Sie an sich und werden Sie Zeuge davon, wie Sie sich selbst wandeln und neu erschaffen!

Schüchternheit loswerden

Schüchternheit ist eine Eigenschaft, die Menschen häufig ausbremst und daran hindert, die eigenen Potenziale auszuschöpfen. Im nachfolgenden Abschnitt erfahren Sie, welche genauen Vorgehensweisen Sie initiieren können, um an Ihrer Schüchternheit zu arbeiten.

1. Finden Sie den Auslöser Ihrer Schüchternheit
2. Entdecken Sie Ihre inneren Ängste
3. Legen Sie Ihre Masken ab
4. Nehmen Sie sich selbst nicht immer so wichtig
5. Folgen Sie Ihren Ängsten
6. Verlassen Sie Ihr Heim

Finden Sie den Auslöser Ihrer Schüchternheit

Nicht jeder Mensch ist immer in jeder Situation gleich schüchtern. Es gibt viele Situationen, in denen sich auch schüchterne Menschen selbstsicher fühlen. Denken Sie über sich nach und hinterfragen Sie genau die Situationen, in denen Sie schüchtern beziehungsweise NICHT schüchtern sind!

<u>Stellen Sie sich hierzu folgende Fragen:</u>

- In welchen Situationen kommt Panik in Ihnen hoch?
- In welchen Situationen sind Sie lediglich ein wenig schüchtern?
- Was sind die Auslöser für eine besonders ausgeprägte Panik bei Ihnen?
- Gibt es Situationen, in denen Sie mit Ihrer Schüchternheit besonders gut umgehen können? Wenn ja, welche Situationen sind das?
- Bei welchen Menschen sind Sie besonders schüchtern?

Beantworten Sie für sich diese Fragen besonders detailliert, um sich besser kennenzulernen und auch einschätzen zu können!

Entdecken Sie Ihre inneren Ängste

Genau hierin können Sie den Schlüssel zu Ihrem ganz persönlichen Erfolg finden. Immer dann, wenn Sie eine Angst erkennen, können Sie weitere Schritte für sich einleiten, um diesen Ängsten keinerlei Glauben mehr zu schenken. Erkennen Sie folglich Ihre Ängste, um Sie zu bezwingen!

<u>Hierzu können Sie sich folgende Fragen stellen:</u>

- Vor welchen genauen Ereignissen haben Sie Angst?
- Woran genau denken Sie in Situationen, in denen bei Ihnen Schüchternheit hochkommt?
- Haben Sie Angst, sich zu blamieren oder gar ausgelacht zu werden?
- Welche genauen Ereignisse können Sie sich in diesem Kontext vorstellen?

Der erste Schritt, um Ängste und somit auch die Schüchternheit zu überwinden, ist, dass Sie Ihren Gedanken diesbezüglich keinen Glauben schenken. Gedanken müssen nicht gleichzeitig auch Wahrheiten sein. Sollten Ihnen folglich Horrorgedanken in den Sinn kommen, so akzeptieren Sie diese und schenken Sie ihnen keinerlei Glauben mehr!

Legen Sie Ihre Masken ab

Immer dann, wenn sie sich nicht angreifbar machen wollen, tragen Menschen eine Maske, um sich selbst nicht zeigen zu müssen. Das Tragen einer Maske ist jedoch für das eigene Ego nicht nur anstrengend, sondern auch nur wenig zielführend, denn Sie schaden hier Ihrem eigenen Selbstwertgefühl beachtlich. Wenn Sie folglich ein Umfeld aufbauen, das Sie schätzt und beachtet, helfen Sie sich selbst, denn somit erhalten Sie Bestätigung von Menschen, die Sie wertschätzen. Lernen Sie, Ihrer Schüchternheit einmal Platz zu lassen und akzeptieren Sie sie! Danach ist es für Sie möglich, die Maske abzusetzen und Ihre Schüchternheit vollkommen zu überwinden.

Nehmen Sie sich selbst nicht immer so wichtig

Schüchterne Menschen weisen, und das wird für Sie vermutlich sogar überraschend sein, narzisstische Züge auf! Sie wirken oft eingebildet oder arrogant. Die Wahrheit ist, dass diese Menschen immer und immer wieder über sich selbst nachdenken und sich selbst viel zu ernst nehmen. Sie haben ein Idealbild von sich und das möchten sie auch erfüllen. Ein ultimativer Trick, um sich aus dieser Spirale zu ziehen, ist es, sich selbst nicht ganz so ernst zu nehmen und locker zu bleiben. Jeder Mensch hat Macken und Vorzüge, auch Sie. Stehen Sie dazu!

Folgen Sie Ihren Ängsten

Angst hält uns nicht immer vom Erfolg ab. Wer die Angst als hilfreich empfindet, kann vielmehr einen immensen Nutzen daraus ziehen, denn Angst kann ein wertvoller Wegweiser sein. Immer dann, wenn Sie sich außerhalb Ihrer sogenannten Komfortzone bewegen, können Sie bei genauer Betrachtung Potenziale finden, die Ihnen andernfalls verborgen geblieben wären. Um Ihre Schüchternheit zu überwinden, sollten Sie den Weg durch die Angst hindurchgehen und die Gefühle erleben. Wenn Sie die Angst einmal bezwungen haben, bemerken Sie im Regelfall, dass die Angst weg ist. Die Überwindung von Ängsten ist in Summe ein Prozess, der nicht binnen eines Tages erledigt ist. Geben Sie sich Zeit, aber arbeiten Sie an sich!

Verlassen Sie Ihr Heim

Rückzugsorte sind für Menschen wichtig. Viele schüchterne Menschen versäumen es jedoch, aus ihrem Zuhause zu kommen und kapseln sich ab. Suchen Sie Kontakt zu anderen Menschen! Sprechen Sie mit ihnen und erkennen Sie, dass es mehr gibt als Ihre jetzige Umgebung! Um den Weg nach draußen zu machen, üben Sie!

Übungen

- Fragen Sie eine fremde Person nach der Uhrzeit
- Fragen Sie eine fremde Person nach dem Weg
- Machen Sie einer hübschen Frau oder einem attraktiven Mann ein Kompliment
- Fangen Sie ein Gespräch an
- Treten Sie in einen Verein ein und machen Sie Teamsport
- Lernen Sie eine neue Sprache
- Belegen Sie Kurse und Seminare

Smalltalk meistern

Smalltalk ist einer der Türöffner in der zwischenmenschlichen Kommunikation. Beim Smalltalk müssen Sie jedoch eine Reihe von Fallstricken berücksichtigen und ständig üben. Mit ein wenig Übung werden Sie vermutlich sogar Gefallen daran finden, dass Sie durch dieses Instrument schnell mit fremden Menschen in Kontakt treten können. Im nachfolgenden Bereich finden Sie relevante Tipps sowie einige Statements, die sich hierfür anbieten.

Tipp 1: Treten Sie offen auf und ganz wichtig: lächeln Sie!
Ein Lächeln ist ein Eisbrecher in jedem Gespräch und bedarf für den Einstieg auch kaum weiterer Worte!

Tipp 2: Haben Sie keine Angst vor banalen Themen
Mögliches Statement: „Wundervolles Wetter ist heute."

Tipp 3: Finden Sie ein passendes Smalltalk-Thema
Mögliches Statement: „Ich mache regelmäßig Sport und Sie?"

Tipp 4: Interesse als Türöffner, also zeigen Sie es!
Mögliches Statement: „Wie geht es Ihnen?"

Tipp 5: Stellen Sie offene Fragen
Geschlossene Fragen haben den entscheidenden Nachteil, dass Ihr Gegenüber lediglich mit einem Ja oder Nein antworten kann. Hierdurch kommt kein Gespräch zustande. Achten Sie deshalb bei Ihrer Fragestellung darauf, dass Sie offene Fragen stellen, auf die Ihr Gegenüber nicht nur mit Ja oder Nein antworten kann.
Beispiel: „Wie würden Sie sich entscheiden, wenn Sie sich ein zweites Mal ein Haus kaufen könnten?"

Tipp 6: Lassen Sie sich nicht verunsichern!
Beim Smalltalk kommt es auf Freundlichkeit an. Seien Sie offen und freundlich in Ihrer Kommunikation und Ihrem Auftreten.

Tipp: 7: Werden Sie nicht zu privat und persönlich!
Beim Smalltalk ist es wichtig, eine seichte und vor allem leichte Basis zu finden, die Ihnen dabei hilft, in Kontakt zu treten. Umgehen Sie Themen wie Scheidungen, Affären oder Betrug, da hier zu viel emotionaler Ballast beim Gegenüber zu vermuten ist!

Tipp 8: Akzeptieren Sie ein Schweigen!
Es wird Ihnen anfangs wahrscheinlich nicht immer gelingen, das sprichwörtliche Eis zu brechen und das müssen Sie auch nicht. Wenn Sie bemerken, dass Sie bei Ihrem Gegenüber nicht ankommen, dann akzeptieren Sie das und ziehen Sie weiter!

Tipp 9: Themen, die beim Smalltalk gemieden werden sollten
Es bieten sich zunächst einmal leichte Themen an, die den Alltag reflektieren und gewisse seichte Grundsatzfragen betreffen. Hier können Sie einen Einstieg in ein Gespräch finden und erste Gesprächspunkte mit Ihrem Gegenüber erschaffen. Bedenken Sie jedoch auch, dass es einige Themen gibt, die Sie beim Smalltalk besser meiden sollten!

Zu diesen Themen, die Sie meiden sollten, gehören:

- Politik im Allgemeinen
- Politische Grundsatzdiskussionen
- Fragen zur Religion
- Fragen zu medizinischen Themen wie z.B. Abtreibungen

In diesen Themen befindet sich zu viel Potenzial für gegensätzliche Meinungen. Durch die Wahl von politischen Themen besteht die hohe Wahrscheinlichkeit, dass es zu Streitigkeiten kommen kann.

Statements und Sätze, die sich für Smalltalk eignen

- Haben Sie einmal eine berühmte Person getroffen in Ihrem Leben?
- Was ist Ihre Lieblingsliteratur?
- Was lesen Sie aktuell?
- Wenn Sie binnen weniger Sekunden eine Fähigkeit erlernen könnten, welche wäre das genau?
- Gibt es eine Person, die Sie wirklich bewundern?
- Haben Sie in der letzten Zeit Filme gesehen, die Sie weiterempfehlen würden?
- Gibt es irgendwelche Lieblingszitate, die Sie empfehlen könnten, passend zu dieser Situation?
- Gibt es etwas, was Sie in den letzten Wochen negativ überrascht hat?
- Welche Familientraditionen leben Sie?

- Welche Person hatte den größten Einfluss auf Sie?
- Können Sie sich noch daran erinnern, was Sie sich von Ihrem ersten eigen verdienten Geld gekauft haben?
- Was möchten Sie im kommenden Jahr machen, was Sie bis dato noch nie gemacht haben?
- Haben Sie in der letzten Zeit etwas gesehen, was Sie wirklich witzig fanden?
- Welches ist Ihr Lieblingsort, den Sie bereits bereist haben?
- Haben Sie ein Hobby, das Sie besonders interessiert?
- Was hilft Ihnen dabei, Stress abzubauen?
- Wofür brennen Sie voller Leidenschaft?
- Wie schaut Ihr perfektes Wochenende aus?
- Sind Sie in Ihrer Freizeit eher aktiv oder eher auf Entspannung ausgerichtet?
- Was sind Ihre Lieblingsunternehmungen mit Ihren Freunden?

Selbstbewusstsein in zwischenmenschlichen Beziehungen

Selbstbewusstsein in zwischenmenschlichen Beziehungen ist ein wichtiger Bestandteil des täglichen Lebens. Ein geringes Selbstbewusstsein kann sich immer verschiedenartig auswirken. Bei Menschen, die ein nur geringes Selbstbewusstsein haben, können beispielsweise immer wieder Beeinträchtigungen im Umgang mit anderen Menschen und deren Beziehungen untereinander festgestellt werden. Bei einer genauen Betrachtung der zugrundeliegenden Problematiken wird oftmals klar, dass hier ähnliche Verhaltensmuster ausschlaggebend sind. Dieses Kapitel soll Ihnen ein größeres Verständnis für die Problematiken in Beziehungen und Freundschaften geben, die aufgrund einer Selbstwertproblematik existieren.

Auswirkungen eines geringen Selbstbewusstseins auf Beziehungen

Beziehungsprobleme in der Partnerschaft aufgrund eines geringen Selbstbewusstseins

Vielen Menschen ist es nicht bewusst, aber eine vorliegende Selbstwertproblematik ruft Komplikationen in Partnerschaften hervor. So lösen Verlustängste beispielsweise schwere Komplikationen hervor, die bis hin zu manipulierenden Bestrebungen in den Partnerschaften führen können. Toxische Beziehungsgefilde und ungesunde Beziehungsmechanismen können durch diese Problematiken entstehen. Was Sie wahrscheinlich bis dato noch nicht wussten, ist, dass Betroffene eine überaus große Verlustangst entwickeln, die zu starken Belastungen führt. Auch dann, wenn eine Partnerschaft nach objektiven Kriterien vollkommen zufriedenstellend verläuft und der Partner nach vertretbaren Maßstäben eigentlich glücklich sein müsste, kommen bei dem Partner mit dem geringen Selbstbewusstsein immer wieder Zweifel an der Beziehung auf, denn derjenige kann zumeist das Glück, das ihm dort widerfährt, so nicht begreifen. Von innen her ist der Betroffene mit einer Art Stimme konfrontiert, die Zweifel sät und in demjenigen ebenso immer wieder Gefühle des Nicht-wert-seins hervorruft. Um dieser aufkeimenden Hilflosigkeit entgegenzuwirken, werden dann Strategien ins Leben gerufen, die toxisch und ungesund sind. Das geschieht meistens vollkommen unbewusst, belastet aber dennoch die Beziehung.
Nachfolgend finden Sie nun fünf Fallen, die in Beziehungen entstehen, in denen eine Selbstbewusstseinsproblematik vorliegt.

1. Die Falle der Isolation

Menschen, die nur ein geringes Selbstbewusstsein aufweisen, nutzen häufig die sogenannte Isolationsfalle. In diesem Zuge trennt man den eigenen Partner quasi von der Außenwelt ab. Es erfolgt ein Umzug oder auch das Abschneiden aus einem früheren sozialen Umfeld. Der Partner kann sogar offensiv dazu aufgefordert werden, keinen weiteren Kontakt mit Verwandten zu hegen. Durch dieses Verhalten soll die eigene Beziehung nach außen hin geschützt werden, da man destabilisierende Faktoren beseitigen möchte. Wenn Sie sich in einem solchen Beziehungsgefüge befinden, werden Sie stückweise in eine Art der Abhängigkeit zum Partner gedrängt. Wenn Sie bedenken, dass sich Sekten beispielsweise solcher Strategien bedienen, dann wird Ihnen die Einordnung einer solchen Verhaltensweise auch leichter gelingen. Möchten Sie wirklich ein altes sowie bewährtes und für Sie stabilisierendes Umfeld aus Ihrem Leben streichen? Ist es für Sie nicht angenehmer, diese vertrauten Menschen weiterhin in Ihrem Leben zu belassen? Wägen Sie aufgrund dessen bei der Beantwortung einer solchen Fragestellung in Ihrem Interesse ab!

2. Die Falle der Symbiose

Die Symbiose-Falle ist heimtückischer als die Isolationsfalle. Hier appelliert der Partner mit dem geringen Selbstwert an die Symbiose. Es gilt, das Paar gegen den Rest der Welt. Mehr benötigt man doch nicht gegen den Rest der Welt, oder?
Die Konsequenz, die sich hieraus ergibt, ist, dass sich eine gefährliche Co-Abhängigkeit entwickeln kann. Bedenken Sie in diesem Rahmen explizit, dass jede Beziehung auch Eindrücke von außen benötigt, um am Leben gehalten und nicht alltäglich und langweilig zu werden.

3. Die Abwertungsstrategie

Beachten Sie bitte, dass ein Partner, der nur ein geringes Selbstwertgefühl innehat, sich oft einer solch toxischen Strategie bedienen wird. Dem Partner wird somit immer wieder aktiv eingeredet, dass er nicht genügt und weniger wert ist. Ein probates Mittel sind in diesem Kontext Schuldzuweisungen, die vollkommen triviale Verfehlungen dramatisieren. Zu beachten ist, dass bei einer aktiven Abwertungsstrategie vermutlich das Selbstwertgefühl des Partners gemindert wird. Die Widerstandskraft der Person wird durch die bestehenden Manipulationsversuche aktiv angegriffen. Auf diese Weise soll die bestehende Beziehung stabilisiert werden.

4. Das Schüren von Ängsten

Wenn Sie ständig Ängsten ausgesetzt sind, so steigt das Risiko, dass Sie selbst unsicher werden und einen neutralen Blick zur Einschätzung einer Situation verlieren. Dieser Umstand ist hervorragend für das Schüren von Verlustängsten geeignet. Menschen, die ein geringes Selbstbewusstsein haben, profitieren davon, eine Umgebung der kontinuierlichen Bedrohung zu erschaffen. Auf diese Weise hat man den Partner für sich allein und das ist genau das, was ein Mensch mit einer Selbstwertproblematik anstrebt.

Typische Gebiete, die sich für das Schüren von Ängsten anbieten, sind:

- Der soziale Abstieg
- Mögliche Krankheiten
- Bestehende Sorgen
- Familiäre Konflikte
- Krankheiten

Hiermit erwirkt der Partner eine immense Kontrolle, denn Sie werden zunehmend weniger erkennen, welche Baustelle in Ihrem Leben tatsächlich wichtig ist, denn der Blick wird von einer kranken und zerrütteten Beziehung abgelenkt, die eigentlich im Fokus stehen sollte. Eine Umgebung ständiger Bedrohung kann durchaus zusammenschweißen. Kaum etwas verbindet so sehr wie ein gemeinsamer Feind.

5. Das Fördern der Unselbstständigkeit

Ein Symptom von Menschen mit einem geringen Selbstbewusstsein ist es, dass Abhängigkeiten forciert werden. Hier wird sich in beinahe altruistischer Form für den Partner aufgeopfert und ihm geholfen an Stellen, an denen Eigenständigkeit eigentlich die einzige Lösung sein sollte. Dieses Verhalten zielt nicht darauf ab, den Partner primär zu unterstützen, sondern in einer Art der Hilflosigkeit zu erziehen. Je abhängiger jemand von dem Partner ist, umso weniger hoch sind die Chancen, dass sich der Partner tatsächlich trennen wird.

Symptome eines geringen Selbstbewusstseins in einer Beziehung

- Sie werden es nur wenig genießen können, gut behandelt zu werden oder Liebe zu erhalten, denn Ihre unterbewussten Glaubenssätze suggerieren Ihnen, dass Sie das nicht wert sind.
- Sie werden sich immer nur mit dem Wenigen zufriedengeben, da Sie tief in sich glauben, dass Sie mehr nicht verdient haben.
- Sie werden häufig nicht bemerken, dass Sie ausgenutzt werden und auch dann, wenn Sie es bemerken, werden Sie es vermutlich weiter mit sich machen lassen.
- Sie werden zudem vermutlich nichts damit anfangen können, wenn ein Partner in Ihr Leben kommt, der Sie gut und liebevoll behandelt. Dieser Umstand wird für Sie befremdlich wirken.
- Sie werden vermutlich ebenso einen Hang dazu haben, sich und Ihr eigenes Leben zu sabotieren.

Indikatoren für ein hohes und belastbares Selbstwertgefühl

- Sie machen Ihren eigenen Wert nicht von Dritten abhängig und sind in der Lage, klare Grenzen zu setzen.
- Sie werden von Partnern angezogen, die Sie gut behandeln und liebevoll mit Ihnen umgehen.
- Sie werden Liebe, Aufmerksamkeit und auch Komplimente von Dritten annehmen können, ohne sich in irgendeiner Form nicht richtig zu fühlen, denn Sie sind es schlicht wert.
- Sie sind in der Lage als Frau auch eine feminine Liebesbeziehung zu führen und mögen es, begehrt und umworben zu werden.
- Sie erkennen bereits recht früh, wenn ein Mensch nicht zu Ihnen und in Ihr Leben passt. Zudem sind Sie in der Lage, danach mit offenem Herzen weiterzugehen und sich einem passenderen Kandidaten zu widmen.

- Sie werden sich auch ohne einen Partner gut, wertvoll, erfüllt, vollständig und vor allem stark fühlen. Ein Partner ergänzt Ihr Leben, wird aber nie Ihr Hauptbestandteil sein.
- Partnerschaften beruhen auf gegenseitigem Respekt und vor allem Verbundenheit.

Weitere Beweggründe, die eine Beziehung negativ beeinflussen und eine Selbstwertproblematik vermuten lassen

1. Sie weisen eine komplizierte Partnerwahl auf

Es ist auffällig, dass Menschen, die einen nur geringen Selbstwert haben, sich immer wieder Partner suchen, die sie schlecht behandeln. Geraten Sie beispielsweise immer wieder an Partner, die Sie respektlos behandeln und mit Ihnen nur wenig wertschätzend umgehen, dann überdenken Sie Ihr Selbstbewusstsein. Wir ziehen das in unser Leben, was wir verkörpern. Ein selbstbewusster Mann wird sich eher von einer selbstbewussten Frau angezogen fühlen sowie eine emotional traurige Frau eher einen emotional traurigen Mann anziehen wird.

2. Sie hassen es, nicht perfekt zu sein

Es ist auffallend, dass Frauen, die sich für ihren Körper schämen, häufig auch eine Scham für ihre Lust empfinden. Sie schämen sich hierbei vor allem für ihren Körper und dafür, dass aktuell gerade etwas, wie beispielsweise die Bikinizone, nicht perfekt rasiert ist.

3. Sex als Anerkennung

Hier wird Sex beispielsweise als ein Leistungssport verstanden, in dem man perfekt sein will. Es entsteht oft ein unnatürlicher Leistungsdruck, der zu Komplikationen führt. Die Leichtigkeit und die Lust, um die es hierbei geht, ist vollkommen ins Hintertreffen geraten.

4. Das dringende Bedürfnis, gut zu sein

Menschen, die nur einen geringen Selbstwert haben, werden recht verhaltensauffällig auftreten und sich ganz aktiv um die Anerkennung anderer Menschen bemühen. Sie möchten anderen Menschen gefallen und gemocht werden. Immer dann, wenn Sie diese Bestätigung von außen erhalten, gibt es Ihnen einen Selbstvertrauensschub. Immer dann, wenn wir darauf mental angewiesen sind, von außen Bestätigung zu erhalten, um uns gut und voller Selbstvertrauen zu fühlen, ist dieser Umstand ein Indikator dafür, dass in uns eine Selbstwertproblematik besteht.

Ein Indikator für Frauen ist hierbei beispielsweise ein häufiges Abhandeln von One-Night-Stands, die so eigentlich nicht gewollt waren. Menschen, die ein gesundes Selbstwertgefühl haben, werden in diesem Rahmen anders vorgehen und bewusstere Entscheidungen treffen.
Auffälligkeiten in zwischenmenschlichen Freundschaften aufgrund eines mangelnden Selbstbewusstseins
Auch zwischenmenschliche Beziehungen, insbesondere im Sinne von Freundschaften, sind immer wieder der Problematik eines geringen Selbstwertgefühls ausgesetzt. Wie häufig werden wir mit Freunden oder Bekannten konfrontiert, die vollkommen widersinnige Anmerkungen oder Verhaltensweisen initiieren, die bei Ihnen nur Erstaunen und viele Fragezeichen hervorrufen. Seien Sie infolgedessen achtsam bei solchen Menschen, denn hier liegt vermutlich eine Selbstwertproblematik vor, die aktuell negativen Einfluss auf die Umgebung oder sogar Sie selbst hat.

1. Menschen, die zu gut sind
2. Menschen, die andere Freunde aus dem Freundeskreis verbannen
3. Menschen, die überzogene Verlustängste aufweisen

Menschen, die zu gut sind

Wir alle haben sicherlich einen Menschen im Verlauf des Lebens kennengelernt, bei dem wir zunächst den Eindruck hatten, dass er zu gut für diese Welt ist. Hierbei sollten Sie sich eines einprägen: Menschen, die entweder zu gut oder zu schlecht sind, befinden sich in einem Ungleichgewicht, das toxisch ist. Hinterfragen Sie die vielen Gefallen, die dieser Mensch für Sie tut, nach einer eventuellen Gegenleistung oder in der Erwartungshaltung Ihres Gegenübers! Oftmals wird hier zumindest mental etwas eingefordert.

Menschen, die andere Freunde aus dem Freundeskreis verbannen

Auch hierhinter befindet sich die Annahme eines anstehenden Kontrollverlustes der Person, die nur über ein geringes Selbstwertgefühl verfügt. Bedenken Sie, dass diese Person mitunter Aufmerksamkeit möchte und versucht, Sie nachhaltig zu vereinnahmen, um Sie nicht zu verlieren! Stellen Sie hierbei für sich aktiv die Frage, ob Sie ein solches Verhalten so möchten oder nicht!

Menschen, die überzogene Verlustängste aufweisen

Das Thema Verlustangst kann Menschen mit einem instabilen Selbstbewusstsein in kritische Bahnen lenken, denn sie werden immer Angst davor haben, einen Menschen zu verlieren. Eifersucht und eine gewisse Form der Vereinnahmung sind hier symptomatisch. In Summe stellen solche Verhaltensweisen Belastungen für die Umgebung dar, die Sie selbst beeinträchtigen und in der eigenen natürlichen Entwicklung behindern.

Tipps und Übungen, um Beziehungen zu verbessern

Selbstbewusstsein als autarkes Individuum zu entwickeln, ist eine Möglichkeit, um dem Leben mehr Eigenwert und den Partnerschaften mehr Stabilität zu bieten. Doch genau an dieser Stelle stellt sich die Frage, inwiefern das möglich ist und vor allem, durch welche Schritte Sie dieses Vorhaben unterstützen können. Im nachfolgenden Bereich finden Sie relevante Tipps, die Sie ausführen sollten, um Ihr Selbstbewusstsein zu stärken, sodass auch persönliche Beziehungen hiervon partizipieren können.

Tipp 1: Machen Sie etwas für Ihren Körper

Ein mangelndes Selbstwertgefühl geht häufig mit einem untrainierten Körper und Geist einher. Halten Sie sich fit und attraktiv. Auf diese Weise können Sie sich selbst stärken und wirken nach außen hin auch noch netter auf andere Menschen. Ihr Partner wird es sicherlich lieben, einen ansehnlichen Partner zu haben. Doch noch viel mehr wird er es lieben, dass Sie sich selbst und Ihren Körper lieben. Denn diese Zufriedenheit und Eigenliebe werden Sie ausstrahlen. Selbstliebe ist unwiderstehlich. Parallel hierzu löst Sport die Ausschüttung von Glückshormonen aus. Somit werden Sie nicht nur fitter aussehen, sondern sich auch mental besser fühlen. Das wird sich in einem gestärkten Selbstbewusstsein zeigen, die Ihre Partnerschaft von innen heraus kräftigen wird.

Tipp 2: Legen Sie Ihre Scham ab

Jeder Mensch weist in verschiedenen Arten und Intensitäten eine Art der Scham auf. Das hat teilweise ganz natürliche Gründe. Wenn Sie in Ihrer Kindheit jedoch immer und immer wieder mit Ihren körperlichen Defiziten konfrontiert wurden, hinterlässt das Narben auf der Seele. Parallel ist erwiesen, dass Eltern, die eine Art „verklemmte Körperhaltung", insbesondere hinsichtlich der Sexualität, aufweisen, diese Beeinträchtigung an die Kinder weitergeben. Im späteren Erwachsenenalter werden diese Kinder dann folglich mit körperlichen Selbstzweifeln konfrontiert sein, die dazu beitragen, dass Sie sich auch dem Partner gegenüber sexuell nicht öffnen können. Setzen Sie sich mit Ihrem Körper und auch mit Ihren sexuellen Vorlieben auseinander! Jeder Mensch hat Makel, auch Sie und das ist vollkommen normal. Lernen Sie, für Ihre sexuellen Empfindungen einzustehen und öffnen Sie sich auch im Bereich der Intimität, um mehr Selbstbewusstsein zu erfahren und die Beziehung zu stärken!

Tipp 3: Nehmen Sie sich eine Auszeit

Der Alltag ist oft eine Belastung für den Menschen. Das gilt auch in einem Beziehungsleben, das voller Fallstricke sein kann. Wenn immer mehr Anforderungen und Herausforderungen auf Sie zukommen, vergessen Sie nicht, dass Sie immer auch die Möglichkeit haben, einen Gang zurückzuschalten und genau das sollten Sie auch machen. Nehmen Sie sich eine Auszeit! Auf diese Weise zeigen Sie Ihrem Partner, dass Sie in der Lage sind, für sich eine Entscheidung zu treffen und in Ihrem ganz eigenen Sinne selbstbewusst und lösungsorientiert agieren. Das wird Ihre persönliche Lösungskompetenz erhöhen und Sie unabhängiger von Ihrem Partner machen. Parallel hierzu wird Ihr Partner Sie aufgrund dessen auch als attraktiver wahrnehmen.

Tipp 4: Lernen Sie, Ihre Gefühle wahrzunehmen und über sie zu sprechen

Einer der größten Probleme in Beziehungen ist es, dass Partner nicht in der Lage sind, über ihre Gefühle und Emotionen zu sprechen. Hier liegt Gefahr für die Beziehung. Lernen Sie, dass Gefühle ein Teil Ihres Lebens sind und dass Sie dafür eigenverantwortlich sind, diese zu kommunizieren. Machen Sie das nicht, stauen sich in Ihnen und Ihrer Partnerschaft beziehungsschädliche Emotionen an. Kommunikation hilft Ihnen dabei, mehr Offenheit zu erlangen und nicht nur die Beweggründe Ihres Partners besser kennenzulernen, sondern auch Beziehungsdynamiken zu erkennen.

Tipp 5: Kommunizieren Sie Ihre Grenzen

Jeder Mensch hat ureigene Grenzen in sich. Es ist wichtig für Sie, diese Grenzen für sich zu erkennen und mit diesen konstruktiv umzugehen. Sollte Ihr Partner immer wieder für Sie relevante Grenzen überschreiten, dann kommunizieren Sie das! Offenheit wird Ihrer Beziehung guttun und dafür sorgen, dass Sie sich nicht schlecht, sondern akzeptiert fühlen.

Selbstbewusstsein im Job

Ein ausgebautes und belastbares Selbstbewusstsein gestattet Ihnen nicht nur gesündere private Beziehungen, sondern auch mehr Erfolg im Job. Sind Sie anderer Meinung? Wenn ja, hinterfragen Sie einmal, ob Sie in Ihrem Kollegenkreis einen Mitarbeiter finden, der über keinerlei Selbstbewusstsein verfügt und damit tatsächlich erfolgreich ist! Erfolgreiche Menschen verfügen im Regelfall über ein gesundes Selbstbewusstsein, dass sie dabei unterstützt, ihre gesetzten Ziele zu erreichen und auch in schwierigen Situationen mental bei sich selbst zu bleiben. In den kommenden Bereichen erfahren Sie nun, was Sie beachten müssen und wie Sie sich weiterentwickeln können, um auch im Job erfolgreich zu sein.

Selbstreflexion im beruflichen Kontext

Der Weg zum beruflichen Erfolg kennt viele Meilen.

Sie sollten sich nicht nur in privaten Situationen reflektieren, sondern auch im beruflichen Kontext, denn hier befinden sich für Sie wahrscheinlich immense Entwicklungsfelder, die Ihnen ohne dieses Vorgehen verborgen bleiben würden.
Bedenken Sie, dass Sie bei Ihrem persönlichen Weg zu Ihren beruflichen Wünschen, Zielen und Hoffnungen einzigartig sind! Vergleiche mit anderen Menschen können Ihre eigenen Entwicklungen hemmen. Geben Sie sich genau die Zeit, die Sie benötigen, um sich und Ihren Selbstwert zu stabilisieren und Sie sich auch verhaltenstechnisch optimiert haben! Vergessen Sie nicht, dass es Ihnen helfen wird, einen eigenen Fahrplan bzw. eine eigene Strategie zum Erreichen Ihrer persönlichen und beruflichen Ziele zu haben! Im nachfolgenden Abschnitt finden Sie ein paar wichtige Fragestellungen, die Ihnen dabei helfen, gemäß Ihrer individuellen Persönlichkeit, Ihren Weg nach oben zu finden.

Die Reflexion als Grundlage beruflicher Situationen

Selbstreflektion bedeutet immer auch eine gezielte Auseinandersetzung mit sich und der eigenen beruflichen Situation. Man nimmt sich und das Leben unter die Lupe und beginnt damit, einzelne Fragmente zu hinterfragen. Durch das Hinterfragen eigener Gewohnheiten und der beruflichen Ist-Situation wird Platz für Veränderung geschaffen. Somit ist der Weg frei für Weiterentwicklungen, einen neuen Job oder eine Versetzung.

Halten Sie ganz bewusst inne

Menschen mit einem nur geringen Selbstbewusstsein tendieren dazu, keine differenzierte Analyse des eigenen Selbst vorzunehmen, da sie eher die Augen vor sich selbst verschließen. Hinterfragen Sie in einer Ruhepause doch einfach einmal, wo genau Ihre persönlichen Entwicklungsfelder liegen und wo Sie an den sogenannten Stellschrauben drehen können, um gesetzte Ziele mit mehr oder auch weniger Aufwand zu erreichen!

Nutzen Sie Visualisierungen und schreiben Sie auf, was Sie beruflich bewegt

Der Weg zur Veränderung beginnt zumeist über die Nutzung eines Stifts und Papier. Schreiben Sie auf, was Sie bewegt, was Sie unzufrieden macht, was Sie erreichen möchten und wie Sie dieses Vorgehen beginnen und durchführen wollen! Klarheit beginnt mit dem Aufschreiben dieser Tatsachen.

Holen Sie sich Informationen ein

Nichts ist für eine persönliche Weiterentwicklung so schädlich wie ein immer gleiches Umfeld. Gehen Sie viel besser raus in die Umgebung und nehmen Sie an Veranstaltungen teil, die Sie bei Ihrer Entscheidungsfindung unterstützen! Das Blicken über den eigenen Tellerrand hinaus und das Festlegen neuer Schritte und Maßnahmen wird Ihnen helfen, teilweise auch ganz unkonventionelle neue Ansätze zu finden. Sie werden vermutlich feststellen, dass Sie einige Kompetenzen bereithalten, die Ihnen andernfalls verborgen geblieben wären.

Sprechen Sie mit Ihrer Umgebung oder mit sich selbst

Um neue Entwicklungen, Fragen und Anregungen zu erhalten, benötigt der Mensch andere Meinungen und Eindrücke. Die verbale Kommunikation ist hierbei sehr wichtig. Immer dann, wenn Sie jedoch niemanden zum direkten Kommunizieren haben, bieten sich Sprachmemos an, die Sie beispielsweise via WhatsApp versenden können. Auf diese Weise erhalten Sie zeitverzögert Informationen von einem Menschen, der Ihnen bei Ihrer Selbstreflexion und Aufarbeitung hilft.

Interaktive Arbeit zur Reflexion für mehr Erfolg im Beruf

Um eine wirkliche Reflektion zu erschaffen, ist es wichtig, eine Eigeneinschätzung vorzunehmen. Ergänzend ist hier jedoch auch ratsam, dass Sie drei wertschätzende Personen aus Ihrem beruflichen Umfeld für die Beantwortung der folgenden Fragestellungen und Aufforderungen hinzuziehen. Beantworten Sie zusätzlich selbst die folgenden Fragen bzw. Aufforderungen! Im Anschluss daran ist es notwendig, dass Sie die Ergebnisse vergleichen und entsprechende Abweichungen thematisieren, um sich aktiv ein Feedback einzuholen und somit stetig besser und selbstbewusster werden.

Rubrik der persönlichen Fähigkeiten
Welches sind die drei persönlichen Stärken von Herrn/ Frau XY?
Welches sind die drei charakteristischsten Potenziale von Herrn/ Frau XY?
Welches sind die drei wirklichen Talente von Herrn/ Frau XY?

Beschreiben Sie drei positive Lösungen, die Herr/ Frau XY in den vergangenen drei Monaten erschaffen hat!

Welche üblichen Formulierungen, wie positive Sätze, benutzt Herr/ Frau XY im Regelfall?

Nennen Sie drei Entwicklungsfelder, die Herr/ Frau XY aufweist!

Welche positiven Entwicklungsfelder konnte Herr XY in den vergangenen sechs Monaten offensichtlich erleben?

Wo genau befinden sich die Schwächen von Herrn/ Frau XY?

Das Big Five Persönlichkeitsmodell

Hierbei handelt es sich um einen Ansatz, der die Persönlichkeit eines Menschen umfassend beschreibt. Hierzu nutzt das Modell fünf Faktoren, die einen nachweisbaren Einfluss auf die Persönlichkeit aufweisen.

Im Zuge der jahrelangen Forschung identifizierte man folgende Merkmale:

1. **Neurotizismus**
2. **Extraversion**
3. **Offenheit**
4. **Verträglichkeit**
5. **Gewissenhaftigkeit**

Der Neurotizismus

Dieses Merkmal meint das unterschiedliche Erleben bezüglich negativer Emotionen. Einige Wissenschaftler deklarieren dieses Merkmal auch als die sogenannte emotionale Labilität bzw. Stabilität als Gegensatz. Menschen, die hier eine starke Ausprägung haben, erleben oft

Gefühle von Anspannung, Verlegenheit oder auch Unsicherheit. Zudem werden auch Empfindungen schneller ausgelöst. Darüber hinaus haben diese Menschen ebenso Probleme damit, in Stresssituationen angepasst zu agieren. Sollten Sie hier eher niedrige Werte der Ausprägung aufweisen, so erleben Sie eher seltener negative Gefühle und sind in Ihrem Denken und auch in Ihrem Handeln eher stabil.
Führungskräfte weisen in diesem Zusammenhang eher niedrige Werte auf, da sie selbst in komplizierten Situationen kühl agieren müssen, um erfolgreich zu sein.

Die Extraversion

Teilweise bezeichnet man dieses Merkmal auch als die sogenannte Begeisterungsfähigkeit eines Menschen. Menschen, die hier hohe Ausprägungen haben, sind zumeist offen, kommunikativ und gesellig und üben oft Jobs, beispielsweise im Sales-Bereich, aus. Menschen mit geringen Ausprägungen weisen hier jedoch eher auf Zurückhaltung hin, vor allem bezogen auf soziale Aktivitäten.

Die Offenheit

Hiermit beschreibt man die Fähigkeit, neue Erfahrungen und Eindrücke zu sammeln. Menschen, die einen hohen Offenheitswert haben, weisen eine rege Fantasie auf, sind wissbegierig und intellektuell. Berufswünsche wie Journalisten oder Forscher können sich hier anbieten. Sollten Sie hier eher niedrige Werte aufweisen, so ist das ein Indiz dafür, dass Sie vor neuen Eindrücken und Erfahrungen zurückschrecken und hier eher Bedenkenträger sind.

Die Verträglichkeit

Die Verträglichkeit fokussiert sich auch eher auf die sogenannte interpersonelle Verhaltensweise. Menschen, die hier hohe Werte haben, neigen prinzipiell eher zum Altruismus. Sie zeigen Mitgefühl, sind empathisch und warmherzig. Berufe wie Krankenpfleger oder Altenpfleger sind hierfür idealtypisch. Personen, die in diesem Bereich niedrige Werte aufweisen, sind eher egozentrisch und auf das eigene Ich bezogen. Zudem sind sie wettbewerbsorientiert und weniger kooperativ.

Die Gewissenhaftigkeit

Hiermit wird der Grad der Selbstkontrolle sowie der Genauigkeit beschrieben. Personen mit hohen Werten sind sorgfältig, handeln organisiert, sind zuverlässig und agieren überlegt. Der typische Buchhalter ist bei den Berufen hier häufig anzutreffen. Menschen, die niedrige Werte aufweisen, sind eher unorganisiert und ungenau.

Selbsteinschätzung nach diesem Persönlichkeitsmodell

Sind Sie in Ihrem Job unzufrieden?

Oft weisen Menschen eine gewisse Unzufriedenheit im Job auf, können diese Unzufriedenheit jedoch nicht vollständig einschätzen. Hier hilft es, sich ein paar grundlegende Verhaltensweisen und Vorgänge anzueignen sowie sich genauer mit der eigenen Unzufriedenheit auseinanderzusetzen.

1. Steigern Sie Ihr Bewusstsein dafür, dass eine Kündigung kein Weltuntergang ist
2. Schaffen Sie sich zielgerichtet Alternativen
3. Hinterfragen Sie für sich, ob der komplette Job das Hauptproblem ist oder nur einzelne Merkmale kompliziert sind.
4. Machen Sie nach Feierabend beziehungsweise am Wochenende gedanklich „Schluss" mit Ihrer Arbeit

Die Entscheidung, einen Job zu wechseln, ist für viele Menschen eine grundlegende Problematik. Häufig identifizieren sich Menschen über die Arbeit. Und genau an dieser Stelle ist schon ein Problem vorhanden, denn Sie haben so viel mehr zu bieten. Der Job ist wichtig, sollte jedoch nicht der einzige Aspekt in Ihrem Leben sein, der Sie definiert! Um aus einer eingefahrenen Situation einen Ausweg zu finden, hilft es häufig schon, sich neue Anreize in der Freizeit zu holen. Nutzen Sie die Chance! Eine Kündigung ist im Übrigen auch nicht das Ende der Welt, vielmehr schließt sich eine Tür, damit sich andere Eingänge öffnen. Jedem Ende wohnt ein neuer Anfang inne. Halten Sie sich diesen Sachverhalt bitte vor Augen! Um sicher agieren zu können, ist es ebenso wichtig, sich frühzeitig Alternativen zu schaffen. Sorgen Sie für ein Netzwerk, tauschen Sie sich aus, nutzen Sie die Möglichkeiten des Internets! Verharren Sie nicht in Lethargie und einer eingefahrenen Situation, denn das wird Sie ausbremsen und von neuen Entwicklungen und Schritten abhalten!
Im Rahmen des Berufslebens ist ebenso charakteristisch, dass meistens nicht der ganze Job das Problem ist, sondern lediglich einzelne Fragmente. Identifizieren Sie die problematischen Fragmente und probieren Sie diese Bestandteile für sich zu beseitigen bzw. zu verändern!
Für Jobentscheidungen benötigen Sie Ruhe! Vor allem in Stresszeiten hilft es ein wenig, einen Schritt zurückzugehen, um sich im Klaren darüber zu werden, was genau schiefläuft und ob es nun an der Zeit ist, den Job zu wechseln.

Welcher Berufstyp sind Sie?

Um zu verstehen, wo genau Ihre eigenen Stärken und Schwächen sind, ist es unbedingt notwendig, dass Sie sich selbst einschätzen können. Um das sicherzustellen, bietet sich beispielsweise ein Persönlichkeitstest an. Hier werden Stärken und Schwächen identifiziert und Sie können für sich und Ihren Berufstyp entsprechend Karriereziele definieren.

Wie hoch sind Ihre tatsächlichen Ambitionen?

Haben Sie einen Kämpfergeist? Sind Sie wirklich in der Lage, sich auf Ihrem persönlichen Weg nach oben durchzusetzen? Setzen Sie sich hiermit genau auseinander! Manchmal wollen wir etwas erreichen, das uns am Ende des Tages jedoch auch beruflich nicht erfüllt. Identifizieren Sie für sich die Rahmenbedingungen, die Sie brauchen, um ambitioniert und auch parallel dabei glücklich zu sein!

Welches ist Ihr passendes Berufsbild?

Auch in dieser Fragestellung befindet sich ein wenig Dynamit, denn nicht jede Firmen- und Berufskultur entspricht Ihrem Persönlichkeitsbild. Wenn Sie beispielsweise eher stressresistent sind und auch gut mit Gegenwind eigenverantwortlich umgehen können, so bieten sich eher Firmenkulturen an, die weniger hierarchisch sind. Sollten Sie hingegen enge und feste Strukturen mögen und brauchen, so finden Sie diese in klassischen Großkonzernen.

Wo möchten Sie beruflich genau hin?

Der erste Schritt hierbei ist es, in sich zu gehen und für sich genau die eigenen Ambitionen zu identifizieren. Was möchten Sie beruflich erreichen und welchen Weg sind Sie dafür bereit zu gehen? Hinterfragen Sie Ihre ureigenen Werte und inneren Motivationen, die Sie dazu bewegen, Ihre beruflichen Ziele zu erreichen!

Test zur richtigen Berufswahl

Dieser Test eignet sich, um herauszufinden, welcher Beruf zu einem passt. Nicht nur Neueinsteiger in die Arbeitswelt können ihn durchführen, sondern auch erfahrene Business-Menschen, die sich vielleicht neu ausrichten und finden möchten.

Was trifft am meisten auf Sie zu? Zählen Sie mit, wie oft Sie die Zahlen von 1-4 jeweils ankreuzen. Die Auswertung finden Sie nach dem Test.

(a) Ich probiere gerne neue Dinge aus/ Ich bin sehr fantasiereich/ Ich habe eine Vorliebe für Kunst (1)

(b) Ich bin fingerfertig/ Ich bin sehr geschickt/ Ich bin technisch begabt (2)

(c) Ich bin sehr ordentlich/ Ich lege großen Wert auf Organisation sowie auf Planung/ Ich mag es nicht, unvorbereitet zu sein (3)

(d) Ich bin kontaktfreudig/ Ich bin freundlich und fürsorglich/ Ich habe eine hohe Empathie und mag es, anderen zu helfen (4)

Wie gehen Sie mit Überraschungen um?

(a) Ich bin pragmatisch. Wenn ich überrascht werde, mache ich einfach weiter (2)

(b) Ich habe eine Vorliebe für Überraschungen und liebe neue Erfahrungen (4)

(c) Unabhängig davon, ob die Überraschung positiv oder negativ ist, kann ich damit umgehen (1)

(d) Ich meide Überraschungen, da ich mich auf sie nicht vorbereiten kann (3)

Wie genau verbringen Sie Ihre Freizeit?

(a) Ich ziehe aus Kontakten meine Energie und treffe mich gerne mit Freunden und der Familie (4)

(b) Ich mag unterschiedliche Dinge und setze mir spontan Ziele. Meine Entscheidung geschieht dann aus Lust und Laune. (3)

(c) Es gibt bei mir kein Muster. Ich bin immer spontan. Es kommt, wie es kommt. (1)

(d) Ich helfe sehr gerne in meinem Freundes- und Bekanntenkreis. Ich mag es, etwas zu tun zu haben, um mich nützlich zu machen. (2)

Wie würde Ihre Geburtstagsplanung aussehen?

(a) Ich lade meine engsten Vertrauten und die Familie ein und feiere ein Fest. (4)

(b) Ich weiß dann immer gar nicht, wie ich genau anfangen soll, da ich so viele Ideen habe. (1)

(c) Ein großes Fest würde nicht zu mir passen, deshalb werde ich zuhause bleiben und mir ein leckeres Abendessen bestellen (2)

(d) Ein Fest darf man nicht überstürzen. Ich muss zunächst alles abwägen, bevor ich eine Entscheidung treffe. (3)

Was war in Ihrer Schulzeit das Beste?

(a) Mathe war toll, da war ich gut! Ich musste mich immer erst in Thematiken hineindenken, bevor ich sie mochte. (3)

(b) In den Fächern war ich gleich gut. Am besten haben mir aber Fächer wie Handwerk und Technik gefallen. (2)

(c) Ich wollte immer neue Dinge probieren, das kam nur leider nie gut an! (1)

(d) Der Klassenverband war toll. Ich mochte es, immer Zeit mit Freunden zu verbringen. (4)

Welche Arbeiten übernehmen Sie im Team am liebsten?

(a) Ich bin die treibende Kraft und der Problemlöser. (1)

(b) Ich übernehme einfach die Aufgabe, die zu machen ist und passe mich dem Team an. (2)

(c) Ich bin die Stimmungskanone und umgehe Streit im Team. (4)

(d) Ich behalte den Überblick und kann die Abläufe sehr gut koordinieren. (3)

Auswertung:

Überwiegend Antworten (1)

Sie sind ein kreativer Kopf, der vermutlich ein künstlerisches und musikalisches Talent hat. Mögliche Jobs warten auf Sie in der Medienbranche, etwa als Fotograf, als Friseur oder auch als Musiker.

Überwiegend Antworten (2)

Sie sind vermutlich handwerklich sehr begabt und haben ein ausgeprägtes technisches Verständnis.
Mögliche Jobs warten auf Sie in der Handwerksbranche.

Überwiegend (3)

Sie haben immer den Überblick und lieben Organisation.
Mögliche Jobs für Ihr ausgeprägtes Talent zu planen sind Berufe als Event-Planer oder auch Wedding-Planer.

Überwiegend (4)

Ihre größte Stärke ist Ihre soziale Ausrichtung. Sie lieben es zu helfen.
Mögliche Jobs sind etwa Krankenschwester, Arzt oder auch Altenpfleger.

Überzeugen im Vorstellungsgespräch

Der Bewerbungsprozess und die Konfrontation mit Personalentscheidungsträgern rufen in Ihnen Beklemmungen hervor? Dann seien Sie beruhigt, denn im ersten Schritt ist das eine normale Tatsache. Dennoch können Sie in diesem Bereich an sich arbeiten und durch einige Tipps auch in Vorstellungsgesprächen überzeugen.

1. Erkennen Sie die Anforderungen der interessanten Position

Verschaffen Sie sich einen Informationsvorteil, um gut organisiert in ein Vorstellungsgespräch zu gehen! Hinterfragen Sie für sich, wie das perfekte Profil eines Kandidaten auf die interessante Stelle aussehen könnte und gleichen Sie hierzu Übereinstimmungen ab! Die Identifikation von Abweichungen wird Ihnen in diesem Kontext ebenso wichtige Denkanstöße geben, denn Sie können bereits im Vorfeld für sich Argumentationen finden, weshalb Sie trotz bestehender Abweichungen der passende Kandidat sind.

Fragen, die Sie sich im Zuge einer entsprechenden Gesprächsvorbereitung stellen sollten:

- Welche Werte bringt das Unternehmen mit und wie verhält es sich mit der Firmenphilosophie?
- Welche Kompetenzen sollte der Bewerber für die offene Position mitbringen?
- Gibt es wichtige Verhaltensformen hierfür?

2. Finden Sie Gemeinsamkeiten

Identifizieren Sie Gemeinsamkeiten zum Unternehmen und stellen Sie dar, weshalb Sie als Mitarbeiter zu dem entsprechenden Unternehmen passen! In diesem Rahmen ist es jedoch wichtig, bei der Wahrheit zu bleiben und keine Luftschlösser zu bauen. Lügen werden sich im Regelfall schnell nach der Einstellung aktiv im Arbeitsleben zeigen und ärgste Irritationen auslösen.

3. Bereiten Sie spezielle Antworten vor

Aufregung und auch ein gewisses Maß an Unsicherheit sind im Rahmen eines Vorstellungsgesprächs vollkommen normal. Sie sollten dennoch über diese Problematiken mit Ihren nahen Bezugspersonen sprechen, da die Ihnen ungeschönte Feedbacks hierzu geben können, um Ihr Selbstbewusstsein zu stärken. Stellen Sie sich selbst im Vorfeld unangenehme Fragen und bereiten Sie Antworten vor! Das wird Ihnen helfen, im Gespräch nicht überrascht zu werden. Neben dem Kennen der eigenen Stärken ist auch das Wissen um die eigenen Schwächen wichtig! Nur auf diese Weise können Sie für sich Handlungsfelder identifizieren, an denen Sie arbeiten können. Wenn die Aufregung dennoch zu groß ist, nutzen Sie Atemübungen, um sich zu beruhigen!

5. Bereiten Sie Ihre eigene Selbstpräsentation vor

Jedes Vorstellungsgespräch ist auch immer mit einer Eigenpräsentation verbunden. Hierauf können Sie sich vorbereiten und das sollte jeder clevere Bewerber auch machen. Was zeichnet Ihren bisherigen Karriereweg aus und wo wollen Sie hin

6. Machen Sie eine Art Fragetraining vor einem Vorstellungsgespräch

Es gibt einige Standardfragen in Vorstellungsgesprächen. Hier sollten Sie zwingend zu Hause für sich üben, um besser vorbereitet zu sein. Übung ist das halbe Leben, das gilt auch für ein Bewerberauswahlverfahren.

7. Kleiden Sie sich angemessen

Es ist ein Zeichen von Respekt, sich sauber, ordentlich und ansprechend für ein Vorstellungsgespräch zu kleiden. Überprüfen Sie den Kleidungsknigge Ihrer Branche und passen Sie Ihren Auftritt bitte entsprechend an! Das wird Ihnen zudem auch mehr Selbstbewusstsein im Gespräch geben, da Sie sich als gut gekleidet fühlen.

8. Bereiten Sie mögliche Anreisen und Übernachtungen vor

Oft gehen Vorstellungsgespräche mit Übernachtungen und einer langen Anreise einher. Planen und organisieren Sie hier alles im Vorfeld, sodass Sie relaxt und ausgeschlafen zum Gespräch erscheinen, um zu überzeugen!

Sicher verhandeln

Der Themenbereich der Verhandlung kann im beruflichen Alltag ebenso wichtig sein. Doch vielen Menschen fällt es schwer, Verhandlungen zu führen. Im nachfolgenden Abschnitt finden Sie hierzu einige Tipps, die Ihnen dabei helfen werden, effektiv und selbstsicher in Verhandlungspositionen aufzutreten.

1. Beachten Sie die bestehende Dringlichkeit

Je dringlicher eine Problematik tatsächlich ist, umso kompromissbereiter wird ein Verhandlungspartner sein. Themen, die bei Verhandlungen eine untergeordnete Rolle einnehmen, werden in diesem Kontext eher nachrangiger behandelt. Hinterfragen Sie aufgrund dessen die bestehende Dringlichkeit eines Problems! Sollte ein dringliches Problem vorliegen, können Sie mit Ihren Forderungen beispielsweise fordernder auftreten, da man hier von der gegenüberliegenden Seite eher zu Zugeständnissen bereit ist.

2. Erschaffen Sie eine Win-Win-Situation

Es gibt nicht in allen, jedoch in vielen Situationen auch Lösungen, bei denen beide Seiten gewinnen können. Um jedoch eine verbindliche Stimmung zu erzeugen, auch für nachfolgende Verhandlungen, überlegen Sie sich, was genau Sie machen können, um dem Gegenüber ebenso ein gutes Gefühl hierbei zu vermitteln! Auf diese Weise erzeugen Sie eine konstruktive Grundstimmung, die Barrieren abbaut.

3. Seien Sie offen

Offenheit kann ein scharfes Instrument bilden. Wenn Sie Ihren Gesprächspartner mit allen Aspekten konfrontieren und auch die negativen Seiten selbstbewusst offenlegen, werden Sie eine Grundstimmung des Vertrauens erschaffen. Auf diese Weise lassen Sie Ihrem Gegenüber nur wenig Spielraum für Rätsel an Ihrem Verhalten. Trauen Sie sich, denn Offenheit wird belohnt!

4. Bestimmen Sie den Zeitpunkt

Kalkulieren Sie bei anstehenden Terminen ausreichend Zeit für sich ein, damit Sie genügend Zeit zur Vorbereitung haben! Ganz wichtig ist es, sich in Gesprächen nicht überrumpeln zu lassen. Seien Sie hier selbstbewusst, denn sofern Sie Zeit benötigen, fordern Sie diese auch ein! Sie benötigen fundierte Informationen zur Entscheidungsfindung.

5. Schätzen Sie die Tragweite Ihrer Entscheidungen ab

Bevor Sie auch in Verhandlungen Entscheidungen treffen, ist es anzuraten, über die anstehenden Entscheidungen nachzudenken, um Fehler zu vermeiden. Immer dann, wenn Entscheidungen keine große Tragweite für Sie haben, können zeitlich schnelle Abwägungen getroffen werden.

6. Sammeln Sie Argumente, die für eine Gehaltserhöhung sprechen

Um in einer Gehaltsverhandlung erfolgreich zu sein, überzeugen Sie mit konkreten Argumenten! Niemand wird Ihnen nur aufgrund eines positiven Bauchgefühls eine Gehaltserhöhung geben.

Mögliche Argumente:
- Ihre Verkaufszahlen sprechen für sich
- Ihr Marktwert ist im Vergleich zum Wettbewerb deutlich höher
- Was konnte das Unternehmen durch Ihre Arbeit einsparen?
- Die Kundenzufriedenheit Ihrer zu betreuenden Klienten ist sehr hoch

Das Sammeln von Argumenten ist für Verhandlungen im Allgemeinen eine Grundkomponente, die später über den Erfolg entscheidet.

7. Verhandeln Sie nach einer Strategie

Dieser Ansatz ist wichtig, denn häufig erkennt man im Berufsleben, dass in Verhandlungen gegangen wird, ohne dass es ein mögliches Ziel gibt. Das führt jedoch zu Zielverläufen, die sich später als nachteilig auswirken. Haben Sie folglich Erwartungen an die Ziele Ihrer Verhandlungen!

8. Bereiten Sie sich auf Einwände sowie auf Vorwände vor

Die Vorbereitung, insbesondere auf kritische Aspekte einer Verhandlung, ist für den späteren Erfolg sehr wichtig. Kaum etwas ist nachteiliger, als mit Dingen im Gespräch konfrontiert zu werden, die man nicht widerlegen kann und die zu deutlichen Nachteilen in der Verhandlung führen.

Selbstsicher auftreten vor einzelnen Personen und Menschengruppen

Wenn Sie wirklich erfolgreich werden wollen, so empfiehlt es sich, an Ihren Kompetenzen zu arbeiten, die es Ihnen erlauben, sich vor Menschen zu präsentieren und zu überzeugen. Ohne diese Eigenschaften werden Sie vermutlich berufliche Nachteile im Vergleich zum Wettbewerb oder anderen Kollegen erleben. Im nachfolgenden Kapitel erhalten Sie zudem weitere Informationen zu den Thematiken der Körpersprache sowie zum Überzeugen von Menschen und für den Umgang mit Lampenfieber.

Basics zur Körpersprache

Selbstsicheres Auftreten im Job öffnet Menschen im Regelfall schnell wertvolle Türen zum Erfolg. Im Beruf geht es nicht zwingend um Nächstenliebe und Freundschaft. In vielen Situationen müssen Sie sich schlicht durchsetzen, um zu überzeugen und sich gegenüber Kollegen zu profilieren, um beispielsweise akzeptiert zu werden, eine Gehaltserhöhung vom Vorgesetzten zu erhalten oder für eine für Sie langersehnte Beförderung infrage zu kommen.

Allgemeine Indikatoren der Körpersprache, auf die Sie achten sollten:

Was sollten Sie lassen?

- Kauen Sie nicht auf Ihren Lippen
- Schauen Sie nicht ständig auf den Boden
- Überkreuzen Sie nicht Ihre Arme oder Beine
- Fahren Sie sich nicht ständig durch die Haare
- Verstecken Sie Ihre Hände nicht in den Taschen
- Verzichten Sie darauf, mit den Händen wild zu gestikulieren oder herumzuspielen

Was sollten Sie machen?

- Lächeln Sie
- Zeigen Sie eine offene Körperhaltung
- Schauen Sie Ihrem Gegenüber in die Augen
- Lassen Sie Ihre Arme beim Sitzen locker

Tipp 1: Achten Sie auf eine gute Grundspannung Ihres Körpers

Welche Menschen wirken auf Sie besonders souverän und durchsetzungsstark? Sicher nicht diejenigen, die schlaksig und ohne jegliche Körperspannung vor Ihnen stehen. Menschen, die sich in ihrer Haltung klein machen, wirken nicht dynamisch und suggerieren nur wenig Elan und Power. Wenn Sie erfolgreich in Ihrem Berufsleben sein möchten, so achten Sie ganz gezielt darauf, dass Sie eine offene Körperhaltung haben! Sie sollten über eine gute Grundspannung im gesamten Körper verfügen, aber dabei nicht angespannt oder künstlich wirken. Dann werden Sie auch von Ihrer Umgebung als positiv wahrgenommen. Sport kann da übrigens sehr helfen, vor allem Krafttraining. Sie werden bereits nach wenigen Monaten, in denen Sie regelmäßig trainieren, eine Verbesserung Ihrer Haltung und Körperspannung wahrnehmen können.

Tipp 2: Achten Sie auf eine ausreichende Distanz zu Ihrem Gesprächspartner

Der persönliche Freiraum eines Menschen ist wichtig und darf auch in der Körpersprache nicht vernachlässigt werden. Man spricht hierbei immer von einer bis anderthalb Armlängen zum Gegenüber. Sollten Sie weniger Abstand einhalten, so gelangen Sie zwangsläufig in den persönlichen Bereich der anderen Person. Menschen verstehen das als distanzloses Verhalten, denn Sie brechen in ihren persönlichen Bereich ein. Wenn Sie einen respektvollen Abstand einhalten, wird Sie das auch als Gesprächspartner angenehmer erscheinen und Sie unterbewusst auch „professioneller" wirken lassen. Anstands- und Abstandsregelungen werden als positiv wahrgenommen. Niemand sollte im beruflichen sowie auch privaten Umfeld derartig negativ auffallen, da das bei den Beteiligten ablehnende Emotionen weckt.

Tipp 3: Achten Sie auf Ihre Stimmfarbe

Die Intonation Ihrer Stimme in einem Gespräch ist ein definitiver Erfolgsfaktor, denn die Stimmfarbe setzt bei dem Gesprächspartner Emotionen frei. Eine tiefe Stimme bei einem Mann wirkt positiver als eine hohe Stimme. Auch Frauen sollten darauf achten, dass beispielsweise in Verhandlungen die Stimme am Satzende eher tiefer wird, da das souveräner wirkt.

Tipp 4: Lächeln Sie Ihren Gesprächspartner an

Haben Sie es auch schon in Gesprächen bemerkt: wenn Sie Menschen anlächeln, löst sich eine Situation. Auch angespannte und eingefahrene Situationen können auf diese Weise zumindest gelockert werden. Ein Lächeln erzeugt bei dem Gegenüber Offenheit. Wirken Menschen, die schlecht gelaunt sind, nicht auch auf Sie eher weniger gut? Achten Sie deshalb ganz besonders darauf, ein Lächeln auf den Lippen zu tragen!

Tipp 5: Spielen Sie keine Arroganz

Selbstsichere Menschen haben eine offene Körpersprache und verstellen sich nicht. Keineswegs tendieren selbstbewusste Menschen dazu, sich und ihre Fähigkeiten in den Mittelpunkt zu stellen. Sie sind bescheiden und müssen sich vor keinem beweisen. Arroganz ist ein Zeichen von Schwäche! Bleiben Sie deshalb natürlich und versuchen Sie nicht verkrampft, Ihre Körpersprache zu beherrschen!

Tipp 6: Seien Sie authentisch

Andere Menschen merken, wenn Sie sich verstellen. Lernen Sie sich selbst besser kennen und zeigen Sie Ihrem Umfeld Ihre positiven Seiten! Überspielen Sie Ihre Schwächen nicht! Menschen haben unterschiedliche Charaktere und sind alle sehr verschieden. Es gibt kein richtig oder falsch, jeder ist gut so, wie er ist. Jeder hat seine eigene Körpersprache. Setzen Sie meine Tipps am besten zuhause vor dem Spiegel um und trainieren Sie so eine selbstbewusste Körpersprache! Nach etwas Übung und Zeit haben Sie sie sich angeeignet und sie wird nach außen ganz natürlich wirken. Akzeptieren Sie Ihre momentane Situation und Ihren Körper! Selbstbewusstsein bedeutet genau das: sich selbst zu kennen, zu mögen und zu sich zu stehen, egal wie man ist. Sie müssen kein perfekter Mensch nach außen hin sein, um selbstbewusst zu wirken. Im Gegenteil, diejenigen, die zu sich selbst stehen, wirken besonders sicher. Bleiben Sie deshalb immer Sie selbst! Akzeptieren Sie sich ganz und gar und lassen Sie von Pseudo-Idealbildern, die die Gesellschaft uns vorgibt, ab.

Zuhörer überzeugen

Auch das Überzeugen der Zuhörer ist ein Erfolgsparameter des Lebens, wenn Sie eine respektable Karriere leisten möchten. Hierbei sind einige Tipps zu beachten, die Ihnen helfen, Präsentationen erfolgreich zu gestalten und das Publikum zu überzeugen.

Tipp 1: Weniger ist wirklich mehr!

Viele Präsentationen scheitern am Aufbau und daran, dass das Publikum über- oder unterfordert ist. Stellen Sie sich aufgrund dessen auf Ihr Publikum ein und geben Sie nicht zu viele geballte Informationen weiter, denn hier stellt sich leicht eine Überforderung der Menschen ein! Noch wichtiger ist dieser Aspekt in einer Zweierkonstellation. Achten Sie hierbei ganz klar pointiert darauf, dass Sie Ihr Gegenüber nicht gegen die Wand reden, sondern sich auf sein Tempo und seine grundlegende Schnelligkeit einstellen!

Tipp 2: Leben Sie die Einfachheit

Überfordern Sie das Publikum nicht mit zu vielen Informationen, Charts oder anderen Gestaltungskomponenten! Auch hier gilt es, sich auf das Wesentliche zu fokussieren und nicht mit zu vielen Gestaltungspunkten aufzuwarten, da hier andernfalls eine Überforderung des Publikums oder des Gesprächspartners auftritt. Man muss Ihnen folgen können und es ist Ihre Aufgabe, eine Präsentation auf Augenhöhe zu suggerieren.

Tipp 3: Bereiten Sie sich auf jede Rede vor einem Publikum oder auch vor einer einzelnen Person vor!

Vorbereitung ist das halbe Leben. Auch dieser Sachverhalt ist richtig. Ein amüsanter Einstieg und der Verlauf der Präsentationen können merklich positiv beeinflusst werden. Vor allem Menschen, die unsicher im Halten von Präsentation sind, machen es sich einfacher, wenn Sie sich vorbereiten, denn hierdurch bekommen Sie mehr Sicherheit und Übung.

Tipp 4: Spielen Sie mit den Emotionen des Publikums

Kein Mensch lässt sich nur von Fakten steuern, ganz im Gegenteil! Wecken Sie die Emotionen der Teilnehmer und spielen Sie auf diese Weise mit ihnen! Es ist erwiesen, dass die ersten Sätze einer Präsentation darüber entscheiden, ob das Publikum bei Ihnen ist oder nicht. Ein netter Witz oder ein amüsantes Statement können hier wahre Wunder wirken.

Tipp 5: Wirken Sie souverän

Souveräne Menschen, die authentisch wirken, haben es leichter im Leben? Das stimmt! Dieser Sachverhalt gilt auch für Präsentationen. Ein Mensch, der die eigene Körpersprache im Griff hat, langsam und klar spricht sowie die Stimmlage flexibel den Gegebenheiten anpasst, ist auch in der Lage zu überzeugen! Nutzen Sie diese Ausgangsposition! Sollten Sie im Gespräch ängstlich wirken, so werden Sie auch ganz sicher niemanden von sich überzeugen.

Tipp 6: Sehen Sie gepflegt und attraktiv aus

Zugegeben, Attraktivität liegt im Auge des Betrachters, dennoch erzielen Sie einen deutlichen Vorteil, wenn Sie passabel aussehen, denn attraktiveren Menschen wird unterbewusst mehr Kompetenz zugesprochen. Hierdurch nimmt Sie die Umwelt auch stärker positiv wahr.

Tipp 7: Nehmen Sie Interaktionen mit dem Publikum in Ihre Präsentation auf

Dieser Sachverhalt gilt im Übrigen auch für Zweiergespräche. Sie werden mehr wahrgenommen und die Aufmerksamkeit Ihres Gegenübers wird erhöht, wenn Sie Fragen stellen, Blickkontakt suchen und nah am Zuhörer bzw. am Publikum sind. Vor allem größere Massen können hierdurch mitgerissen werden.

Nervosität und Lampenfieber besiegen

Lampenfieber und Nervosität sind Parameter, die an sich normal sind. Das Referieren vor fremden Menschen kann schnell Unbehagen auslösen. Im nachfolgenden Bereich finden Sie nun eine Reihe von Tipps, die Ihnen dabei helfen, auch in ungewohnten Situationen einen kühlen Kopf zu bewahren und sicher zu agieren.

Tipp 1: Akzeptieren Sie Ihre Nervosität

Nervosität ist an sich nichts Unnormales. Diese Erkenntnis hilft schon einmal dabei, sich zu beruhigen. Seien Sie nicht krampfhaft dabei, die Aufregung zu ignorieren, denn das schaffen Sie mit Sicherheit nicht! Nervosität liegt in unserer Evolution begründet, denn hierdurch wurde einst unsere Wachsamkeit forciert, um zu überleben. Sie wissen, Sie werden Ihr Bestes geben, also seien Sie zuversichtlich.

Tipp 2: Atmen Sie ein und aus

Das Durchatmen hilft, um sich zu beruhigen und den Puls wieder abzuschwächen. Nehmen Sie Atemübungen vor und bleiben Sie ganz bei sich! Durch die Zufuhr von Sauerstoff konzentrieren

Sie sich auf sich und lenken sich, ganz ohne, dass Sie es aktiv mitbekommen, von Ihrem eigenen Lampenfieber ab.

Tipp 3: Nehmen Sie eine Power-Pose ein
Eine sogenannte Machtposition kann Ihnen dabei helfen, mehr Selbstbewusstsein zu entwickeln. Hierbei handelt es sich um einen kleinen Tipp für den Notfall. Die Körpersprache suggeriert Ihnen, dass Sie hierdurch alles im Griff haben.

Tipp 4: Halten Sie Ihr Gedankenkarussell an
Die Konzentration auf das Scheitern oder unangenehme Situationen helfen Ihnen nicht, mit den Problemstellungen klar zu kommen. Ganz im Gegenteil, fokussieren Sie sich auch gedanklich auf Ihren Erfolg, so können Sie sich Zug um Zug selbst stabilisieren.

Tipp 5: Vorbereitung ist das halbe Leben
Wenn Sie von sich wissen, dass Sie dazu neigen, in ungewohnten Situationen schnell den Kopf zu verlieren, so bereiten Sie sich auf solche Situationen im Vorfeld vor! Hierdurch erhalten Sie Sicherheit und Stabilität.

Ängste und Selbstzweifel überwinden

Selbstzweifel und Ängste sind natürliche Themen in unserem Leben. Doch bei der einen oder anderen Person nehmen Selbstzweifel ungesunde Ausmaße an. Im nachfolgenden Kapitel erfahren Sie, was Selbstzweifel sind und was sie für Sie bedeuten können. Darüber hinaus erwartet Sie eine Auflistung von nützlichen Tipps und Übungen, wie Sie Selbstzweifeln und Ängsten begegnen können.

Was genau sind Selbstzweifel?

Immer dann, wenn sich Ihre innere Stimme an Sie wendet und Ihnen mitteilt, dass Sie etwas nicht können, sprechen wir hinlänglich von Selbstzweifeln. Das Ausmaß der Selbstzweifel kann jedoch enorme Größen annehmen und bei einigen Menschen zu förmlichen Horrorszenarien führen, die alle weiteren Aktivitäten lähmen und Sie in eine Art Lethargie stürzen lassen. Selbstzweifel sind normal, jedoch kann man ihnen entgegenwirken.

Welche Fragestellungen lösen Selbstzweifel in Ihnen aus:
- Verdiene ich das?
- Kann ich das einfach so tun?
- Will ich etwas wirklich?
- War das gerade auch die richtige Entscheidung für mich?
- Was geschieht, wenn es schiefgeht?
- Sollte ich das nicht lieber lassen?

Ergebnisse von überzogenen Selbstzweifeln:
- Menschen beginnen aufgrund ihrer Selbstzweifel, tatsächlich zu versagen
- Menschen sabotieren sich durch ihre Selbstzweifel bewusst
- Aufgrund des ständigen Hinterfragens kommen Menschen nicht in die Aktion

Das Hochstapler-Syndrom

Menschen, die unter dem sogenannten Hochstapler-Syndrom leiden, verharren in äußeren Umständen. Das bedeutet, sie machen immer andere für ihr Glück verantwortlich. Studien der 80er-Jahre belegen, dass bei fünf erfolgreichen Menschen mindestens zwei davon ausgehen, dass sie selbst Hochstapler sind. Albert Einstein war ein gutes Beispiel hierfür. Überliefert soll er circa einen Monat vor seinem Tod einen Freund angerufen haben, um ihm zu erklären, dass sein Welterfolg im Außen vollkommen überzogen wahrgenommen wird. Hierbei zeigten sich arge Selbstzweifel, selbst bei einem brillanten Wissenschaftler.

Was steckt hinter den Selbstzweifeln?

Grundlegend kann man davon ausgehen, dass zwei Komponenten hinter den Selbstzweifeln stecken.

1. Ein niedriges Selbstbewusstsein und die Angst, mit einer bestimmten Situation nicht zurechtzukommen
2. Die innere Einstellung und der Glaube, dass man etwas Gutes oder eine Sache schlicht nicht verdient hat, aufgrund eines mangelnden Selbstwertgefühls

Da das Selbstvertrauen und das Selbstwertgefühl das Selbstbild bilden, kann man anmerken, dass sich hierbei dann offensichtlich ein negatives Selbstbild ergibt. Um eine wirkliche Bearbeitung dieser Thematik vorzunehmen und das ganz ohne symptomatische Vorgänge abzuhandeln, bedarf es einer Stärkung des Selbstvertrauens und des Selbstwertgefühls.

Tipps gegen Selbstzweifel

Tipp 1: Identifizieren Sie Ihre Selbstzweifel
Selbstzweifel sind im Regelfall auf einer unbewussten Ebene anzutreffen. Dieser Umstand macht es für das Individuum in Summe auch so schwierig, sie zu erkennen. Aufgrund dessen ist es unumgänglich, dass Sie sich Ihrer Selbstzweifel bewusstwerden, um aus diesem Teufelskreis herauszufinden.

Tipp 2: Lassen Sie Ihre eigenen Selbstzweifel zu, begehen Sie jedoch nicht den Fehler, sich mit ihnen zu identifizieren!
Nachdem Sie sich Ihre Selbstzweifel transparent gemacht haben, begehen viele Menschen den Fehler, die hiermit verbundenen negativen Gefühle zu verleugnen und sie wegzudrücken. Machen Sie das nicht! Spüren Sie die hiermit verbundenen Ängste und durchleben Sie die Gefühle! Das wird Sie stärker machen. Beachten Sie jedoch, dass Sie nicht nur aus Selbstzweifeln bestehen und identifizieren Sie sich nicht nur damit! Arbeiten Sie vielmehr an diesen Themen.

Tipp 3: Von wem stammen die Selbstzweifel?
Hinterfragen Sie genau, woher Ihre vermeintlichen Selbstzweifel kommen, denn häufig stammen die Selbstzweifel nicht direkt von Ihnen! Vielmehr stellen Sie ein Gebilde dar, das von anderen Personen ausgelöst wurde. Sollten Sie beispielsweise immer wieder mit der Stimme konfrontiert werden, dass Sie etwas nicht schaffen, so könnte das durchaus ein typischer Satz Ihrer Mutter aus der Kindheit sein.

Tipp 4: Beginnen Sie, die Stimmen in Ihrem Kopf zu verändern
Ein probates Mittel, um Ihren Selbstzweifeln aktiv zu begegnen, ist im Übrigen Humor. Beginnen Sie doch einfach, sich über Ihre Selbstzweifel einmal lustig zu machen! Das sorgt dafür, dass Sie Ihre innere Stimme nicht mehr als so prägnant und wichtig wahrnehmen.

Tipp 5: Sprechen Sie mit einem sehr engen Freund über Ihre Selbstzweifel
Beachten Sie, dass wir uns unsere Selbstzweifel bewusstmachen können! Jedoch wird das in Eigenregie nie so gut funktionieren, dass man die Zweifel vollkommen objektiv beurteilt. Hierfür ist einfach der erlebte subjektive Faktor zu groß. Aufgrund dessen ist es anzuraten, dass Sie sich mit einem engen Freund auseinandersetzen und die Thematik näher erläutern. Sprechen Sie mit ihm und zerstreuen Sie auf diese Weise Ihre ureigenen Selbstzweifel!

Tipp 6: Halten Sie sich Ihre Erfolge vor Augen!
Der Großteil der Menschen hält die eigenen Erfolge nicht für sonderlich wichtig. Das ist ein Fehler. Sind Sie sich eigentlich überhaupt bewusst, wie erfolgreich Sie in einigen

Lebensbereichen tatsächlich sind? Oder liegt Ihr persönlicher Fokus im Grunde bei Ihren Misserfolgen, für die Sie sich auch noch Jahre danach selbst verurteilen? Legen Sie Ihr persönliches Hauptaugenmerk bitte auf Ihre Erfolge! Hierdurch stärken Sie Ihre Selbstwahrnehmung und auch Ihr Selbstbild ganz aktiv!

Tipp 7: Fangen Sie trotz Selbstzweifeln an!
Immer dann, wenn Sie vor einem schier unlösbaren riesigen Berg an Herausforderungen stehen, ist der Anfang so wichtig! Bedenken Sie, dass es hierfür einen Tipp gibt. Beginnen Sie, die Problematiken oder Thematiken Zug um Zug zu bearbeiten! Viele kleinere Themen sind schneller abgearbeitet als ein großer Berg an Herausforderungen, der lähmt!

Übungen gegen Selbstzweifel

Übung 1: Stärken Sie sich, indem Sie Ihre Stärken und Erfolge niederschreiben
Ein objektives Selbstbild ist eine hervorragende Grundlage, um sich persönlich zielgerichtet weiterzuentwickeln. Um das jedoch auch bewerkstelligen zu können, sollten Sie genau wissen, wo Ihre Stärken sind und welche Erfolge Sie im Verlauf Ihres Lebens zu einer gewissen Thematik bereits erzielt haben. Hierdurch werden Sie erkennen, welches Potenzial tatsächlich in Ihnen steckt. Bewahren Sie das Niedergeschriebene bitte auf und lesen Sie sich Ihre Punkte auch immer wieder einmal durch! Das wird Ihnen dabei helfen, Ihre Selbstzweifel abzubauen und zu kompensieren.

Übung 2:
Schreiben Sie das Schlimmste nieder, was Ihnen in einer Situation geschehen kann.
Vor allem dann, wenn Sie mit Horrorszenarien in Ihrem Kopf konfrontiert werden, ist es so, dass Sie bezüglich einer Situation den Druck herausnehmen können, wenn Sie einfach einmal das schlimmste Szenario für sich niederschreiben. Hierdurch werden Sie bemerken, dass es entweder vollkommen unrealistische negative Folgen sind oder aber, dass Sie im schlimmsten Fall mit dem Negativszenario und dessen Folgen zurechtkommen.

Der richtige Umgang mit Kritik

Sie haben es bestimmt auch im Verlauf Ihres Lebens schon einmal erlebt, dass Sie es mit einem Menschen zu tun hatten, der offensichtlich recht sensibel auf jegliche Form der Kritik reagiert. Vielleicht sind auch Sie selbst solch ein Mensch, der es nie gelernt hat, konstruktiv mit Kritik umzugehen. Im nachfolgenden Abschnitt finden Sie zunächst eine Einordnung der Kritikfähigkeit sowie Tipps und Übungen für die Kompensation einer mangelnden Kritikfähigkeit.

Was ist Kritikfähigkeit?

Mit der Kritikfähigkeit beschreibt man die Eigenschaft einer Person, mit geäußerter Kritik umzugehen und auf sie zu reagieren. Um Kritik zu beurteilen, bedarf es eines eigenen Maßstabs der Einordnung hierfür. Im Allgemeinen setzen wir Kritik mit negativen Parametern gleich. Das ist jedoch nicht immer der Fall, denn konstruktive Kritik verfolgt das Ziel, Verhaltensänderungen im Sinne von Verbesserungen zu erzielen. Zu bedenken ist jedoch, dass durch die Äußerung von Kritik auch immer wieder Konflikte entstehen können. Aufgrund dessen sollte man in diesem Kontext auf unterschiedliche Begleiterscheinungen achten, die nachfolgend näher untersucht werden.

Wenn jemand nicht mit Kritik umgehen kann oder sie als ungerechtfertigt empfindet, dann kann es schnell zu Konflikten kommen. Und tatsächlich: Das Annehmen von Kritik fällt den meisten Menschen schwer, egal ob im beruflichen oder privaten Umfeld. Dabei sollte man Kritik als etwas Positives ansehen, denn dadurch lernt man viel mehr als durch ein Lob.

Ursachen einer mangelnden Kritikfähigkeit

Die Ursachen einer mangelnden Kritikfähigkeit gehen häufig auch hier auf ein fragiles Ego zurück. Viele Menschen haben es auch schlicht nicht gelernt, mit konstruktiver Kritik umzugehen. Hinzu kommen ein desolates Selbstbild und die Scham nach außen, ertappt worden zu sein. Im nachfolgenden Abschnitt finden Sie hierzu einige Ansätze und Tipps, die Ihnen dabei helfen, Kritik richtig einzuordnen und Sie auch konstruktiv anzunehmen.

Tipps, konstruktive Kritik anzunehmen

Tipp 1 - Nehmen Sie Distanz ein: Eine Kritik zielt zumeist auf einen Sachverhalt ab und hat mit Ihnen nichts persönlich zu tun. Nehmen Sie einen ganzheitlichen Ansatz hierzu ein, um Objektivität zu erzeugen!

Tipp 2 – Hören Sie genau zu: Lassen Sie Ihr Gegenüber ausreden und reagieren Sie nicht zu schnell auf eine kommunizierte Kritik! Beleuchten Sie vielmehr den Sachverhalt für sich!

Tipp 3 – Seien Sie dankbar: Sehen Sie Kritik nicht als Negativmerkmal, das Sie stigmatisiert! Gruppieren Sie die ausgesprochenen Punkte vielmehr in ein gemeinsames Problem ein, dass es zu lösen gilt!

Tipp 4 – Fragen Sie nach: Hinterfragen Sie die Kritik und fragen Sie gezielt nach, ob Sie die ausgesprochenen Punkte in Summe auch richtig verstanden haben, um Missverständnisse auszusortieren!

Tipp 5 – Vermeiden Sie eine grundlegende Abwehrhaltung: Gehen Sie nicht in eine Verteidigungsposition, sondern erklären Sie ruhig und gezielt, weshalb Sie sich in einer Situation so verhalten haben!

Tipp 6 – Denken Sie gemeinsam weiter: Erarbeiten Sie nun mit der Grundlage der ausgesprochenen Kritik alternative Vorschläge, um die Situation zu lösen und zu verändern!

Übungen, um an einer mangelnden Kritikfähigkeit zu arbeiten

Auch Kritikfähigkeit kann verbessert werden. Hierzu ist es jedoch zwingend notwendig, an Ihnen zu arbeiten.

Übung 1: Nehmen Sie einen Perspektivwechsel vor

Immer dann, wenn Sie recht wenig Verständnis für die Kritik Ihres Gegenübers aufbringen können, versuchen Sie doch einmal, die Perspektive der anderen Person einzunehmen! Sollte Ihr Vorgesetzter beispielsweise dazu tendieren, Kritik zu äußern, bedenken Sie, dass die Person andere Überlegungen tätigen muss, um den eigenen Job vollkommen auszustaffieren.

Übung 2: Überdenken Sie Ihre Körpersprache
Auch die Körpersprache als Kommunikationsinstrument hat einen Einfluss darauf, wie Kritik wahrgenommen wird. Achten Sie infolgedessen auf eine passende, den Umständen entsprechende, Körperhaltung. Üben Sie doch einfach einmal ein paar Positionen, die Sie in kritischen Gesprächen einnehmen können, jedoch auf Ihr Gegenüber nicht als Angriff wirken! Sie werden feststellen, dass sich schon aufgrund dessen die Rahmenbedingungen und emotionalen Einstellungen des Gesprächspartners beeinflussen lassen. Ein zwischenzeitliches, zustimmendes Nicken während des Gesprächs ist ein passendes Gestaltungsmittel hierfür.

Charakteristiken von guter und schlechter Kritikfähigkeit

Gute Kritikfähigkeit ist durch nachfolgende Parameter charakterisiert:

- Ein aufmerksames Zuhören
- Das gesprochene Wort nicht zu persönlich nehmen
- Das Auseinandersetzen mit dem gesagten Wort
- Das Abgleichen der Eigen- und der Fremdwahrnehmung
- Kritik als ein Instrument der Selbsthilfe zu akzeptieren
- Der Wille, an einem Feedback auch tatsächlich wachsen zu wollen

Schlechte Kritikfähigkeit ist durch nachfolgende Parameter charakterisiert:

- Jemanden nicht ausreden lassen
- Dem anderen nicht zuhören
- Im Gespräch laut werden
- Sich abfälliger Gesten bedienen
- Auf das Gesagte nicht eingehen
- Das Äußern einer sofortigen Kritik

Wie erschaffen Sie konstruktive und annehmbare Kritik?

- Zeigen Sie keine Emotionen, bleiben Sie sachlich, ohne hektische Atmung, die verunsichert
- Verallgemeinern Sie nicht. Sätze wie: „Sie arbeiten zu wenig!“, sind zu vermeiden, da Sie negativ ankommen und Sie sich von einer sachlichen zu einer persönlichen Ebene hin entwickeln.
- Werden Sie insofern persönlich, dass Sie Ihren persönlichen Eindruck schildern
- Vermeiden Sie unbedingt Floskeln, die verallgemeinern
- Zeigen Sie dringend Verständnis, um Ihr Gegenüber auch mental abzuholen. Auf diese Weise erschaffen Sie Verbindlichkeit

Verabschieden Sie sich von Leistungsdruck und Perfektionismus

Perfektionismus ist anstrengend, nicht nur für den Perfektionisten selbst, sondern auch für die betroffene Umgebung. Grundsätzlich versteht man unter Perfektionismus das Streben nach Vollkommenheit. Es gibt jedoch noch eine Vielzahl weiterer Begriffe hierfür wie Detailversessenheit, Pedanterie, Akribie oder Buchhaltermentalität.

Ursachen für Perfektionismus

Im Perfektionismus gibt es zwei Seiten der Medaille. Zum einen möchte eine Person eine absolute Organisiertheit sicherstellen, damit wirklich alles reibungslos abläuft. Hier stecken meist Ehrgeiz und maximale moralische Standards hinter dem Verhalten der Person. Man möchte nach außen hin vollkommen perfekt und mangellos erscheinen. Hierdurch wird jedoch ein zumeist als pedantisch einzugruppierendes Verhalten erzeugt, dass in der Umgebung nicht auf Gegenliebe und noch viel weniger auf Verständnis stößt. Solche Zeitgenossen reagieren auf nicht perfekte Verhaltensweisen persönlich enttäuscht und erleben es als persönliches Scheitern. Parallel hierzu gibt es jedoch noch die andere Seite der Medaille, denn Sie treffen hier einen Menschen an, der sich offenbar selbst nicht genügt. Dieser Mensch möchte als unfehlbar angenommen werden im Außen. Hieraus resultiert ein enorm hoher Anspruch an sich selbst und auch an andere Personen in der Umgebung. Nicht selten entwickeln sich an diesen Stellen zwanghafte Züge und ein übertriebener Leistungsdruck. Fachleute sprechen immer dann von pathologischen Auffälligkeiten des Perfektionismus bei einer Person, wenn zwanghafte Züge wahrgenommen werden.

Häufig einhergehend finden Sie im Übrigen folgende, weitere psychische Auffälligkeiten, die mit Perfektionismus einhergehen, wie etwa:
- Depressionen
- Essstörungen
- Leistungsdruck
- Narzissmus
- Neurosen
- Weitere psychische Auffälligkeiten

Wie können perfektionistische Züge abgelegt werden?

Jeder Mensch hat einen ganz eigenen persönlichen inneren Richter, der für sich selbst beurteilt, wie gut oder auch schlecht eine Situation ist. Hier geht es darum, diesen inneren Richter verhaltenstechnisch anzupassen. Die Angst, nicht auszureichen, etwas falsch zu machen oder schlicht nicht zu genügen, ist bei Menschen mit einem übertriebenen Perfektionismus, der Leistungsdruck hervorruft, eine immense Problematik. Hier bieten sich verschiedene Therapieansätze gemeinsam mit einem Psychologen an, um in die Tiefe der Aufarbeitung zu gelangen. Bedenken Sie, dass Sie im Zuge perfektionistischer Verhaltensweisen vermutlich nie wirklich natürlich und einfach vorwärtskommen werden, da Sie Ihr Perfektionismus vom Erfolg abhält! In der Zeit, in der Sie nach Perfektionismus streben, haben Wettbewerber bereits gehandelt und sind vollkommen unperfekt schon am Ziel.

Tipps gegen einen zu hohen Leistungsdruck

Tipp 1: Sie sind liebenswert, auch wenn Sie nicht perfekt sind

Häufig ist der Auslöser einer entsprechenden Problematik das fragile Selbstbewusstsein und der Drang danach, alles richtigzumachen, um angenommen zu werden. Halten Sie sich vor Augen, dass Sie auch dann gut sind, wenn Sie nicht in jeder Facette genügen! Fehler sowie Ecken und auch Kanten gehören zur Persönlichkeit eines Menschen, auch zu Ihrer Persönlichkeit!

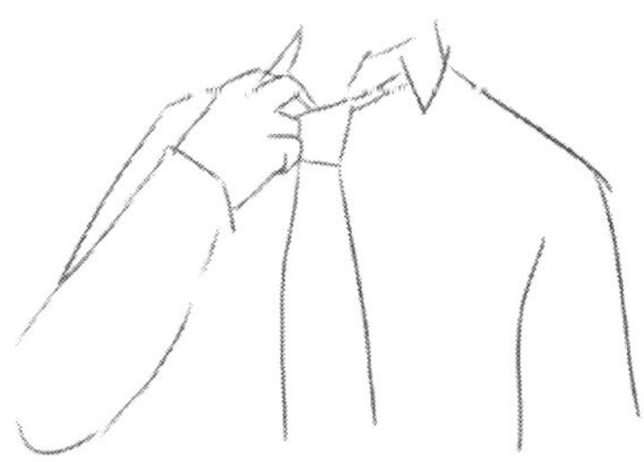

Tipp 2: Erlernen Sie einen angemessenen und gesunden Umgang mit Fehlern

Kein Mensch ist perfekt, Fehler gehören zum Leben.
Es kommt jedoch auf den tatsächlichen Umgang mit ihnen an. Können Sie sich entschuldigen? Sind Sie bereit, den Fehler nachzubessern? Können Sie den Fehler als solches erkennen? Neigen Sie dazu, anderen Menschen die Schuld zuzuweisen, weil Sie andernfalls Ihr eigenes

Selbstbild ankratzen? Das alles sind Fragestellungen und Qualitäten, die einen Menschen erst wirklich leistungsstark, erfolgreich und angenommen machen.

Tipp 3: Nehmen Sie Abstand von einem kontinuierlichen Leistungsdruck
Eine hohe Leistungsfähigkeit ist toll, dennoch bedenken Sie bitte, dass kein Mensch immer leistungsfähig ist und dass ein solches Verhalten auch nicht notwendig ist. Nach einer Phase der Leistung benötigen Sie auch immer eine Phase der Ruhe und Erholung. Das ist wichtig, um sich tatsächlich konstant leistungsfähig zu halten.

Tipp 4: Lösen Sie sich von der Meinung Ihrer Eltern
Kaum ein Verhältnis ist so eng und kann dennoch so destruktiv sein wie das zu den Eltern. Im Kindesalter ergab es Sinn, sich an den Erwartungen der Eltern zu orientieren. Nun im Erwachsenenalter ist das kein Indikator mehr für Glück und Erfolg. Fragen Sie sich, welchen Weg Sie nun gehen möchten und orientieren Sie sich an sich selbst! Was ist Ihnen selbst wichtig? Scheint die Sonne auch morgen noch, wenn Sie nicht Ihre Wohnung heute komplett säubern oder Sie eine Arbeit erst morgen fertigbekommen? Sie merken selbst, dass Sie die Erwartungen aus der Kindheit vermutlich noch sehr lange beeinflussen, dass sie jedoch nicht mehr wirklich Relevanz für die aktuellen Lebensumstände bereithalten.

Tipp 5: Passen Sie die eigenen Erwartungen auf ein gesundes Maß an
Eine optimale Möglichkeit ist es, dass Sie Ihre eigenen Erwartungen anpassen. Das gelingt beispielsweise sehr gut mit positiven Affirmationen.

Sagen Sie sich beispielsweise immer und immer wieder:

„Es ist okay, wenn ich 80 % gebe"
„Ich bin genauso richtig, wie ich bin."

Um ein gesundes Selbst auszubilden, lernen Sie bitte, sich selbst wahrzunehmen und verabschieden Sie sich von Ansätzen, die Sie zu sehr fordern oder mit anderen Personen zu sehr in den Wettbewerb und in den Vergleich stellen! Sie sind einzigartig und müssen sich nicht an anderen Menschen messen. Eine kontinuierliche Überforderung der eigenen Leistungsmöglichkeiten führt zwangsläufig dazu, dass Sie sich nicht mehr spüren und erkranken. Zudem stellen Sie hierdurch eine Belastung für Ihre Umgebung dar. Möchten Sie das wirklich? Sollte Ihr eigener Perfektionsdrang und der hieraus entstehende Leistungsdruck unerträglich für Sie werden, scheuen Sie nicht, psychologische Unterstützung in Anspruch zu nehmen! Das wird Ihnen einen Weg eröffnen, sich im Verhalten anzupassen.

Selbstannahme – hören Sie auf, sich selbst abzulehnen!

Die Thematik der Selbstannahme ist eng mit der Problematik der Selbstablehnung verbunden. Um eine gesunde Selbstannahme zu initiieren, ist es sinnvoll, zunächst die Mechanismen der Selbstablehnung zu verstehen. Im nachfolgenden Abschnitt erhalten Sie fundierte Informationen, um diesen psychologischen Vorgang besser zu verstehen.

Was genau ist Selbstablehnung?

Es gibt mehr Menschen, die sich selber nicht mögen, als Sie erahnen würden. Hierbei handelt es sich um Menschen, die beispielsweise der Meinung sind, schlecht zu sein. Die Gründe hierfür sind vielschichtig und können in einem geringen Selbstwert, einem ungenügenden Selbstvertrauen oder einer nicht ausreichenden Selbstachtung Ausdruck finden. Im Allgemeinen gehen Psychologen im ersten Schritt davon aus, dass Menschen, die in der Kindheit von den Eltern Ablehnung erfahren haben, dieses Verhalten internalisieren und hierdurch der Boden der Selbstablehnung gebaut wird. Eine Reihe von weiteren Menschen hat in sich schlechte Gefühle, die Ängste hervorrufen und hierdurch Selbstablehnung entstehen lassen. Zudem weisen einige Personen auch Traumata durch Erfahrungen auf, für die sie sich selbst die Schuld geben. Auch hierdurch entsteht die klassische Selbstablehnung.

Symptome von Selbstablehnung:

- Sie kritisieren sich immer und immer wieder selber
- Sie sehen in sich kaum etwas Positives
- Sie können sich nicht vorstellen, sich selbst zu lieben
- Sie finden Ihren Körper hässlich
- Sie sind selten glücklich
- Wenn Sie ein Kompliment erhalten, können Sie es nicht ernst nehmen
- Sie haben kaum ein Selbstwertgefühl
- Sie fühlen sich als Versager
- Sie sehen keinen Sinn in Ihrem Leben
- Sie haben Schuldgefühle
- Sie sind der Meinung, dass andere Menschen immer besser, schöner und auch erfolgreicher sind
- Sie haben keine Träume oder Ziele in Ihrem Leben
- Sie haben nur wenige Freunde und auch keinen Partner
- Sie haben viele Ängste

- Sie schaden sich aktiv selber
- Sie weisen Essstörungen auf
- Sie verletzen sich mitunter selbst

Tipps, um in die Selbstannahme zu kommen

Tipp 1: Setzen Sie sich keine utopischen Ziele in Ihrem Leben

Ein objektiver Blick über Möglichkeiten und Chancen hilft dabei, Ziele zu finden und diese Ziele auch zu erreichen. Mit jedem Erfolgserlebnis werden Sie mehr innere Stabilität erhalten und sich Zug um Zug auch besser fühlen. Sollten Sie sich selbst immer wieder mit Utopien konfrontieren, die Sie nicht erreichen können, programmieren Sie Ihr Verhalten auf ein automatisches Scheitern und werden sich selber eher ablehnen. Erlauben Sie es sich selbst ganz einfach auch einmal zu scheitern und dann aufzuhören, wenn Sie es nicht mehr wollen!

Tipp 2: Entwickeln Sie Ihre eigene Selbstfürsorge

Erkennen Sie, dass nur Sie sich selbst etwas Gutes tun können! Gehen Sie gut mit sich selbst um und kümmern Sie sich um den Menschen, mit dem Sie die meiste Zeit verbringen, nämlich sich selbst! Viele Menschen opfern sich förmlich, um die Erwartungen der Umgebung zu erfüllen und vergessen sich selbst vollkommen. Kochen Sie sich ein schönes Essen, gehen Sie auf Reisen, auch wenn Sie Single sind! Genießen Sie genau das, was Ihnen guttut und nur Sie mögen und das ganz ohne Rücksicht auf andere Menschen nehmen zu müssen!

Tipp 3: Entwickeln Sie Selbstmitgefühl

Menschen tendieren dazu, sich selbst gegenüber sehr hart zu sein. Sie nehmen viel Rücksicht auf andere Menschen, jedoch nicht auf sich selbst. Lassen Sie das! Wenn Sie das Gefühl haben, dass Ihnen etwas zu viel wird und Sie sich gerade nicht mehr zusammenreißen können, so reißen Sie sich auch nicht zusammen! Selbstmitgefühl ist etwas, dass Sie zu einem größeren Verständnis Ihrer eigenen Bedürfnisse führen wird. Sie haben eventuell in Ihrer Kindheit oft den Satz: „Jetzt stell´ dich nicht so an" gehört. In diesem Satz steckt so viel Brutalität. Erkennen

Sie Ihre eigenen emotionalen Grenzen und achten Sie auf sich, nur so kann eine tatsächliche Selbstannahme erfolgen!

Tipp 4: Erkennen Sie Ihren Selbstwert
Die menschliche Selbstliebe ist eng mit dem Selbstwert verbunden. Je mehr Sie sich lieben, umso höher ist Ihr Selbstwertgefühl und auch Ihre persönliche Selbstannahme. Unterschätzen Sie nicht das Wechsel- und Abhängigkeitsverhältnis dieser Komponenten auf dem Weg zu Ihrer Selbstannahme, um Ihre persönliche Selbstablehnung zu kompensieren!

Übungen zur Selbstannahme

Übung 1: Ändern Sie sich nicht, sondern gehen Sie in die Akzeptanz
Nehmen Sie sich an und geben Sie sich selber Raum zur Eigenakzeptanz, denn Sie sind genauso richtig, wie Sie sind. Immer dann, wenn Sie krampfhaft versuchen, etwas zu ändern, werden Sie vermutlich daran scheitern. Auf diese Weise sammeln Sie keine positiven Erlebnisse und können auch keine negativen Gefühle loslassen. Ändern Sie Ihre innere Einstellung zu sich selbst! Sie sind nicht schlechter, sondern vielmehr sind Sie einzigartig gut! Nehmen Sie sich für diese Vorgehensweise bitte etwas Zeit und arbeiten Sie an, wie in einem der vorherigen Kapitel kurz erwähnten, positiven Affirmationen, indem Sie sich immer und immer wieder suggerieren, dass Sie gut sind genauso, wie Sie sind!

Übung 2: Nutzen Sie den Wolkentrick
Erstellen Sie eine TOP-10 Liste der Punkte, die Sie selbst an sich hassen und schreiben Sie diese Liste bitte auf! Sie werden im Verlauf dieses Vorgehens sicherlich merken, wie emotional anstrengend ein solches Vorgehen für Sie ist. Um sich von den Gefühlen der Unzulänglichkeit zu erholen, gehen Sie im Anschluss daran bitte in die Natur und beobachten Sie den Himmel für mindestens 10 Minuten! Das können Sie im Übrigen immer dann machen, wenn es Ihnen schlecht geht. Sie werden bemerken, dass sich durch diese Übung Ihre Stimmung erhellen wird, denn durch das nach oben aufwärts schauen, löst Ihr Körper Glücksgefühle aus. So holen Sie sich aus Phasen der Selbstablehnung heraus. Fangen Sie danach an, Ihre TOP-10 Liste zu hinterfragen und wägen Sie bitte ab, ob diese Punkte objektiv gesehen wirklich relevant für Ihr Leben sind! Erlauben Sie sich dann, die Gefühle zu durchleben und auch zuzulassen! Immer dann, wenn die Gefühle zu intensiv werden, machen Sie den Wolkentrick! Im nächsten Schritt erstellen Sie bitte eine neue TOP-10 Liste! Diesmal jedoch mit Punkten, die Sie an sich lieben! Am Ende werden Sie vermutlich bemerken, dass sich Stück für Stück ein Wandel in Ihnen vollzieht und Sie erkennen, dass Sie gar nicht so schlecht sind, wie Sie glauben.

Nein sagen ist gesund! Kennen Sie Ihre Grenzen?

Jeder Mensch hat seine eigenen, ganz persönlichen Grenzen. Wir alle fühlen Sie immer wieder, können Sie jedoch häufig nicht genau benennen. Menschen, die Ihre innere Mitte vollständig verloren haben, sind oftmals auch gar nicht mehr dazu in der Lage, die eigenen Grenzen wahrzunehmen. Im folgenden Beitrag erfahren Sie grundlegende Informationen über das Nein in unserem Leben sowie eine Anleitung dazu, wie Sie das Nein für sich auch leben können.

Unterschiedliche Grenzen der Menschen

Das Setzen von Grenzen ist eine Eigenschaft, die man in der Interaktion mit anderen Personen durchzuführen hat, um bei sich selbst zu bleiben und die eigenen Ziele auch erreichen zu können. Als Baby und im frühen Kindesalter nehmen wir unsere Bedürfnisse und Grenzen noch ganz bewusst wahr. Im Zuge der Erziehung beziehungsweise Sozialisierung können wir jedoch das Verständnis dafür verlieren, wenn wir auf ungesunde Weise lernen, auf andere Menschen in der Umgebung Rücksicht nehmen zu müssen – und zwar mehr als auf uns selbst. Auf diese Weise verleugnen wir uns mehr oder weniger selbst. Bringen unsere Bezugspersonen uns nicht bei, weiterhin auf unsere Grenzen zu achten oder erziehen sie uns sogar dazu, unsere eigenen Grenzen zu missachten, so manifestiert sich ein Problem.

Machen Sie sich Ihre eigenen Grenzen bewusst

Immer dann, wenn Sie Ihre Grenzen verteidigen wollten, weil Sie sie spüren, müssen Sie sich selbst eingestehen, dass Sie Ihre Grenzen zunächst einmal wirklich kennen müssen.

Stellen Sie sich im Zuge dessen folgende Fragen:

- Welche eigenen Bedürfnisse haben Sie und was sind Bereiche, in denen Sie sehr sensibel auf sogenannte Grenzüberschreitungen reagieren?
- Was ist Ihnen wichtig im Leben und wofür würden Sie kämpfen, wenn man diesen Umstand verletzt?
- Welches genaue Verhalten anderer Menschen verletzt Sie?
- Welche Verhaltensweisen tolerieren Sie nicht?
- Wann haben Sie sich das letzte Mal im direkten Kontakt zu anderen Personen schlecht gefühlt?
- Wann erlauben Sie es Menschen, Ihnen nah zu kommen?
- Welche Menschen dürfen mehr als andere Menschen in Ihrem Leben?
- Welche Menschen dürfen grundlegend etwas im emotionalen Bereich bei Ihnen?

Durch die Beantwortung dieser Fragen können Sie einen ersten Weg zu Ihren inneren Grenzen aufnehmen.

Was ist ein Helfersyndrom?

Unter diesem Syndrom versteht man das krankhafte Bedürfnis, helfen zu müssen. Indizien sind eine Art der Selbstaufopferung und das vollkommene Ignorieren der eigenen Bedürfnisse. Eine Reihe von Gründen spricht dafür, dass Sie gegebenenfalls unter einem Helfersyndrom leiden, wenn gewisse Parameter auf Sie zutreffen. Die meisten der Ursachen hierfür befinden sich im Bereich der Psychologie, die nachfolgend aufgelistet werden.

Ursachen:

1. Ein geringes Selbstwertgefühl
2. Das Streben und der Wunsch nach Macht
3. Eine gegebene Instabilität
4. Liebesentzug

Ein geringes Selbstwertgefühl spricht oft für ein Helfersyndrom, denn Menschen fühlen sich auf diese Weise wertgeschätzt, wenn sie helfen können. Immer dann, wenn jedoch die Dankbarkeit ausbleibt, fühlen sie sich damit nicht gut. Genau hier befindet sich ein Teufelskreis. Der Wunsch, Macht zu haben, ist ebenso einer der Gründe, weshalb Menschen helfen und das kann eine Vielzahl an egoistischen Motiven bereithalten, denn aufgrund der Hilfe können Sie auch Einfluss auf Personen und Situationen nehmen. Personen, die ein emotional instabiles Wesen aufweisen, können auffällig häufig an einem Helfersyndrom leiden. Sie beschäftigen sich eher mit dem Helfen von anderen Menschen, als sich auf sich selbst zu fokussieren. Erwachsene, die eine Art des Liebesentzugs in der Kindheit erleben mussten, sind es gewohnt, sich für Liebe und Aufmerksamkeit anzustrengen. Hierdurch haben Sie das Gefühl, ein guter Mensch zu sein.

Anleitung zum Umgang mit Grenzen und dem gesunden NEIN

Schritt 1: Geben Sie sich Zeit

Immer dann, wenn jemand mit einer Bitte an Sie herantritt, vertrösten Sie denjenigen etwas, um Ihnen ein angemessenes Zeitpolster zu verschaffen! Lassen Sie sich nicht überrumpeln! So können Sie eine Meinungsbildung vornehmen und unter Umständen auch zu einem Nein kommen. Bedenken Sie zudem, dass ein angemessener Entscheidungsprozess auch ein mögliches Ja für das Gegenüber wertvoller macht!

Schritt 2: Wägen Sie für sich ab

Immer dann, wenn Sie zu einer Entscheidung kommen, wägen Sie für sich nicht nur die reellen Kosten ab, sondern auch den mentalen Wert der Entscheidung! Halten Sie sich vor Augen, dass die Zeit, die Sie hierfür investieren, von Ihrer ganz persönlichen Zeit abgeht! Machen Sie für sich hierfür eine kleine Bilanz und wägen Sie ab, ob es das Ihnen auch wert ist, ein Ja zu geben!

Schritt 3: Wägen Sie Ihre Argumentation ab

Durch den Zeitpuffer können Sie nun in sich gehen und eine Entscheidung für sich abwägen. Zudem können Sie eine kleine Auflistung mit Absagegründen erstellen, um Ihnen noch einmal vor Augen zu führen, weshalb für Sie ein Nein die bessere Wahl ist.

Schritt 4: Lassen Sie eine Erlaubnis zu

Hinterfragen Sie alle Glaubenssätze, die Sie in Ihrer Kindheit bis heute gehört haben! Zum Beispiel, dass Sie sich anstrengen müssen. Nein, das müssen Sie nicht, jedenfalls nicht, wenn es für Sie nicht wichtig ist! Sie haben es sich auch einmal verdient, einfach Nein zu sagen, einfach, weil Sie es nicht möchten. Distanzieren Sie sich folglich von den erlernten Glaubenssätzen und hören Sie auf sich!

Schritt 5: Sie müssen auch einmal schuld sein können

In diesem Statement steckt so viel Wahrheit, denn ein Nein muss man auch aussprechen und dabei ertragen können. Auch, wenn Sie zunächst ein schlechtes Gewissen überkommt, nutzen Sie die Zeit, die Sie sich als Puffer geholt haben, die Konsequenzen für sich abzuwägen, die ein Ja bedeuten würden! Sie werden merken, dass mit jedem überzeugten Nein auch der Wille steigen wird, dass Sie auch einmal schuld sein können, wenn ein Sachverhalt nicht in Ihrem Interesse ist.

Schritt 6: Genießen Sie ein Nein als Erfolg

Geben Sie sich Selbstbestätigung, wenn Sie es geschafft haben, auch einmal Nein zu sagen und belohnen Sie sich mit etwas, denn Sie haben durch das Nein nun einmal mehr Zeit für sich! Auf diese Weise können Sie in sich positive Anker setzen, um weiter Veränderungen im Verhalten zu forcieren.

Schritt 7: Gehen Sie in sich, sollten Sie sich doch für ein Ja entschieden haben

Auch dann, wenn Sie sich für ein Ja entschieden haben, nehmen Sie Ihre eigene Entscheidung bitte nicht einfach nur so hin! Gehen Sie reflektiert damit um und hinterfragen Sie, ob es ein selbstbestimmtes Ja war oder ob hier eine Fremdbestimmung vorlag! Auf diese Weise können Sie für ein nächstes Mal üben.

Fazit

Das Selbstbewusstsein eines Menschen kann die Grundlage für ein erfülltes oder ein persönlich nicht erfülltes Leben bieten. Viele Personen sind bis heute der irreführenden Meinung, dass Glück etwa nur im Außen herbeizuführen ist, doch diese Annahme ist nicht richtig. Sie müssen zunächst in sich selbst hineinschauen, wo genau Ihre Sehnsüchte, Motive, Bedürfnisse, Werte sowie Stärken und auch Schwächen liegen. Viele Ursachen, beispielsweise in Ihrem Handeln, sind in Ihrer Kindheit zu finden und darin, durch wen Sie wie sozialisiert wurden. Glaubenssätze, die Ihnen in der Kindheit übermittelt wurden, können Segen und Fluch zugleich sein.

Ein erster Schritt zu einem selbsterfüllten, selbstbewussten und positiven Leben ist es, sich selbst anzunehmen und kritische Punkte im Leben wahrzunehmen. Hinterfragen Sie nicht nur andere Menschen, sondern beginnen Sie bei dem Menschen, mit dem Sie die meiste Zeit verbringen, nämlich sich selbst!

Sollten Sie bei sich ernstzunehmende Komplikationen und psychische Beeinträchtigungen feststellen, die Sie selbst nicht ganzheitlich bearbeiten können, so bieten sich Therapeuten und Psychologen an, um verhaltenspsychologische Änderungen zu initiieren. Letztendlich können nur Sie selbst sich verändern. Ein fragiles Selbstbewusstsein kann gestärkt werden. Das setzt jedoch eine reflektierte Eigenbeurteilung und harte Arbeit voraus. Das Kennen und Beachten der eigenen Stärken und Schwächen sowie das objektive Beurteilen der eigenen Erfolge und Misserfolge helfen Ihnen dabei, an einzelnen sprichwörtlichen Stellschrauben zu drehen, die Sie vom Erreichen Ihrer gesetzten Ziele abhalten.

So kann auch aus einem eher introvertierten bis schüchternen Menschen, mit etwas Übung, Selbstreflexion und dem Willen zur Veränderung, ein selbstbewusster, charismatischer Mensch werden, der es schafft, sein „Publikum“ zu unterhalten und zu beeindrucken.

Danke

Ich freue mich, Ihnen mit den in diesem Buch erklärten Methoden zu helfen, beruflich wie privat erfolgreicher zu werden. Für Ihre Aufmerksamkeit und das Lesen meines Buches bedanke ich mich recht herzlich.
Ganz viel Erfolg wünsche ich Ihnen.
Wer mit einer Siegerhaltung durchs Leben geht, wird auch als Sieger herausgehen.

Über den Autor

Mein Name ist Dr. Alexander F. Rautenberg. Ich bin 49 Jahre alt und wohnhaft in Frankfurt.
Seit 1998 bin ich freiberuflich als Managementtrainer, Berater, Moderator und Coach tätig, sowohl für Wirtschaftsunternehmen aus unterschiedlichen Branchen als auch für Behörden und Verbände.
Das Coaching war und ist schon immer meine Berufung. Auch nach über 20 Jahren arbeite ich mit Begeisterung und Engagement als Coach und biete Unternehmen meine Unterstützung sowie meinen Rat an. Ich sehe mich als Wegbegleiter, Mentor, Freund und Visionär. Der Mensch steht dabei immer im Mittelpunkt für mich.

Ich freue mich über Ihr Feedback

Für mich ist es sehr wichtig, Feedback zu meinem Buch zu bekommen. Wenn Sie Anregungen oder Verbesserungsvorschläge haben, so schreiben Sie mir doch bitte eine Mail an

dr.verlag@gmail.com

Ich freue mich sehr über konstruktive Kritik. Da es mich viel Zeit und Energie gekostet hat, dieses Buch zu erstellen, wäre ich Ihnen sehr dankbar, wenn Sie mir anstelle einer schlechten Bewertung Ihre Verbesserungsvorschläge persönlich zukommen lassen. Denn dann hätte ich eine Chance, Ihre Kritik anzunehmen und mein Buch zu verbessern.

Über eine kurze Rückmeldung in Form einer Rezension auf Amazon würde ich mich ebenfalls sehr freuen. Diese können Sie wie folgt erstellen: Besuchen Sie auf Amazon.de die Produktseite des Artikels, für den Sie eine Rezension erstellen möchten. Klicken Sie unter Kundenrezensionen auf „Kundenrezension verfassen“. Bewerten Sie den Artikel und verfassen Ihre Rezension.

Haftungsausschluss

Der Autor übernimmt keinerlei Gewähr für die Aktualität, Korrektheit, Vollständigkeit oder Qualität der bereitgestellten Informationen und weiteren Informationen. Haftungsansprüche gegen den Autor, welche sich auf Schäden materieller oder ideeller Art beziehen, die durch die Nutzung oder Nichtnutzung der dargebotenen Informationen bzw. durch die Nutzung fehlerhafter und unvollständiger Informationen verursacht wurden, sind grundsätzlich ausgeschlossen, sofern seitens des Autors kein nachweislich vorsätzliches oder grob fahrlässiges Verschulden vorliegt. Alle Angaben wurden vom Autor mit größter Sorgfalt und nach bestem Wissen und Gewissen recherchiert oder spiegeln seine eigene Meinung wider. Der Inhalt des Buches passt möglicherweise nicht zu jedem Leser und die Umsetzung erfolgt ausdrücklich auf eigenes Risiko. Es gibt keine Garantie dafür, dass alles genau so, bei jedem Leser, zu genau den gleichen Ergebnissen führt. Der Autor und/oder Herausgeber kann für etwaige Schäden jedweder Art aus keinem Rechtsgrund eine Haftung übernehmen.

Urheberrecht

PERSÖNLICHE NOTIZEN

PERSÖNLICHE NOTIZEN

PERSÖNLICHE NOTIZEN

PERSÖNLICHE NOTIZEN

Impressum

Dr. Alexander F. Rautenberg

GREEN INDIE
PUBLISHING

1. Auflage 2020

Kontakt:
DiGi Generation GbR
Im Ebertswinkel 9
64625 Bensheim
Vertretung: Dr. Özgür Dagdelen, Torben Gebbert
Email: dr.verlag@gmail.com

Printed in Poland
by Amazon Fulfillment
Poland Sp. z o.o., Wrocław

69847043R00150